YINGKE®
盈科律师事务所
YINGKE LAW FIRM

"律师说法"案例集（5）

韩英伟 主编

中国商务出版社
CHINA COMMERCE AND TRADE PRESS

图书在版编目（CIP）数据

"律师说法"案例集. 5 / 韩英伟主编. ——北京：中国商务出版社, 2022.11

ISBN 978-7-5103-4453-4

Ⅰ. ①律… Ⅱ. ①韩… Ⅲ. ①案例-汇编-中国 Ⅳ. ①D920.5

中国版本图书馆 CIP 数据核字（2022）第 174353 号

"律师说法"案例集（5）
"LÜSHI SHUOFA" ANLI JI (5)
韩英伟　主编

出　　　版：	中国商务出版社
地　　　址：	北京市东城区安定门外大街东后巷 28 号　邮编：100710
责任部门：	发展事业部（010－64218072）
责任编辑：	陈红雷
直销客服：	010－64515210
总 发 行：	中国商务出版社发行部（010－64208388　64515150）
网购零售：	中国商务出版社淘宝店（010－64286917）
网　　　址：	http：//www. cctpress. com
网　　　店：	https：//shop162373850. taobao. com
邮　　　箱：	295402859@ qq. com
排　　　版：	北京墨知缘文化传媒有限公司
印　　　刷：	北京荣泰印刷有限公司
开　　　本：	710 毫米×1000 毫米　1/16
印　　　张：	17　　　　　　　　　　字　　数：260 千字
版　　　次：	2022 年 11 月第 1 版　　印　　次：2022 年 11 月第 1 次印刷
书　　　号：	ISBN 978-7-5103-4453-4
定　　　价：	68.00 元

凡所购本版图书如有印装质量问题，请与本社印制部联系（电话：010－64248236）
版权所有　盗版必究（盗版侵权举报可发邮件到本社邮箱：cctp@ cctpress. com）

编委会

策　　划：郝惠珍
主　　编：韩英伟
执行主编：娄　静　胡文友
副 主 编：侯晓宇　刘　涛　汤学丽
　　　　　张其元　赵爱梅　王　琪

编　　者：高　庆　郭灿炎　李　娟　李　韬
　　　　　刘　敏　刘永江　罗文正　师　萌
　　　　　唐春林　温奕昕　徐　杨　杨　倩
　　　　　张　鹏　张学琴　张印富　赵红燕

序 言 PREFACE

在全国人民庆祝中华人民共和国成立73周年之际，在全党喜迎中国共产党第二十次全国代表大会胜利召开之时，我们迎来了盈科人的一件大事，《"律师说法"案例集（5）》出版了。作为献礼篇，在金秋十月丰收的日子里，这本书带着盈科律师的爱心、编写案例的专心、宣传法律的热心，为"党的二十大"送上了一份沉甸甸的献礼。

按照"赤橙黄绿青蓝紫"的排序，《"律师说法"案例集（5）》的封皮应当是青色！

赤色代表着吉祥、喜庆、热烈、奔放；橙色代表着快乐、幸福、庄严、尊贵、神秘；黄色代表着光辉、智慧、温暖；而绿色则代表着清新、希望、平静、环保。

青色代表什么呢？青色是一种底色，清脆而不张扬，伶俐而不圆滑，清爽而不单调。青色是中国特有的一种颜色，在我国古文化中有生命的含义，是春季的象征。在五行学说中，青色是木的一种，荀子《劝学》中有"青，取之于蓝，而青于蓝"。青象征着坚强、希望、古朴和庄重。

青色也是法律人喜欢的颜色，法律人从外表的着装到内涵的修养，都喜欢选择这个颜色。

青色如同法律人的沉稳、坚强、自信和庄重。我们常用青色来形容律师行业——沉稳、坚强、不断发展。中国的律师行业从小到大，人员数量从10万到60万；盈科律师也从100人到13 000人。盈科人不负时代，用自己的笔墨将错综复杂的社会现实中的案件汇集成一个个案例、一段段故事呈现给读者。

从《"律师说法"案例集（1）》到《"律师说法"案例集（5）》，五本书共 525 个案例，见证了中国社会的法治进程、体现着法治精神、法治内涵；体现着在奔赴新时代征程中，盈科人依法办事，"以史为鉴、开创未来"的信心和决心。

525 个案例不但展示了盈科律师的形象，宣传了盈科律所的文化，而且浓缩了盈科律师的感情、温情、热情。

习近平主席要求全党都要学习理论，要萃取历史精华，推动理论创新，更好繁荣中国学术、发展中国理论、传播中国思想，不断推进马克思主义中国化时代化；要坚定理想信念，凝聚精神力量，在新时代更好坚持和发展中国特色社会主义，为实现中华民族伟大复兴的中国梦贡献我们这一代人的智慧和力量，创造属于我们这一代人的业绩和荣光。

作为法律从业者，盈科人用一日一个案例，一年一本案例集，一步一个脚印，勤勤恳恳、扎扎实实用自己的实际行动，传播法治思想、法治理念和法律精神。

《"律师说法"案例集（5）》选取的是"盈科律师一日一法"公众号刊登的、2022 年上半年结案的 105 个案件，其内容充分体现了时效性、典型性、新颖性、群众性。入选本书的案例从案件事实、办案程序、争议焦点、法律适用、社会警示的角度，做出演绎解析，阐明法、理、情，以期增进公众对实体和程序维度的司法公正、司法裁判的理解，自觉执行生效的法律裁决。这些案件都是社会事件和热点问题，律师采用题目吸引人、内容接地气、法律观点分析言简意赅、一案一释法的形式，为公众做出了正面的引导和反面的警示。

2019 年 7 月 16 日，"盈科律师一日一法"公众号创刊，现在已经成为一个品牌。盈科律师每日推送的案例，被广为传播，获得了公众的认可，其影响力、感染力起到了"弘扬法律精神、传播法律知识"的目的。"盈科律师一日一法"公众号也通过以案说法的形式，在法官、公诉人、律师、当事人中间架起了一座学法用法、执行判决、沟通理解的桥梁，逐渐成为百姓学法用法的良师益友。

作为盈科所的创始人、名誉主任、党委书记，我要向贡献案例的同仁、编写案例的律师、关注此书的朋友、阅读此书的读者、一直关注和点赞的网友、提出意见建议的专家和老师们，致以最衷心的感谢！

律师是法治国家的建设者、参与者、推动者，盈科人愿将"盈科律师一日一法"公众号作为推动法治建设的实际行动，为在法治社会建设中绘就出赤橙黄绿青蓝紫的缤纷画卷，而歌、而舞！

谨此祝贺《"律师说法"案例集（5）》的出版，我隆重推荐这本书，也希望你能喜欢。

中华全国律师协会女律师协会副会长兼秘书长
盈科律师事务所创始合伙人、名誉主任、党委书记　**郝惠珍**

2022年10月2日于北京

目录 CONTENTS

第一部分　民事法篇

1. 两人合买一个房屋，如何确认所有权？……………………张印富 / 3
2. 资管通道业务，信托公司是否对投资者承担责任？…………刘　涛 / 6
3. 情人之间的分手费，是否需要返还？………………………杨　倩 / 9
4. 转让车位使用权，法律关系如何认定？……………………侯晓宇 / 11
5. 朱某申请注册"杨国福"商标，法律是否支持？……………汤学丽 / 12
6. 因疫情和重大气候原因顺延交房，如何确定期限？…………张其元 / 14
7. 婚后签订夫妻财产约定，是否可以撤销？…………………刘　敏 / 17
8. 再审期限已过，我们如何启动再审程序？…………………闫成祥 / 19
9. 自然人居间成功，中介费是否受法律保护？………………胡文友 / 24
10. 楼上漏水，王女士如何依法维权？…………………………庞立旺 / 25
11. 某公司承建水电站未造成污染，为何被判决停建？………高晓禾 / 28
12. 丈夫签订房屋担保的借款合同，妻子确认无效为何被驳回？………………………………………………………………王梓涵 / 29
13. 使用"金银花"，为何构成侵权？……………………………李　楠 / 31
14. 购房人钱房两空，为何赔偿五百万元？……………………胡克丽 / 33

15. 原告起诉被告专利侵权，为何败诉？ ………… 杨　飞 / 35
16. 在景区内意外死亡，法院为何判决景区不承担责任？ ……… 付　珊 / 37
17. 一楼业主阻挠住宅加装电梯施工，法院如何判决？ ………… 李　韬 / 39
18. 经纪公司向著名歌手主张违约，仲裁为何败诉？ …………… 杨　飞 / 41
19. 房屋买卖，违约方为何支付违约金又要赔偿损失？ ………… 徐　杨 / 43
20. 偷拿超市鸡蛋被阻猝死，为何责任自负？ …………………… 高晓禾 / 46
21. 共有的地下室，在房屋买卖合同中归谁使用？ ……………… 徐　杨 / 47
22. 个人也能申请破产，欠下的债还用还吗？ …………………… 韩英伟 / 49
23. 16 万元买房拆迁获赔 419 万元，卖家反悔、法院如何判？ ………………
　　　　　　　　　　　　　　　　　　　　　　　　　　…… 李　韬 / 54
24. 民间借贷败诉后，可否以不当得利为由另行起诉？ ………… 焦梦洁 / 56
25. 合同约定征地补偿费归出租方所有，法律是否支持？ ……… 刘永江 / 57
26. 排骨中吃出塑料渣，谁来承担责任？ ………………………… 郭灿炎 / 59
27. 疫情及政策的双重影响，特许经营合同纠纷如何解决？ …… 许妍娜 / 62
28. 女方父亲出资购买的房产，离婚时归谁所有？ ……………… 刘　敏 / 64
29. 指纹改刷脸才能入园，动物园为何要赔偿？ ………………… 郭灿炎 / 66
30. 夫妻共同遗嘱有效，一方变更遗嘱为何不受法律支持？ …… 张印富 / 69
31. 资管产品未清算，如何认定投资人是否形成实际损失？ …… 唐春林 / 71
32. 借钱给朋友，对方不还如何维权？ …………………………… 胡文友 / 74
33. 夫妻一方给异性转钱，另一方可以要回吗？ ………………… 董园园 / 75
34. 电商平台专利侵权案件，被告申请行为保全是否合法？ …… 赵红燕 / 77
35. 成年子女"啃老"，父母怎么办？ …………………………… 马凯乐 / 81
36. 物业服务不到位，是否可以不交物业费？ …………………… 师　萌 / 82
37. 会员旅游时突发疾病去世，旅行社承担哪些责任？ ………… 赵红燕 / 84
38. 网络约定"到店支付"，"预先收取"是否合法？ …………… 强　震 / 87
39. 未达到承包协议约定的销售额，为何不构成违约？ ………… 罗文正 / 89

40. 家用天然气发生爆炸，天然气公司是否应承担责任？ …… 许妍娜 / 90
41. 被冒名借款遭起诉，如何维权？ …………………… 张印富 / 93
42. 婚后加名的婚前房产，法院如何判决？ ……………… 李　韬 / 96
43. "借名买房"被执行，房屋实际权利人如何维权？ …… 师　萌 / 97
44. 恋爱期间的借款和赠与，如何认定？ ………………… 马凯乐 / 99
45. 开发商是否履行交付房屋，怎样认定？ ……………… 徐　杨 / 101
46. 区域品牌使用合同，为何被解除？ …………………… 胡文友 / 103
47. 卖房人违约，为何支付巨额违约金？ ………………… 胡文友 / 105
48. 受胁迫出具的欠条，为何撤销100万元高额利息？ …… 张学琴 / 107
49. 未及时过户的房子被查封，买房人如何排除执行？ … 谢　雯 / 109
50. 遗失验收报告，如何追回30万元损失？ ……………… 胡克丽 / 113
51. 股东未履行义务，财务为何承担连带责任？ ………… 罗文正 / 114
52. 合同无约定，如何获赔利息损失？ …………………… 张学琴 / 117

第二部分　刑事法篇

53. 摊位之争涉嫌故意伤害，禾某某为何无罪？ ………… 娄　静 / 121
54. 量刑意见四年，法院为何判处缓刑？ ………………… 韩英伟 / 123
55. 谭某邦涉嫌诈骗、合同诈骗案，律师为何辩护成功？ … 于建新 / 126
56. 熊某涉嫌假冒注册商标罪，为何判处缓刑？ ………… 刘永江 / 131
57. 以个人信息注册软件，为何构成"帮信罪"？ ………… 袁方臣 / 134
58. 大学生求职身陷诈骗犯罪，为何成功取保？ ………… 娄　静 / 137
59. 程某涉嫌袭警罪，为何能够取保候审？ ……………… 王　琪 / 139
60. 高某涉嫌非法吸收公众存款，为何不起诉？ ………… 王　源 / 141
61. 严惩巨贪，赖某为何被判死刑？ ……………………… 高　庆 / 145
62. 截获他人手机验证码后获利，构成何罪？ …………… 袁方臣 / 148

63. 菜刀从天而降，为何构成高空抛物罪？⋯⋯⋯⋯⋯⋯⋯⋯ 温奕昕 / 150
64. 公司涉嫌非法吸收公众存款罪，人力总监为何取保候审？⋯⋯⋯⋯⋯⋯⋯⋯⋯⋯⋯⋯⋯⋯⋯⋯⋯⋯⋯⋯⋯⋯⋯⋯⋯⋯⋯ 娄　静 / 152
65. 砍伐自己承包经营管理的林木，构成盗伐林木罪吗？⋯⋯ 赵爱梅 / 154
66. 银行高管转走2.5亿元储户存款，责任谁来承担？⋯⋯ 韩英伟 / 156
67. 非法吸收公众存款200万元，检察院为何作出不起诉决定？⋯⋯⋯⋯⋯⋯⋯⋯⋯⋯⋯⋯⋯⋯⋯⋯⋯⋯⋯⋯⋯⋯⋯⋯⋯⋯⋯ 温奕昕 / 158
68. 支付宝和银行账户给别人使用，账户所有人为何被判刑？⋯⋯⋯⋯⋯⋯⋯⋯⋯⋯⋯⋯⋯⋯⋯⋯⋯⋯⋯⋯⋯⋯⋯⋯⋯⋯⋯ 郭灿炎 / 161
69. 康某某造成国有公司损失5亿多元，如何定罪量刑？⋯⋯ 陈晓华 / 163
70. 以卡养卡违法，职业养卡人为何获刑？⋯⋯⋯⋯⋯⋯⋯ 郭灿炎 / 166
71. 骗人钱财逃匿，法律如何严惩？⋯⋯⋯⋯⋯⋯⋯⋯⋯⋯ 郭灿炎 / 168
72. 报警谎称自己得新冠肺炎，构成犯罪吗？⋯⋯⋯⋯⋯⋯ 赵爱梅 / 170
73. 虚构转账流水，是否构成诈骗罪？⋯⋯⋯⋯⋯⋯⋯⋯⋯ 袁椿辉 / 171
74. 帮助信息网络犯罪涉嫌上亿元，能否减轻处罚？⋯⋯⋯ 张　颖 / 174
75. 集资诈骗案，为何又构成非法吸收公众存款罪？⋯⋯⋯ 温奕昕 / 177
76. 利用"爬虫"软件获取数据，为什么会被判刑？⋯⋯⋯ 郭灿炎 / 179
77. 犯罪后如何才能免于刑事处罚？⋯⋯⋯⋯⋯⋯⋯⋯⋯⋯ 刘永江 / 182
78. 英烈不容侮辱，Q某为何受到法律严惩？⋯⋯⋯⋯⋯⋯ 高　庆 / 186

第三部分　公司法篇

79. 信托投资人王某要求信托公司披露信托计划投资数据，为何败诉？⋯⋯⋯⋯⋯⋯⋯⋯⋯⋯⋯⋯⋯⋯⋯⋯⋯⋯⋯⋯⋯⋯⋯⋯⋯⋯⋯⋯⋯ 刘　涛 / 191
80. 公司章程规定"离职即退股"条款，是否有效？⋯⋯⋯ 王　阳 / 193
81. 公司破产清算，哪些债务清偿行为可以被撤销？⋯⋯⋯ 李　娟 / 195

82. 未经审批的国有股权转让合同，是否有效？ ············ 张 磊 / 198
83. 股民没起诉，为何能得到法院判决赔偿？ ············ 王 琪 / 200
84. 怠于履行清算义务的股东，对公司债务是否承担连带清偿责任？ ········
　　　　　　　　　　　　　　　　　　　　　　　　 李 娟 / 202
85. 信托公司强制平仓前未通知补仓，投资人可否要求赔偿？ ·······
　　　　　　　　　　　　　　　　　　　　　　　 唐春林 / 204
86. 涉借贷关系的股权转让，法律关系如何认定？ ············ 张 磊 / 207
87. 公司股东依法行使知情权，法院如何判决？ ············ 李 娟 / 209

第四部分　劳动法篇

88. 骑车下班与流浪狗相撞受伤，是否构成工伤？ ··········· 韩英伟 / 215
89. 公司高管辞去职务，是否意味着解除劳动合同？ ··········· 王梓涵 / 216
90. 用人单位搬家，是否属于违法变更工作地点？ ············ 张 鹏 / 219
91. 员工不能胜任工作岗位，用人单位可否随意调岗？ ········ 徐 杨 / 221
92. 公司专项培训费用，离职后是否返还？ ············· 罗文正 / 223
93. 有劳动合同和社保缴纳记录，为什么不存在劳动关系？ ··· 谢 雯 / 225
94. 劳动者服务期未满即离职，公司要求赔偿是否支持？ ····· 庞立旺 / 227
95. 签订非全日制劳动合同，为何支付经济补偿金并补交社保？ ········
　　　　　　　　　　　　　　　　　　　　　　　 张凤云 / 229
96. 用人单位因吵架而解除劳动合同，是否违法？ ············ 张 鹏 / 231

第五部分　行政法篇

97. 承租的商铺被强制拆除，法院如何判决？ ············ 娄 静 / 235
98. 被他人冒名办理公司登记，如何进行法律救济？ ············ 葛 冰 / 237

99. 牛某申请行政复议，再审为何被驳回？ ……………… 高　庆 / 240
100. 某市综合行政执法局作出的《未登记房屋认定书》，为何被法院撤销？
　　 ………………………………………………………… 温奕昕 / 242
101. 嫖资不可以随意认定，"济南嫖娼"案为何胜诉？ ……… 高　庆 / 243
102. 商标撤三行政纠纷案，第三人二审为何胜诉？ ………… 温奕昕 / 245
103. 合法浴室成"危房"，律师如何助力胜诉？ ……………… 娄　静 / 249
104. 税务行政诉讼，举报人是否适格原告？ ………………… 张　毅 / 250
105. 未经集体讨论作出的行政处罚，是否应予撤销？ ……… 潘建华 / 253

后　记 ……………………………………………………………… 255

第一部分
民事法篇

1. 两人合买一个房屋，如何确认所有权？

□ 张印富

【案情简介】

原告 H 女士与被告 X 女士原系某研究院职工，二人共同承租单位公有住房 52 号房，原告承租东间，被告承租西间。2010 年 9 月，原、被告参加单位央产房改售房，签订《房产权益分割协议》约定："就以上住房在参加房改以及取得房屋所有权证以后有关房产的权益分割双方达成协议：

一、房改售房只能由一人申请，因此在参加房改办理相关手续过程中，由 X 女士作为购买人代表二承租人出面办理相关手续。

二、按照双方分别承租房屋面积（含公共分摊面积、阳台面积）和工龄分别计算各自应缴纳购房款及相关费用。收款票据只能体现购买人 X 女士。另为 X 女士、H 女士分别出具付款证明。双方各留存一份购房相关票据复印件，各种票据原件由院行政处留存。

三、取得房屋所有权证以后，房屋所有权证原件由院行政处留存，H 女士、X 女士各留一份复印件。

四、在取得房屋所有权证以后三个月之内，在政策允许的情况下办理上市交易，双方积极寻找买方，以最高成交价为准。

五、上市交易出售住房所需缴纳的相关费用按照应得权益分担，出售住房所得收益按照应得权益比例分配。

六、双方住房的实际建筑面积（含阳台面积、公共分摊面积），以房屋所有权证中市住房和建设委员会的房屋测量表为准。"

《房产权益分割协议》签订后，依据单位房改售房政策、职务、工龄、住房等因素，原告以成本价购买原承租房（东间）折合实际价款 NN 万元；被告以成本价购买原承租房（西间）折合实际价款 YY 万元。

2012 年 2 月，涉案房产登记在 X 女士名下，不动产权属证书原件存放于院行政处。之后，双方出售房屋未成，发生矛盾。

2019年6月，X女士就涉案房屋补办了不动产权属证书并在网上出售。原告得知后质问被告，被告称：原告无资格参加房改售房，原签订的协议是欺骗行为；现该房产登记于被告一人名下，归被告所有；要求原告腾退所占房间。原告无奈向法院提起所有权确认纠纷之诉，请求确认原告享有52号房（东间）部分所有权。法院经审理未予支持，判决驳回原告诉讼请求。原告茫然，经朋友介绍找到律师，律师了解情况后建议另行提起共有权确认纠纷之诉，原告接受律师的建议并委托其代理，2021年1月21日起诉。

【判决结果】

一审法院判决：确认登记于X女士名下的52号房，由原告H女士与被告X女士按份共有，其中原告H女士享有53.29%的所有权份额，被告X女士享有46.71%的所有权份额。

被告X女士不服，提起上诉。

二审法院判决：驳回上诉，维持原判。

【律师解读】

本案争议焦点是：被告以个人名义出资购买并登记在被告个人名下的房产，原告能否主张享有部分所有权？在不具有家庭关系的情况下，被告主张房产归自己所有，原告主张对涉案房屋共享权益，如何提出具体请求？是主张共同共有还是按份共有？

律师认为，不动产权属证书是权利人享有该不动产物权的证明，但不具有绝对的证据力。不动产可以由两个及以上个人共有，包括按份共有或共同共有。按份共有人对共有的不动产按照其份额享有所有权。各共有人享有的份额可自行约定。没有约定或者约定不明确的，按照出资额确定。本案中，原、被告合买一个房屋并不违反法律规定，被告持有房产证主张房产归其自己所有，在涉案房产随时都有可能被出售的情况下，原告及时通过诉讼维护自身权益是理智正确的选择。但官司无小事，必须谨慎对待。透过本案，原告反败为胜，以下三点尤其需要准确理解和把握：

一、围绕诉讼目的提出诉讼请求，不能违反物权法定内容

《中华人民共和国民法典》（以下简称《民法典》）第一百一十六条规定："物权的种类和内容，由法律规定。"当事人不能通过合同任意设定，如果违反物权法定原则将承担法律不利后果。在一物一权原则下，在一个物上不能同时设立两个或两个以上所有权。一个房屋上只能有一个所有权，房屋部分作为诉争房屋的重要成分不能越出房屋之外，成为另一物权的客体。原告如果请求对诉争房屋部分享有所有权，自然违背物权法定原则，就要承担法律不利后果，无法实现诉讼目的。

二、所有权与共有权体现不同的法律关系，二者不能混同

所有权确认纠纷，是当事人之间因标的物所有权的成立、内容及归属所产生的民事纠纷。本案原、被告在合买单位出售公有住房时签订协议，已就享有房屋相应权益作了分割约定，不存在对所有权成立、内容及归属的争议。原告以所有权确认纠纷起诉，客观上会产生认可所有权存在争议的事实，正迎合了被告主张享有所有权，原告自己置于被动。

根据《民法典》第二百九十七条规定："不动产或者动产可以由两个以上组织、个人共有。共有包括按份共有和共同共有。"第二百九十八条规定："按份共有人对共有的不动产或者动产按照其份额享有所有权。"第三百零九条规定："按份共有人对共有的不动产或者动产享有的份额，没有约定或者约定不明确的，按照出资额确定。"本案原、被告《房产权益分割协议》约定合买单位出售的公有住房，原告要求确认其为涉案房屋的共有权人并要求确认其享有相应部分的所有权份额，具有事实和法律依据。原告的诉讼请求得到法院支持后，将涉案房屋所有权份额登记于原告名下，持有相应份额的不动产权属证书，自然享有相应的房屋权益，依法受法律保护，实现诉讼目的。

三、就同一个事项提起二次诉讼，是否构成重复起诉

"一事不再理"是民事诉讼中的一项重要原则。当事人就已经提起诉讼的事项在诉讼过程中或者裁判生效后再次起诉构成重复起诉，法院会裁定不予受理；已经受理的，法院应裁定驳回起诉。本案原告就涉案房屋纠纷事项，确实存在二次起诉的事实，且第一次起诉所有权确认纠纷判决已经生效，但，是否构成重复起诉，须依据法律规定认定。

根据《最高人民法院关于适用〈中华人民共和国民事诉讼法〉的解释》（以下简称《民诉法解释》）第二百四十七条规定，构成重复起诉，需要同时符合下列条件：（一）后诉与前诉的当事人相同；（二）后诉与前诉的诉讼标的相同；（三）后诉与前诉的诉讼请求相同，或者后诉的诉讼请求实质上否定前诉裁判结果。本案原告就同一房屋纠纷，第一次所有权确认纠纷之诉与本案共有权确认纠纷之诉案由不同、诉讼请求也不同，故不构成重复起诉，不违反"一事不再理"原则。

2. 资管通道业务，信托公司是否对投资者承担责任？

□ 刘　涛

【案情简介】

2013年6月，上海A管理中心（作为委托人）与华澳信托（作为受托人）签订涉案信托合同。2013年7月19日，投资人王某1向由王某2实际控制的上海A管理中心的账户汇款120万元，后该120万元被辽阳B公司的股东（实际控制人）陈某某用于归还辽阳B公司股东的对外债务。在涉案信托项目进行期间，华澳信托内部曾于2013年12月出具过《项目风险排查报告》，载明本次检查未发现重大风险事项。2016年5月27日，上海A局出具沪银监访复〔2016〕443号《信访事项处理意见书》，认定华澳信托对同业业务中的机构委托人未作充分调查，对其委托资金来源的调查亦流于形式。2013年6月至8月间，被告人王某2使用上海A管理中心等有限合伙企业的名义，以年化利率9.5%~12.5%的高额利息为诱，向社会不特定公众销售"浙江A公司杭州保障房投资基金项目"，非法集资2.8亿余元。之后，王某2划款2.8亿元至华澳信托。浙江A公司（作为借款人）与华澳信托（作为贷款人）签订了《贷款合同》，辽阳B公司（作为保证人）与华澳信托（作为债权人）签订了《保证合同》。华澳信托贷款给浙江A公司。浙江A公司收到后，划款2.53亿余元至辽阳B公司，划款558万余元至被告人陈某某银行账户，上述钱款主要用于归还辽阳B公司股东的对外债务。至案发，各投资人共计收到5 308万余元，尚有2.3亿余元经济损失。王某1遂向法院起诉要求华澳信托赔偿损失共计24万元。

【判决结果】

一审法院判决：华澳国际信托有限公司应于判决生效之日起十日内对投资人王某1根据〔2017〕沪01刑初50号刑事判决通过追赃程序追索不成的损失在24万元的范围内承担补充赔偿责任。如果未按判决指定的期间履行给付金钱义务，应当依照《中华人民共和国民事诉讼法》第二百五十三条规定，加倍支付迟延履行期间的债务利息。华澳国际信托有限公司不服判决，提起上诉。

二审法院判决：驳回上诉，维持原判。

【律师解读】

信托公司在资管通道业务中通常扮演着管理者的角色，但是管理行为并不意味着审慎经营义务的免除，也不意味着一定不承担赔偿责任。从华澳信托的过错来看：

1. 华澳信托是否有义务核查信托资金来源，是否构成误导投资者的问题。按照2013年的《信托法》《信托公司集合资金管理办法》，信托公司对委托人提供的信托资金来源并无核查的义务，但信托公司内部从审慎管理的角度出发，有审查委托人资金是否为自有资金的规范要求。本案还存在如下特殊情况：其一，华澳信托参与系争信托业务的负责人员已了解到资金系从社会不特定人员募集而来的事实，公安机关对各方人员的询问笔录均证实曾有私募投资者向华澳信托致电征询；其二，华澳信托在掌握较多资金与项目信息、知晓自身与项目投资风险关联度的情况下，未对犯罪分子借用其金融机构背景进行资金募集的行为采取必要防控措施，也未对社会投资者作相应警示；其三，行政监管部门曾认定华澳信托存在对机构委托人未作充分调查，对其委托资金来源的调查流于形式,对该信托计划的委托资金来源未尽到合规审查义务,违反了审慎经营规则。由此,一审法院认为,华澳信托在信托业务开展时对委托资金来源的审核未尽必要注意义务,对王某1等投资者投资被骗受损负有一定责任。

2. 华澳信托是否有义务对信托产品所涉项目开展尽职调查。根据本案《信托合同》约定,华澳信托依据委托人的指令履行后续管理义务,不对借款人和信托资金运用的项目做实质性尽职调查和审核,只提供事务管理服务。本案特殊之处在于,信托存续期间,华澳信托应委托人要求向王某2等人出具了《项目风险排查报告》,该报告称"流动资金项目的资金用途经运营部确认无异常,用款符合合同约定……浙江A公司经营状况良好,工程建设进展顺利,财务状况稳定……辽阳B公司作为本项目担保方运营正常,还款能力也较强,也能较好地保障信托计划本息的安全。"从事后查实的结果看,《项目风险排查报告》内容明显虚假。华澳信托作为专业的金融机构,在明知委托资金系属私募募集资金的情况下,更应当审慎回应委托人提出的明显不合理要求。华澳信托出具的《项目风险排查报告》虽为内部资料,但被犯罪分子利用。

资管管理人的义务职责一方面由具体的资产管理合同约定为主,另一方面通过法律、法规、规章或者规范性文件进行细化和补强。虽然在资管通道业务下,投资者可自行决定投资策略,承担投资风险,管理人仅是协助业务,但这并不意味着管理人完全免责,要求管理人承担责任需要满足以下要件:(1)管理人存在违约或者过错行为;(2)投资者存在损失;(3)管理人的行为与投资者的损失之间存在因果关系。管理人义务责任的认定标准是法院裁判中的关键。当前金融监管体系和实践中呈现不断强化管理人责任的趋势,同时开始关注不同资管产品的合法合规性与特殊的监管要求。管理人应当积极勤勉地履行管理义务,而非消极地将管理职能流于形式,如此才能更好地保护投资者的利益和维护市场的正常秩序。

3. 情人之间的分手费，是否需要返还？

□ 杨 倩

【案情简介】

魏某、汤某结识于 2017 年 6 月，在 2017 年至 2020 年间，时常有联系并曾发生性关系。2020 年 5 月 24 日，魏某、汤某签订《分手协议书》，其中载明"……双方感情出现重大矛盾且无法调和，遂决定分手。但此时女方发现自己已怀有身孕，双方经协商后一致同意做人工流产。2020 年 5 月底，在魏某陪同下，汤某到某医院做了人工流产手术……第二条：本协议自签署之日起，魏某需分期支付汤某现金 280 000 元分手费，需三年内付清，前两年必须每年支付 100 000 元，第三年支付 80 000 元。该分手费作为魏某对汤某就恋爱期间的全部补偿，包括恋爱期间因魏某向汤某推荐使用贝米钱包，致汤某损失 31 万元本金，且汤某在恋爱期间所受精神创伤、人工流产所受身体上的痛苦，身体康复必要的有关费用……第四条：双方已充分阅读并理解本协议条款之含义，不存在欺诈、胁迫、显失公平、重大误解等情形"。同日，魏某向汤某签署一份《借条》，载明"借款人魏某因自身原因导致出借人汤某在 2018 年 7 月 13 日损失 337 320 元，经双方协商决定借款人魏某由借条签订之日开始分期向出借人共支付 280 000 元，需三年内付清，前两年必须每年支付 10 万元，第三年支付 8 万元，如果不支付，按所欠总金额 8% 支付利息"。

后魏某向一审法院起诉：1. 判决撤销魏某、汤某之间签订的《分手协议书》及《借条》；2. 判决汤某向魏某返还已支付的款项合计 58 451.57 元；3. 判决汤某向魏某返还因汤某检查身体而支出的费用共计 15 119.98 元（其中信用卡支付 8 460.98 元，社保及现金支付 6 659 元）。

汤某也向一审法院起诉：1. 判令魏某立即向汤某支付余款 221 548.43 元，并从 2021 年 7 月 23 日起，按年利率 8% 支付利息；2. 判令魏某承担本案全部诉讼费用。

【判决结果】

一审法院判决：

1. 魏某与汤某于 2020 年 5 月 24 日签订的《分手协议书》及《借条》无效；
2. 驳回魏某的其余诉讼请求；
3. 驳回汤某的全部诉讼请求。

二审法院判决：

驳回汤某的上诉，维持原判。

【律师解读】

本案的焦点在于魏某与汤某 2020 年 5 月 24 日签订的《分手协议书》及《借条》是否有效？

从协议内容来看：协议所载"魏某需分期支付汤某现金 280 000 元"实际是双方为结束情感、由魏某向汤某给予的补偿，也就是一般意义上的"分手费"。而双方于同日签订的《借条》并没有实际的借贷事实发生，只不过是作为"分手费"的一个虚假意思表示形成的合同关系。根据《民法典》第一百四十六条第一款"行为人与相对人以虚假的意思表示实施的民事法律行为无效"，该《借条》无效。从协议的性质上来看，用"分手费""补偿费"等约定解决男女分手所产生的纠纷，违背公序良俗，根据《民法典》第一百五十三条第二款"违背公序良俗的民事法律行为无效"，该《分手协议书》也是无效的。

男女之间基于"分手"而约定"分手费"并由此产生的债实际为法理上的"自然之债"，自然之债是指虽为法律所认可，但却不受强制执行力保护的债，对于自然之债，债务人不履行时，债权人不能请求法院强制执行，债务人自愿履行，则履行有效。故根据上述"自然之债"的法理，虽该债不受法律所保护，但基于魏某自愿履行，其不得以不当得利等理由主张返还。

4. 转让车位使用权，法律关系如何认定？

□ 侯晓宇

【案情简介】

原告 A 同被告 B 公司签订《地下车位使用权协议》，约定 B 公司将某车位的使用权转让给 A，使用期限为 40 年。协议签订当日原告 A 依约支付了全部车位款。后双方就合同履行产生争议，原告 A 认为《地下车位使用权协议》为租赁合同，应适用"租赁期限不得超过二十年。超过二十年的，超过部分无效"的规定，故起诉要求确认《地下车位使用权协议》中超出 20 年转让期限的部分为无效条款，B 公司应当将超出部分的车位款予以返还。

【判决结果】

驳回原告 A 的全部诉讼请求。

【律师解读】

本案 B 公司同 A 之间属于何种法律关系？本案的审理焦点在于如何确定《地下车位使用权协议》的性质，司法实践中对于此类合同的定性亦存在争议。

第一种观点认为属于租赁合同关系。租赁合同是出租人将租赁物在约定期限内交付给承租人使用、收益，承租人支付租金的合同。此观点认为：《地下车位使用权协议》在形式上符合租赁合同的外观，即 B 公司将车位使用权在特定期限内交付给 A 使用，A 向 B 公司支付相应费用并按约定的用途、期限使用该车位，且转让标的系车位的"使用权"，车位的"所有权"并未发生转移。因此《地下车位使用权协议》应认定为租赁合同，应当适用《民法典》第七百零五条"租赁期限不得超过二十年，超过二十年的，超过部分无效"的规定。而另一种观点则认为属于买卖合同关系。买卖合同是出卖方转让标的物的权利于买方，买方支付价款的合同。

此观点认为：《地下车位使用权协议》是 B 公司将相关车位在合同约定期限内的权利全部转让给 A，由 A 支付车位款，实质系车位使用权的转让，转让标的是否登记并不影响合同性质。

笔者同意第二种观点。在查阅了大量类似案件的判例后，笔者发现多数法院将类似车位使用权转让协议认定为买卖合同。法院认为合同双方在订立合同时均没有租赁车位的意思表示，也未达成租赁的合意，该协议与租赁合同无论从合同订立的目的及双方的意思表示、车位的支配方式、转让价格等各方面而言，均不符合租赁合同的成立要件，无法认定合同双方属于租赁合同关系。结合本案案情分析，从合同履行方式上看，A 一次性向 B 公司支付合同价款，B 公司将车位交付给 A，同时车位的占有、使用、收益、处分权亦发生转移，此外，合同约定的转让价格亦远远超出了租赁价格，符合买卖合同的构成要件。因此《地下车位使用权协议》应认定为买卖合同，未办理登记不影响合同效力。

综上，本案《地下车位使用权协议》不属于租赁合同，不适用《民法典》第七百零五条关于"租赁期限不得超过二十年。超过二十年的，超过部分无效"的规定。该协议系原被告双方的真实意思表示，不违反法律、行政法规的强制性规定，也未违反公序良俗，合同真实有效。

5. 朱某申请注册"杨国福"商标，法律是否支持？

□ 汤学丽

【案情简介】

朱某于 2018 年 12 月 17 日申请注册商标"杨国福"，指定使用在第 9 类"计算机软件（已录制）；可下载的手机应用软件；人脸识别设备、秤、导航仪器、电视机、手机、照相机（摄影）、测量仪器、光学器械和仪器、电源材料（电线、电缆）、遥控装置、报警器、眼镜、电池"等商品项目上。

经审查，商标局认定诉争商标"杨国福"为革命烈士，作为商标使用在上述商品上，易产生不良社会影响，已构成《中华人民共和国商标法》第十条第一款第（八）项规定之情形，于2019年12月11日作出商评字〔2019〕第301399号《关于第35353250号"杨国福"商标驳回复审决定书》（简称"被诉决定"）。

朱某不服被诉决定，向北京知识产权法院提起行政诉讼。

【判决结果】

一审法院判决：

驳回原告朱某的诉讼请求。

朱某不服一审法院判决，提起上诉。

二审法院判决：

驳回上诉，维持原判。

【律师解读】

杨国福确为革命烈士，故认定诉争商标作为商标使用在上述商品上有害于社会主义道德风尚或者有其他不良影响，故诉争商标已构成商标法第十条第一款第（八）项所指情形，下列标志不得作为商标使用：……有害于社会主义道德风尚或者有其他不良影响的。

另外根据《中华人民共和国英雄烈士保护法》第二十二条规定，禁止歪曲、丑化、亵渎、否定英雄烈士事迹和精神。

英雄烈士的姓名、肖像、名誉、荣誉受法律保护。任何组织和个人不得在公共场所、互联网或者利用广播电视、电影、出版物等，以侮辱、诽谤或者其他方式侵害英雄烈士的姓名、肖像、名誉、荣誉。任何组织和个人不得将英雄烈士的姓名、肖像用于或者变相用于商标、商业广告，损害英雄烈士的名誉、荣誉。

公安、文化、新闻出版、广播电视、电影、网信、市场监督管理、负责英雄烈士保护工作的部门发现前款规定行为的，应当依法及时处理。

为何在他人已经有多件"杨国福"商标获准注册的情况下，本案朱某申请的争议商标不能够获得注册？

一方面，商标注册制度本身由一系列的制度构成，即使获得初步审定，其后还有商标异议制度，获准注册的商标仍然面临着商标无效等制度的考验，而且部分案件中商标审查的结论可能还要接受法院的司法审查；

另一方面，商标评审采取个案审查原则，商标审查不仅受到其形成时间、形成环境、在案证据情况等多种条件影响，商标能否获准注册还与商品或服务的内容、商标近似程度等一系列因素相关，因而其他商标的申请、审查、核准情况与本案没有必然关联性。

商标授权审查因各案事实情况不同可能结论各异，相关商品上在先商标和类似商标获准注册的情况，均非本案诉争商标获准注册的当然依据。且诉争商标"杨国福"若作为商标使用在上述商品项目上有害于社会主义道德风尚或者有其他不良影响，故而本案诉争商标未能获准注册。

6. 因疫情和重大气候原因顺延交房，如何确定期限？

□ 张其元

【案情简介】

2019年4月5日，原告（张某）与被告（某宏开发商）签订《商品房预售合同》一份，主要约定："第三条：总房款1 498 729元，首付款458 729元于2019年4月5日前支付，余款104万元，办理按揭贷款。第十一条：出卖人应当在2020年11月7日前向买受人交付该商品房。"后双方签订《补充协议》，关于主合同逾期付款责任的补充约定："第五条如遇下列特殊原因，出卖人可据实延期：（1）主管部门通知的停水停电（2）政府部门需要的各项管制（3）因气候原因无法正常施工……（8）不可抗力。第六条关于主合同逾期交付责任的约定：1.出卖人应按照合同约定的期限向买受人交付房屋，但为了保障房屋质量，买受人同意给予出卖人30日的交付延展期。2.逾期超过90日后，买受人有权解除合同。"原告按期履行了付款义务，截至2021年7月31日，原告偿还银行贷款118 353.34元。

2020年1月24日，山东省启动突发公共卫生事件一级响应，并要求各类企业不早于2月9日前复工；3月7日24时调整为二级响应。3月11日，山东省住房和城乡建设厅发布《山东省住房和城乡建设厅关于统筹推进疫情防控和工程监理企业复工复产工作的通知》，要求低风险地区全面推动工程项目复工，监理企业全面进场复工。2019年9月22日至2021年3月14日期间，聊城市重污染天气应急指挥部办公室多次发布重污染天气预警通知，并启动应急响应。2020年7月30日、2020年12月29日、2021年3月9日，被告先后张贴延期交付告知书，因疫情、环保、降雨等原因不能按期交房，最后一次告知书载明，交房日期2021年6月30日前，以实际交房时间为准。

因某宏开发商逾期交房，张某诉至法院要求：1. 解除双方签订的商品房买卖合同及补充协议；2. 被告退还原告交纳的房款458 729元及利息、已经偿还的贷款118 353.34元。

【判决结果】

一审法院判决：

1. 解除双方签订的《商品房买卖合同》及《补充协议》；
2. 被告返还原告已交纳的购房款458 729元及利息；
3. 被告返还原告已偿还的银行借款118 353.34元。

二审法院判决：驳回上诉，维持原判。

【律师解读】

原告与被告签订的《商品房预售合同》及《补充协议》均系双方真实意思表示，内容亦不违反国家法律、行政法规的强制性规定，合法有效。双方当事人均应根据合同约定内容履行各自义务。现被告超过合同约定时间，至今未能交付房屋，已构成违约。被告主张因为疫情和重大气候原因顺延交房时间，那么顺延时间应如何计算？

一、因为疫情原因顺延的交房时间应如何计算？

根据《最高人民法院关于依法妥善审理涉新冠肺炎疫情民事案件若干问题的指导意见（二）》第4条"疫情或者疫情防控措施导致出卖人不能按照商品房买卖合同约定的期限交付房屋，或者导致买受人不能按照约定的期限支付购房款，当事人请求解除合同，由对方当事人承担违约责任的，人民法院不予支持。但是，当事人请求变更履行期限的，人民法院应当结合案件的实际情况，根据公平原则进行变更"的规定，虽然新冠肺炎疫情或疫情防控措施依法适用不可抗力的规定，但履行期限的变更应根据公平原则予以调整。结合山东省于2020年1月24日启动重大突发公共卫生事件一级响应，直至3月11日发布低风险地区全面推动工程项目复工复产的通知，该期间共计47天。

二、因为重大气候原因顺延的交房时间应如何计算？

原、被告签订的《补充协议》中对政府部门需要的各项管制以及因气候原因无法正常施工的天数予以延期进行了约定。故，被告要求扣除该停工天数，符合合同约定及法律规定，法院予以支持。但扣除天数的多少，应根据实际停工程度及实际停工天数予以认定。首先，经统计，2019年9月22日至2021年3月14日期间，聊城市重污染天气应急指挥部办公室共发布Ⅰ级应急响应31天，Ⅱ级应急响应71天，Ⅲ级应急响应8天。根据三个不同等级的不同应急措施，Ⅰ级响应措施包括"全市范围内停止建筑、道路、拆迁等施工作业"，故对Ⅰ级响应措施所对应的天数应予全部扣除。Ⅱ级及Ⅲ级响应措施相对Ⅰ级较少，建筑工地的所有工作并非全部禁止施工，且考虑建筑工地实际施工情况，Ⅱ级及Ⅲ级应急响应期间，建筑工地并未全部停止。故对该期间天数，法院以50%比例予以扣减。经计算，扣减天数为39.5天〔（71天+8天）×50%〕。因重污染天气导致政府部门管控扣减天数为70.5天（31天+39.5天），按扣减天数为71天。

综上，双方约定的交房时间为2020年11月7日，扣减上述顺延天数118天（47天+71天）及交房延展期的30天后，被告交付房屋的最后期限为2021年4月5日。原告于2021年8月4日向法院起诉要求解除原被告之间商品房买卖合同有事实根据和法律依据，法院应予支持。

7. 婚后签订夫妻财产约定，是否可以撤销？

□ 刘　敏

【案情简介】

2014年5月6日，张某（男）与李某（女）登记结婚。2年后，张某父母全资购买一套房产并将房产登记在张某一人名下。2020年，张某因为李某持续与自己争吵，感觉生活无望提出离婚，但李某不同意离婚。因此张某提出离婚诉讼，在此过程中，李某向法院提出诉讼要求确认上述房产为夫妻共同财产，并请求张某协助办理房产的加名手续。李某拿出一份显示2019年4月18日张某与李某签署的夫妻财产约定，约定上述房产为夫妻共有。张某并不记得这份协议，因而进行了笔迹鉴定，最终鉴定结果为张某所书写。

张某委托律师代理了本案。那么法院最终是否支持李某的诉讼请求将张某名下房产加上李某的名字呢？

【判决结果】

法院判定驳回原告李某的全部诉讼请求。

【律师解读】

本案双方的争议焦点最终为李某能否在房产中加名。

问题一：该房产是张某个人财产还是共同财产？

从目前情况来看，张某无法提供被对方威胁、胁迫的证据，张某与李某签订的《夫妻财产约定》极可能被认定为有效，那如何打破该房产为夫妻共同财产的魔咒呢？

本案中，诉争房产购买于2016年2月14日，系被告张某父母全资购买，张某与李某均未对诉争房产进行过出资。根据《最高人民法院关于适用＜中华人民共和国婚姻法＞若干问题的解释（三）》第7条规定："婚后由一方父母出资为子女购买的不动产，产权登记在出资人子女名下的，可按照婚姻法第18条第（三）项的规定，视为只对自己子女一方的赠与，该不动产应认定为夫妻一方的个人财产。"所以，张某父母全资购买房产以及将房产登记在自己子女张某名下，该房产应当为张某个人所有，而并非张某与李某的共同所有。

问题二：张某与李某《夫妻财产约定书》的性质是夫妻财产约定还是赠与合同？

夫妻财产制约定的对象是概括性、整体性财产、双务等，而赠与合同指向的对象是个别的、特定的财产、无偿性、单方受益。本案中，《夫妻财产约定书》中约定的标的物是涉案房产，为个别的、特定的财产、单方受益、无偿性特征，李某依据该协议书取得涉案房产部分产权属于单方受益。因而本案中的《夫妻财产约定书》应当被定性为赠与合同。

问题三：李某能否加名成功？

根据《最高人民法院关于适用＜中华人民共和国婚姻法＞若干问题的解释（三）》第6条的规定："婚前或者婚姻关系存续期间，当事人约定将一方所有的房产赠与另一方，赠与方在赠与房产变更登记之前撤销赠与，另一方请求判令继续履行的，人民法院可以按照合同法第186条的规定处理。"《中华人民共和国合同法》第186条规定："赠与人在赠与财产的权利转移之前可以撤销赠与。具有救灾、扶贫等社会公益、道德义务性质的赠与合同或者经过公证的赠与合同，不适用前款规定。"

本案中，张某与李某书面约定该房产为共同共有，但两人对该约定既未公证，也未办理变更登记，且在答辩时张某明确表示撤销赠与。撤销权是一种形成权，当事人可以依照自己的意思成立、变更或者消灭合同效力的权利，张某不同意协助李某办理房产过户手续。因此，张某作出了撤销赠与的意思表示，李某也就不能要求张某履行协议加名了。

昔日恩爱夫妻，如今因一纸房产约定反目成仇。婚后名下有个人财产的当事人应当知道，想要与配偶约定财产共有最好还是过户或者公证，如果是赠与性质约定未公证且房屋未过户的情况下，受赠人很难达到自己当初的目的。如果您无法把控法律风险，必要时应聘请专业律师为您进行财富规划，免得到头来空欢喜。

8. 再审期限已过，我们如何启动再审程序？

□ 闫成祥

【案情简介】

2015年8月14日，借款人王某成、王某、文某、张某、吴某共同向张某忠借款人民币300万元整，当日出具借条一张，内容为："今借张某忠人民币叁佰万元整（3 000 000元），于借款之日起一个月内还清。"该借条由共同借款人王某成、王某、文某、张某、吴某签字并捺印确认。当日张某忠根据王某成、王某等五人的指示，将上述300万元借款一次性经中国农业银行转汇至张某栋的中国农业银行账户，完成出借。

一月后，五位借款人未如约期归还借款，张某忠于2018年3月30日以自己为原告，以王某成、王某、文某、张某、吴某及张某栋为被告向河北省三河市人民法院提起诉讼。三河市法院于2018年4月2日立案，适用普通程序公开审理，2018年10月31日作出判决，判决被告王某成、王某、文某、张某、吴某及张某栋于判决生效后三日内共同偿还张某忠借款人民币300万元并按年利率6%给付借款利息（自2015年9月14日开始计算至实际给付之日止）。

张某栋于2021年3月7日收到三河市人民法院邮寄的〔2021〕冀1082执1634号执行案件相关资料，方知张某忠的起诉。于是，张某栋于2021年3月31日前往三河市人民法院调取了〔2018〕冀1082民初3033号案件全部卷宗资料。经研阅卷宗，结合真实情况，律师认为，张某栋与张某忠之间并不存在真正的民间借贷法律关系，三河市人民法院认定事实不清，适用法律错误，遂向廊坊市中级人民法院申请再审：

一、请求再审法院对〔2018〕冀1082民初3033号民事判决提审或指令再审；

二、请求法院提审或指令再审后驳回被申请人张某忠对再审申请人张某栋的全部诉讼请求。

【判决结果】

廊坊市中级人民法院经审查认为，张某栋的再审申请符合《中华人民共和国民事诉讼法》（以下简称《民事诉讼法》）第二百条第二项、第六项规定的情形。裁定提审本案，中止原判决的执行。

【律师解读】

律师认为，除本案基本事实外，难点在于，根据《中华人民共和国民事诉讼法》第二百零五条之规定，当事人申请再审，应当在判决、裁定生效后六个月内提出；即使有"（一）有新的证据，足以推翻原判决、裁定的；（二）原判决、裁定认定事实的主要证据是伪造的；（三）据以作出原判决、裁定的法律文书被撤销或者变更的；（四）审判人员审理该案件时有贪污受贿，徇私舞弊，枉法裁判行为的情形的"也应自知道或者应当知道之日起六个月内提出。

本案从人民法院公告时间看，一审判决刊登在2018年12月2日，至2021年3月张某栋收到《执行裁定书》早已超过六个月的时限。但律师认为如请求再审法院启动审判监督程序应从如下方面入手：

一、再审申请人张某栋与被申请人张某忠之间不存在民间借贷法律关系，张某栋接收300万元款项的事实仅是借款人使用了张某栋的银行账户，而非共同的借款人，列张某栋为被告系主体不适格，原审法院认定事实不清，符合《民事诉讼法》第二百条第二款的规定，应再审

（一）《借条》中所有签署且按手印的借款人中无张某栋的名字，张某栋非真正的借款人。

从《借条》内容看："借条，今借张某忠人民币叁佰万元整（3 000 000元），于借款之日起一个月内还清。借款人：王某成、王某、文某、张某、吴某。借款日：2015年8月14日。"借款人为王某成、王某、文某、张某、吴某五人，不包含张某栋在内，张某忠与张某栋不存在民间借贷法律关系。

（二）原审庭审中张某忠否认张某栋是真正的借款人。

首先，三河市人民法院《庭审笔录》第3页"审：借款上并没有张某

栋签字或捺印，你方为什么起诉张某栋？原告代理人：五个被告指定打到张某栋的账户内。审：张某栋与五个被告什么关系？原告代理人：张某栋是王某的司机。"可见张某忠也认可张某栋仅是王某的司机，仅是个跑腿的，一切行动需要听取王某的指挥，说明张某栋与五位借款人不存在生意上的关系，张某栋不需要向张某忠借款。

其次，根据"笔录"可知张某栋仅是出借人张某忠和借款人王某成、王某、文某、张某、吴某双方指定的款项的接收人，张某栋收到款项后要根据王某的指示将款项交于借款人或借款人的朋友，事实上款到当日借款人就已把全部款项取出，其中的200万转给了王某的朋友张某泉，100万由王某成拿走，张某栋未得一分钱。此"指示付款"的行为仅说明经双方协商张某忠同意由五位借款人之外的张某栋接收借款，使张某忠完成出借行为，不能说明张某栋也是借款人。

（三）原审法院法官未全面、认真审理本案，被申请人张某忠提供的证据以及庭审笔录均表明张某栋不是真实的借款人，仅是王某的司机或"马仔"，仍眉毛胡子一把抓，刻意回避借贷合同相对性，未充分审理"主体适格问题"，必然产生错误判决。

首先，根据"庭审笔录"，原审法院法官并未实质审查张某栋是否是真实的借款人，在没有任何证据可以证明张某栋是真实借款人的情况下，仍然认定张某栋与张某忠之间存在民间借贷法律关系是错误的，严重违反了《最高人民法院关于审理民间借贷案件适用法律若干问题的规定》第一条的法律规定，即民间借贷，是指自然人、法人、其他组织之间及其相互之间进行资金融通的行为。张某栋与张某忠之间不存在资金融通的行为。

其次，根据合同相对性原则，合同的法律约束力只存在于特定的合同当事人之间，合同一方当事人只能基于合同向对方提出请求或提起诉讼。《中华人民共和国合同法》第一百九十六条规定借款合同是借款人向贷款人借款，到期返还借款并支付利息的合同。第二百一十条规定自然人之间的借款合同，自贷款人提供借款时生效。被申请人张某忠向法庭出示的《借条》明确了出借人为张某忠，借款人为王某成、王某、文某、张某、吴某五人，《借条》作为单纯的民间借贷合同表现形式之一，根据合同的相对性，借贷双方主体明确。因此，张某栋并非借贷的任何一方，原审法院法官对"主体适格问题"的偏颇理解和错误认识，必造成错案，再审法院应予纠正。

综上，关于当事人适格，律师认为当事人适格又称正当当事人，是指对于具体的诉讼，有作为本案当事人起诉或应诉的资格。即针对案件的诉讼标的，谁应当有权要求法院作为判决和谁应当作为被请求的相对人。本案中张某栋明显不应当作为此民间借贷法律关系被请求的相对人，原审法院法官未就"主体适格问题"进行审理、分析，必然造成冤假错案。

二、原审法院未向张某栋送达法律文件也未穷尽所有送达方式，直接以公告送达，违反《中华人民共和国民事诉讼法》第九十二条第一款规定，侵犯了张某栋的诉讼权利

（一）原审审判程序违法，未按法定程序向张某栋送达传票、起诉状副本等诉讼文书及判决书，剥夺其辩论、质证及上诉的权利。原审法院虽有一张编号为1061410009892的法院专递邮件详情单，但邮寄回单中未显示签收，也未标注投递状态、未妥投原因、投递时间，在此情况下原审法院未采取其他送达方式就进行公告送达，违反了《最高人民法院关于以法院专递方式邮寄送达民事诉讼文书的若干规定》第六条关于邮寄送达及《中华人民共和国民事诉讼法》第九十二条关于公告送达的规定，剥夺了张某栋辩论、质证的权利。原审法院在公告送达案件判决书之前，也未通过邮寄或者其他方式向张某栋送达判决书，未查明张某栋是否仍然下落不明，导致张某栋无法知晓判决生效时间，剥夺了张某栋上诉的权利。

（二）《中华人民共和国民事诉讼法》第九十二条第一款规定，"受送达人下落不明，或者用本节规定的其他方式无法送达的，公告送达"。原审法院卷宗内虽存在一张法院专递邮件详情单，但无法显示已向张某栋送达起诉状、举证通知书、应诉通知书等材料，没有张某栋亲笔的签收底单，也没有显示被退回的字样，故原审法院未采取法律规定的其他送达方式，直接公告送达前述应诉材料及传票，违反了《中华人民共和国民事诉讼法》第九十二条第一款的规定。《最高人民法院关于适用<中华人民共和国民事诉讼法>的解释》第三百九十一条规定，"原审开庭过程中有下列情形之一的，应当认定为民事诉讼法第二百条第九项规定的剥夺当事人辩论权利……（三）违反法律规定送达起诉状副本或者上诉状副本，致使当事人无法行使辩论权利的……"。据此，原审法院送达起诉状副本的行为，违反《中华人民共和国民事诉讼法》第二百条第九项、第十项的规定。

（三）张某栋于 2021 年 3 月 7 日收到三河市人民法院执行庭寄来的 1053157467494 法院专递邮件，并收到〔2021〕冀 1082 执 1634 号执行《传票》《司法公开告知书》《执行裁定书》《执行通知书》《报告财产令》《廉政监督卡》等文件，说明张某栋不存在下落不明、不存在无法正常送达等情况，进一步说明原审法院承办法官在审理该案件时为了不让张某栋参加庭审，故意不使用正常送达途径或穷尽所有送达方式来通知张某栋参加庭审和上诉，存在徇私舞弊、枉法裁判之行为。其行为符合《中华人民共和国民事诉讼法》第二百条第十三项之情形，应对本案进行再审。

三、申请人张某栋有新的证据，足以推翻原判决

申请人张某栋收到三河市人民法院寄送的执行通知后，第一时间前往珠海市湾仔支行调取给尾号为 7578 银行卡的转账凭证和 3807 银行卡的流水，取得 2015 年 8 月 14 日中国农业银行卡取款业务回单，回单显示收款当日 200 万转给王某成、王某的朋友张某泉，其他款项由王某成提走。说明张某栋不是借款人，也未私自留存借款。此业务回单为新取得的证据，足以推翻本案判决。符合《中华人民共和国民事诉讼法》第二百条（一）有新的证据，足以推翻原判决、裁定的规定，应予再审。

一言以蔽之，律师认为廊坊市中级人民法院提审本案，至少存在两个方面的考虑：

（一）张某栋非共同的借款人，三河市人民法院将张某栋认定为共同的借款人，确实存在"主体错误"问题，认定事实不清，根据有错必纠原则，应进行再审。

（二）三河市人民法院未穷尽送达途径进行公告，也存在问题。

最后，需要说明的是，为维护两审终审的严肃性和判决的既判力，再审法院启动再审审判监督程序慎之又慎。律师建议，发生任何纠纷都要积极面对，切不可听之任之。另外，任何事后的救济措施，都无法替代事前的风险防范，建议不要随意出借自己的身份证件、银行账号等。再者，专业的人做专业的事，纠纷发生后应多向专业人士请教。

9. 自然人居间成功，中介费是否受法律保护？

□ 胡文友

【案情简介】

2017年11月3日，王某与某房地产经纪公司签订《返佣协议书》，约定如该公司在王某的帮助下成功让某公司签约北京市朝阳区某房屋，该公司在收到某公司支付的佣金后应向王某支付130万元合作佣金。现某公司与该房地产经纪公司之间的中介费合同纠纷诉讼判决已生效，法院判决某公司已经向房地产经纪公司支付佣金220万元，故房地产经纪公司应按《返佣协议书》的约定向王某支付双方约定的合作佣金130万元。经多次沟通，房地产经纪公司主张《返佣协议书》无效，拒绝向王某支付合作佣金。为维护自身合法权益，王某便委托律师作为自己的代理人依法提起诉讼依法维权。

【判决结果】

北京市朝阳区人民法院依法判决被告某房地产经纪公司于判决生效十日内给付原告王某佣金130万元。

【律师解读】

一、合同有效的要件是什么？

合同是最为常见的民事法律行为，合同效力的认定也是司法实践中最为常见的疑难问题之一。《民法典》第五百零二条第一款规定："依法成立的合同，自成立时生效，但是法律另有规定或者当事人另有约定的除外。"这里所谓"依法成立"，应指合同具备有效要件，即具备《民法典》第一百四十三条规定的有效条件：

（一）行为人具有相应的民事行为能力；

（二）意思表示真实；

（三）不违反法律、行政法规的强制性规定，不违背公序良俗。

二、什么情况下合同无效？

《民法典》第一百五十三条第一款规定："违反法律、行政法规的强制性规定的民事法律行为无效。但是，该强制性规定不导致该民事法律行为无效的除外。"该规定采取民事法律行为效力认定区分效力性强制性规范和管理性强制性规范的态度。效力性强制性规范与管理性强制性规范两者的区分主要以行政法的立法目的和强制性规范的设立目的为原则。如果法律规范的目的单纯是为了行政管理的需要，并无涉及民事主体之间利益关系的意图，则应当根据行政管理权与司法审判权职能区分的要求，把这类强制性规范作为管理性规范对待，排除在认定合同效力依据的范围之外。

《民法典》中合同无效的常见情形：

（一）无民事行为能力人实施的民事法律行为无效；

（二）行为人与相对人以虚假的意思表示实施的民事法律行为无效；

（三）违背公序良俗的民事法律行为无效；

（四）行为人与相对人恶意串通，损害他人合法权益的民事法律行为无效。

具体到本案中，被告自愿出具《返佣协议书》，原告予以接收。原、被告均具有民事行为能力，意思表示真实，不违反法律、行政法规的强制性规定，不违背公序良俗，故法院认定《返佣协议书》合法有效。

10. 楼上漏水，王女士如何依法维权？

□ 庞立旺

【案情简介】

王女士买下了北京市通州区某小区×号楼×单元×层311室打算给儿子做婚房。2012年12月29日，王女士发现楼上321室的小周家卫生间马桶堵塞，造成排水管道严重漏水，导致其室内客厅、卫生间及北卧室的墙面、家具受到损害，遂将邻居小周和小区物业公司起诉至北京市通州区人民法院，要求：1. 被告小周赔偿财产损失10 930元、婚宴费2 000元，共计12 930元，被告某物业公司承担连带赔偿责任；2. 被告小周将北京市通州区某小区×号楼321室卫生间、厨房防水重做；3. 评估费及诉讼费由二被告承担。

【判决结果】

一、被告小周于本判决生效之日起七日内赔偿原告王女士财产损失人民币七千九百二十元；

二、驳回原告王女士的其他诉讼请求。

【律师解读】

本案有三个焦点：

一、小周是否应为王女士的房屋被淹承担责任？

二、王女士的实际损失是多少？

三、物业公司是否需要承担连带赔偿责任？

针对焦点一，案件审理过程中，小周坚持认为漏水原因为卫生间下水主管道堵塞，下水主管道属于物业负责，应由物业公司担责，并申请证人孙某出庭作证。根据孙某陈述，其系曾为被告小周装修的装修工人，不具有水利工程相应资质，亦未进行过相应知识的学习，被告小周家跑水时由其疏通，当时发现连接马桶的管道堵塞。原告及某物业公司均对此不予认可，被告小周未就其主张进一步提供证据。对此，法院认为，原告因321室卫生间马桶堵塞反水而遭受损失，被告小周作为321室房屋所有权人应当对因其房屋或附属设施给原告造成损害承担赔偿责任。虽其主张漏水是因为卫生间下水主管道堵塞，但其提供的证人证言并未证实其主张成立，且小周未进一步提供确实、有效的证据加以证明，故该主张不能成立。

对于焦点二，经原告申请并经北京市高级人民法院摇号随机确定，法院委托了北京市某价格评估有限公司（以下简称评估公司）对原告的装修、家具损失进行评估。2013年7月9日，评估公司出具（民）2013第130104号评估结论书，评估值为10 930元，其中有争议部分为4 010元，无争议部分为 6 920 元。原告、被告二某物业公司均对评估结论书表示认可，被告一小周对评估结论书不予认可，认为评估数额过高，并申请复议。评估公司就被告小周的异议作出回复，维持原价格评估结论。被告小周对评估公司的回复亦不予认可。此外，关于婚宴费，王女士解释为因漏水事件发生导致其儿子没有婚房未结成婚，故而产生的婚宴定金损失。最终，法院认定："对于原告、被告小周无争议部分，虽被告小周认为评估价格过高，但未提供证据证明，故本院对该部分予以确认；对于有争议部分，虽被告小周不予认可，但确实对原告造成了一定损失，具体数额由本院结合受损的实际情况等因素予以确定，原告主张的财产损失过高部分，于法无据，本院不予支持。关于原告要求被告小周赔偿婚宴费的诉讼请求，因其未提供证据证明婚宴损失与房屋漏水之间存在必然因果关系，故本院对其该项诉讼请求不予支持；其要求被告小周将 321 室厨房、卫生间防水重做的诉讼请求，因原告未提供确实有效证据证明该两处防水确有损坏而有重做之必要，故本院对其该项诉讼请求亦不予支持。"

对于焦点三，为证明物业公司尽到相应义务，某物业公司提供其与兰某的劳务协议书并申请兰某出庭作证。兰某陈述其在某物业公司负责看门及维修，321 室漏水经原告告知后其到 321 室查看并将漏水一事告知该房屋租户，因 321 室租户已大致清理完成，故其未进门查看。王女士对劳务协议的真实性认可，但认为劳务协议约定期间为 2013 年，并不在被告小周家漏水期间；并称其的确找过兰某，兰某也确实去过 321 室，但具体如何处理的并不清楚。被告小周对劳务协议的真实性不予认可，对证人证言表示不清楚。对此，法院认为因物业公司并不对入户的非公共设施承担维修义务，且物业公司人员在事发时已尽到及时到达现场并通知的义务，故被告某物业公司不应当对原告的损失承担赔偿责任。

律师提醒读者，一旦发现楼上邻居漏水致损，可以通过录像的方式将现场情况如实记录下来，并将与邻居沟通过程做好证据留存，以便为后续维权过程中确定自身损失与漏水之间的因果关系进而追责提供强有力的支持、保障。

11. 某公司承建水电站未造成污染，为何被判决停建？

□ 高晓禾

【案情简介】

红河（元江）干流戛洒江一级水电站由某公司承建。某环境研究所经研究调查该水电站淹没区系国家一级保护动物、濒危物种绿孔雀的栖息地。该水电站一旦蓄水，将导致该区域绿孔雀灭绝的可能。该水电站配套工程将破坏当地珍贵的干热河谷季雨林生态系统。鉴于水电站淹没区对绿孔雀栖息地存在重大风险，某环境研究所遂提起诉讼，要求某公司消除危险、停止水电站建设，同时支付因本案产生的为维护社会公共利益的合理费用。

【处理结果】

一审法院判决：某公司停止水电站建设，支付因本案诉讼产生的合理费用。某公司不服，提起上诉。

二审法院判决：驳回上诉。

【律师解读】

本案属于预防性环境公益诉讼。预防性环境公益诉讼其适用对象是可能对环境造成的重大风险，具体表现为危害尚未发生，但若不阻止事件发生，可预知此事件的发生必会造成严重或不可逆的环境损害事实。

结合案件事实，某环境研究所提供云南省林业和草原局的回函及《元江中上游绿孔雀种群调查报告》等证据可以证实戛洒江一级水电站的淹没区是绿孔雀频繁活动的区域，构成其生物学上的栖息地，一旦该栖息地被淹没，对该区域绿孔雀生存所产生的损害将是可以直观估计预测且不可逆转，对于存在的"尚不明朗的事实状态"及"不确定性"已完成初步举证责任。某公司即环境重大风险制造者未提供证据及充分理由消除合理怀疑或证明其行为的无损性,也未证明已采取合理必要的预防措施。

因此,综合考虑预防性措施实施对环境保护的迫切性及对于社会经济的冲击性,兼顾合理性及实效性,对某环境研究所提出立即停止水电站建设应予支持。

同时,根据《环境公益诉讼司法解释》第二十二条"原告请求被告承担检验、鉴定费用、合理的律师费以及为诉讼支出的其他合理费用的,人民法院可以依法予以支持"的规定,对某环境研究所一审中主张的费用(差旅费、律师费)也应予以支持。

该案是2021年推动法治进程十大判例之一,为典型的预防性环境公益诉讼,突破了"无损害即无救济"的诉讼救济理念,是《中华人民共和国环境保护法》第五条"保护优先,预防为主"原则在环境司法中的重要体现。绿孔雀是一级保护动物、濒危物种,加强对其栖息地的保护,才能从根源上保护该物种的长期繁衍。

本案警示人类要注重保护生态系统完整性与稳定性,人们要自觉规范自己的环境行为,从司法角度传达了保护生物多样性和生态系统的重要价值观和生态文明观,对于环境公益诉讼具有深远影响和重大意义。

12. 丈夫签订房屋担保的借款合同,妻子确认无效为何被驳回?

□ 王梓涵

【案情简介】

2021年3月,甲通过中间人介绍,与丙签订房屋买卖协议,约定甲从丙处全款50万元购买案涉房屋,且合同中约定三年后丙再以原价50万元将该房屋回购,在此期间,该房屋继续由丙使用,且丙每月向甲支付7 000元房租。

合同签订后,双方完成了过户登记。后本案丙的妻子乙作为原告向法院提起诉讼，请求确认房屋买卖合同无效。

【判决结果】

驳回原告的诉讼请求。

【律师解读】

本案存在三个争议焦点：

1. 本案中乙作为原告是否适格？
2. 本案是否适用善意取得？
3. 案涉合同的性质如何认定？

（一）乙作原告是否适格？

本案中，由于丙的房屋系法定继承而来，根据《民法典》第一千零六十二条规定，夫妻关系存续期间一方获得的遗产属于夫妻共同财产。本案中，虽然产权证上并未登记乙的名字，但其应属于房屋所有权人，不论是房屋买卖还是房屋担保，其作为利害关系人均有权提起诉讼。

（二）本案是否适用善意取得？

案涉房屋为第三人丙法定继承所得，即使认定为夫妻共同财产，但被告已经完成过户登记，应适用善意取得，过户登记应为有效。首先，被告属于善意，房产证上登记只有第三人一个人，且在不动产登记中心办理过户登记时，只要求第三人签字，并未要求提供结婚证或其配偶到场签字，不动产登记中心作为专业的登记机构尚不能完全区分真实所有权，被告作为普通购房者，对房屋真实所有权情况的注意义务不应苛责。另外，第三人并未向被告释明房屋系法定继承得来的情况；其次，被告已经支付了合理对价，且完成了过户登记。因此，本案应适用善意取得。

（三）如何确定合同性质，是房屋买卖合同还是借款合同？

针对本案，从甲、丙双方签订的《房屋买卖合同》内容来看，双方约定原告出卖房屋后，由出卖人丙承担办理相关过户手续应缴纳的一切可能产生的税、费；丙若需继续租住该房屋，应向被告交付房租，房租为每月7000元；并在合同中约定原价回购权。上述约定明显不符合日常交易习惯和生活常理。因为按市场交易习惯，办理相关过户手续应缴纳的一切可能产生的税、费通常由买方承担，且卖方出卖房屋后即便要继续租住，也不会以高于市场价数倍的价格承租使用，且真实的交易双方一般不会约定回购权。

基于上述分析，根据《全国法院民商事审判工作会议纪要》第71条"债务人或者第三人与债权人订立合同，约定将财产形式上转让至债权人名下，债务人到期清偿债务，债权人将该财产返还给债务人或第三人，债务人到期没有清偿债务，债权人可以对财产拍卖、变卖、折价偿还债权的，人民法院应当认定合同有效。"

本案中，无论从合同内容，还是交易形式来看，均符合让与担保的法律构成要件，本案所涉合同实质上属于借款合同，并以案涉房屋向甲提供让与担保。

因此，无论涉案合同实质上属于借款合同，还是买卖合同，终因该合同未存在《民法典》规定的合同无效的情形，故法院驳回诉讼请求。

13. 使用"金银花"，为何构成侵权？

□ 李 楠

【案情简介】

原告上海B化妆品有限公司（以下简称"B公司"）发现市场中有侵害其"金银花"商标专用权的商品，遂针对商品生产商，被告山东R生物科技有限公司（以下简称"R公司"）、被告临沂市S化妆品厂（以下简称"S厂"）及马某某向法院提起了侵害商标权诉讼。

【判决结果】

一审法院判决：

1. S厂、R公司立即停止生产、销售侵害第603857号"金银花"商标专用权的商品；

2. S厂、R公司于判决生效之日起十日内共同赔偿B公司经济损失80 000元、合理开支5000元，合计85 000元，马某某在6500元的范围内与S厂、R公司承担连带赔偿责任；

3. 驳回B公司的其余诉讼请求。

被告山东R生物科技有限公司不服一审判决，遂提起上诉。

二审法院判决：

驳回上诉，维持原判。

【律师解读】

R公司主张：1. 涉案被诉商品并非其生产；2. 其对于"金银花"系正当使用，不构成侵权。R公司的主张是否能够成立，需要结合本案情况进行分析。

一、关于R公司是否生产了被诉侵权商品

根据法院调查事实显示，被诉侵权产品上标注了①S厂及R公司的企业名称及地址；②S厂的生产许可证及卫生许可证号；③商品二维码扫描后显示R公司的商品信息。在没有相反证据的情况下，据此认定S厂、R公司系被诉侵权产品的生产者并无不妥。与此同时，虽然S厂、R公司在二审中表示二者并未自认联合出品、销售侵权商品，然根据一审庭审笔录，二者确实曾经做出如此陈述。

综上，足以认定被诉侵权产品由S厂、R公司共同生产、销售。

二、关于被诉行为是否构成商标侵权

《中华人民共和国商标法》第五十九条第一款：注册商标中含有的本商品的通用名称、图形、型号，或者直接表示商品的质量、主要原料、功能、用途、重量、数量及其他特点，或者含有的地名，注册商标专用权人无权禁止他人正当使用。

首先，被诉侵权商品成分中不包含金银花，因此，被诉生产商在该商品上使用"金银花"并非为了说明商品的主要原料。

其次，"金银花"位于被诉侵权商品上的显著位置处，且字体较其他文字更大，系单独突出使用。与此同时，考虑到引证商标自1992年至今进行了长期的宣传使用，已经能够起到区分商品来源的作用。此时，被诉生产商在客观上没有使用"金银花"的合理理由（成分不包含），主观上并非出于善意目的（进行突出使用），使用方式超出为描述商品原料而合理使用的界限。

综上所述，R公司及S厂在被诉侵权产品上使用"金银花"字样的行为不符合《中华人民共和国商标法》第五十九条有关规定，构成商标侵权，应共同承担侵权责任。

14. 购房人钱房两空，为何赔偿五百万元？

□ 胡克丽

【案情简介】

买方在2020年5月17日通过中介，和卖方达成房屋转让协议，买方先期支付了100万元定金和400万元购房款。2020年5月30日，买卖双方签订补充条款，约定房屋总价款为1550万元，卖方提前交房，买方需要在2020年6月30日之前完成首付745万元。

然而，买方未能按期补足首付余下的245万元，双方不得不在7月2日再次签订补充条款，并约定了惩罚条款：从2020年7月1日起至付清之日止，以245万元为本金，按每日万分之2.73支付利息损失；买方须在2020年7月31日前一次性支付上述费用；如未按期支付，则房屋买卖合同自动解除，买方应偿付违约金（合同总价的20%），且赔偿卖方原有的装修损失180万元。这次协议后，买方在7月13日缴清了逾期付款的利息，并完成了745万的首付，剩余745万元尾款，将在8月30日过户前全部付清。可没想到，买方的购房尾款，因为银行审批延误再次逾期，卖方起诉，由此引发本案。

【判决结果】

1. 确认购房合同解除；
2. 被告返还房屋并支付房屋占有使用费；

3. 被告承担违约金 310 万元；

4. 被告赔偿原告房屋装修费损失 180 万元。

【律师解读】

购房者逾期支付购房款所承担的违约责任一般会约定在合同之中，常规是合同标的额的 20%，笔者查阅大量的案例，发现大部分情况下法院会行使自由裁量权下调违约金的金额，但同时笔者发现最高法存在生效判决支持的违约金高达合同标的额 20%（如：[2019] 最高法民终 595 号）。换句话说，法院支持多少违约金，属于法院的自由裁量权！

虽然无法得知法院能支持多少违约金，但这次事件也提醒购房者签订购房合同之时应当注意以下几个问题，避免成为"最惨购房者"：

一、大部分购房者购房都是选择银行贷款方式购买房屋，但在签订合同之前一定要查验申请房贷的条件、流程及周期，一定要给自己留足退路，如果没有特别约定，因为第三人原因导致自己违约，合同当事人也要承担违约责任。笔者处理的纠纷较多，有很多合同约定的支付购房款时间非常短，属于"不可能完成的条款"，即签字就等同违约；更有甚者，直接不具备贷款资格，却依然签订贷款买房的合同！这次事件中，原告方曾与被告方签订《补充协议》约定了惩罚性条款，很明显看见原告方律师的影子，但是在优劣势如此明显的前提下，被告依然签字，一步步将自己推向深渊！

因此，购房者签订合同之前一定要尽到审慎义务，尽可能给贷款留足时间，如果可以，尽量在合同中加上一条"若非因购房者原因导致贷款失败或延误，协议双方可解除合同，购房者不承担任何违约责任"，可大大降低购房者违约风险。

二、一定要对合同条款足够重视，清楚明白合同条款对双方的法律约束力。很多购房者在签订购房合同时，低估了合同的效力，也低估了法律的强制执行力。购房者在购房时，认为对方的合同都是格式合同，不会坑一个老百姓，甚至觉得后续无法付款解除合同就行，对方不会找自己承担违约责任，甚至对方全程都有专业律师陪同处理事务的情况下，依然不警觉。如这次事件中的购房者，对合同条款不重视，对未来盲目乐观，过分理想化，最终泡沫破灭，失去房子，还要赔偿将近五百万元！

因此，笔者在此提醒购房者，一定要怀有契约精神，审慎对待自己的每一个签字，切勿掉以轻心，一定不要放过每一个细节，如有必要可聘请专业法律人士参与。

三、购房者应当在充分考虑自己资金状况及付款能力后再与出卖方签订购房合同及相关补充协议。笔者就曾处理了大量因新冠肺炎疫情暴发导致现金流断裂而产生的诸多争议，若在合同中无明确约定，购房者无疑将承担违约责任，甚至最终钱房两空。目前经济形势因为各种各样的客观原因存在低迷，购房者更是要对自己的购房能力进行保守估计。

综上，购房是人生大事，各位购房者一定要谨慎对待，虽然我们不能左右法院裁决违约金的自由裁量权，但在签约一开始却可以通过注意上述细节降低自身风险！

15. 原告起诉被告专利侵权，为何败诉？

□ 杨 飞

【案情简介】

原告张某某、呼和浩特市某农业机械公司与被告中国某研究院、赤峰市某专业合作社、天津某制造有限公司、洛阳某机械装备有限公司关于侵犯发明专利权纠纷一案，涉案专利拥有者为张某某，起诉被告方侵犯其专利权，原告呼和浩特市某农业机械公司用以获得专利独家使用权以及索偿权的依据为《独家授权合同》，二原告主张中国某研究院等四被告侵犯其专利权要求法院判决：1. 停止侵权；2. 被告方连带赔偿二原告损失 100 万元并承担律师费、公证费等合理支出。中国某研究院收到本案诉讼资料后第一时间找到律师团队，接受委托后，经过专业分析、研究认为被告方没有侵犯二原告专利权不应承担任何责任，律师团队经过多次专项研讨会、模拟法庭，依据研讨会、模拟法庭的成果有针对性的采取切实可行的应对策略，最终依法保护了当事人的合法权益。

【判决结果】

驳回二原告的诉讼请求。

【律师解读】

本案争议的焦点如下：1. 原告呼和浩特某农业机械公司是否具备起诉主体资格；2. 原告专利与案涉产品主要技术比对是否存在差异；3. 被告中国某研究院是否侵权。首先，依据最高法〔2005〕民一终字第116号以及最高法〔2013〕民申字72号裁判文书确定的裁判规则，"签字盖章" = "签字或盖章"而"签字、盖章" = "签字 + 盖章"。因此本案中原告方依据的《独家授权合同》因没有签字而未生效，原告不具备诉讼的主体资格，故原告撤诉。

其次，被告中国某研究院完全依据自有11项发明、外观专利自主研发并生产销售涉案产品，没有侵犯原告专利权。支持以上观点所依据的证据为《关于中国某研究院某某型号自走式灌木联合收获机的说明》《农业机械新产品鉴定证书》等。

再者，以原告专利与案涉产品相比对，存在巨大的差别不构成等同，（具体有7项巨大差别包括：A 甩刀和锯片；B 侧壁割台齿轮箱；C 拨料盘齿轮箱；D 笼式铡草机与滚筒式切碎装置；E 刀盘下部齿轮箱；F 绞轮中间刮板；G 发动机及皮带传动机构等）依据《最高人民法院关于审理专利权纠纷若干问题的解释》第七条："人民法院判定被诉侵权技术方案是否落入专利权的保护范围，一般应当对专利技术方案以及被诉侵权技术方案进行技术特征的分解，并在此基础上进行相应技术特征的比对。技术特征是指技术方案中能够相对独立的实现一定的技术功能，并产生相对技术效果的最小技术单元"。被控侵权技术方案未落入案涉专利权的保护范围，故应驳回二原告的诉讼请求。

律师感悟：专利侵权案件对于律师专业性要求极强，包括但不限于专利领域法律知识，对于专利领域相关学科的学习也至关重要。

16. 在景区内意外死亡，法院为何判决景区不承担责任？

□ 付　珊

【案情简介】

李某与吴某系夫妻，同为红山村村民，均签署了《红山村村规民约》。红山村为三A级国家级旅游景区，未收取门票。红山村民委员会系红山村情人堤河道旁的杨梅树的所有人，其未向村民或游客提供免费采摘杨梅的活动。2017年5月19日下午，吴某私自上树采摘杨梅时不慎从树上跌落。吴某受伤后，红山村书记拨打120电话，但120救护车迟迟未到，被告红山村民委员会设有医务室但当时医务室没有人员，后红山村的村民王某用自己的车送吴某到广州市某镇医院治疗，当天又转至广州市某结合医院治疗，后因抢救无效，吴某死亡。

吴某除李某以外的其他继承人认为，红山村每年都有大量观景人员攀爬杨梅树、采摘杨梅，甚至进行哄抢，但红山村民委员会对此却置若罔闻，从未采取任何安全疏导或管理等安全风险防范措施，事故发生后，红山村民委员会也未采取及时和必要的救助措施，亦违反了法律的强制性规定，应对吴某的死亡承担责任。故李某及吴某其他继承人将红山村民委员会诉至人民法院，要求红山村村委会承担631 346.31元人身损害赔偿责任。

【判决结果】

一审判决：

1. 红山村村民委员会向原告赔偿45 096.17元，于本判决生效之日起10日内付清；

2. 驳回原告的其他诉讼请求；

二审判决：

驳回上诉，维持原判；

再审判决：

1. 撤销一、二审法院判决；
2. 驳回原告全部诉讼请求；

【律师解读】

《中华人民共和国侵权责任法》第三十七条规定："宾馆、商场、银行、车站、娱乐场所等公共场所的管理人或者群众性活动的组织者，未尽到安全保障义务，造成他人损害的，应当承担侵权责任。"

《中华人民共和国旅游法》第八十条规定："旅游经营者应当就旅游活动中的下列事项，以明示的方式事先向旅游者作出说明或者警示：

（一）正确使用相关设施、设备的方法；

（二）必要的安全防范和应急措施；

（三）未向旅游者开放的经营、服务场所和设施、设备；

（四）不适宜参加相关活动的群体；

（五）可能危及旅游者人身、财产安全的其他情形。"

《中华人民共和国旅游法》第八十一条规定："突发事件或者旅游安全事故发生后，旅游经营者应当立即采取必要的救助和处置措施，依法履行报告义务，并对旅游者作出妥善安排。"

安全保障义务是一种过错责任的归责原则，安全保障义务的主要内容包括两个方面：一是"物"的方面的安全保障义务，主要体现为保管、维护及配备义务。二是"人"的方面的安全保障义务，主要体现应配备适当的人员对参与社会活动的他人提供与活动相适应的预防外来侵害的保障。但安全保障义务人承担的责任不应被无限制扩大，其承担责任的前提是受害人在合理使用设施设备的过程中，因设施设备本身的安全隐患致损或者因救助不及时导致损害扩大。

本案中，红山村民委员会作为红山村景区的管理人，虽负有保障游客免遭损害的安全保障义务，但安全保障义务内容的确定应限于景区管理人的管理和控制能力范围之内。红山村景区属于开放式景区，未向村民或游客提供采摘杨梅的活动，杨梅树本身并无安全隐患，若要求红山村民委员会对景区内的所有树木加以围蔽、设置警示标志或采取其他防护措施，显然超过善良管理人的注意标准。从爱护公物、文明出行的角度而言,村民或游客均不应私自爬树采摘杨梅。吴某作为具有完全民事行为能力的成年人,应当充分预见攀爬杨梅树采摘杨梅的危险性,并自觉规避此类危险行为,故再审法院认为红山村民委员会已尽到合理的安全保障义务,不存在事前的过错。事故发生后,红山村民委员会主任李某林及时拨打120电话求救,在救护车到达前,另有村民驾车将吴某送往医院救治。因此,红山村民委员会对吴某损害后果的发生也不存在事后的过错。故,再审法院撤销一二审法院判决,改判红山村民委员会不承担任何赔偿责任。

综上所述,安全保障义务是一种有限度地保障责任,在安全保障人尽到自己应尽的事前、事后保障义务和提示义务后,再发生意外事件,安全保障人将不再承担赔偿义务。

17. 一楼业主阻挠住宅加装电梯施工,法院如何判决?

□ 李 韬

【案情简介】

2020年9月,合肥市某小区6号楼业主与某工程公司签订了"加装电梯设备采购及安装合同"。施工单位进场施工后,一楼业主认为,加装电梯影响房屋采光,且存在安全隐患,阻挠电梯施工。经多次调解无果,住在三楼及以上的业主将一楼业主起诉至法院。

【判决结果】

一审法院判决:被告停止对电梯安装施工的阻挠、妨碍。
二审法院判决:驳回上诉,维持原判。

【律师解读】

《中华人民共和国民法典》第二百三十六条规定:"妨害物权或者可能

妨害物权的，权利人可以请求排除妨害或者消除危险。"

第二百七十八条规定：下列事项由业主共同决定：

（一）制定和修改业主大会议事规则；

（二）制定和修改管理规约；

（三）选举业主委员会或者更换业主委员会成员；

（四）选聘和解聘物业服务企业或者其他管理人；

（五）使用建筑物及其附属设施的维修资金；

（六）筹集建筑物及其附属设施的维修资金；

（七）改建、重建建筑物及其附属设施；

（八）改变共有部分的用途或者利用共有部分从事经营活动；

（九）有关共有和共同管理权利的其他重大事项。

业主共同决定事项，应当由专有部分面积占比三分之二以上的业主且人数占比三分之二以上的业主参与表决。决定前款第六项至第八项规定的事项，应当经参与表决专有部分面积四分之三以上的业主且参与表决人数四分之三以上的业主同意。决定前款其他事项，应当经参与表决专有部分面积过半数的业主且参与表决人数过半数的业主同意。

在本案中该小区6号楼业主提出了申请，并进行了意见征询，12户居民中，9户同意加装电梯并签字，其中7户居民（即为此案原告）有电梯使用需求，2户居民不使用电梯，符合加装条件。随后电梯加装方案通过了相关部门的联合审查。所以案涉楼宇加装电梯事项已征询专有部分占建筑物总面积三分之二且占总人数三分之二以上的业主的意见，获得参与表决人数四分之三以上的业主同意，并对加装电梯事项进行了公示及备案。符合相关法律规定，得到法院的支持。

本案是2021年推动法治进程十大判例之一，对于住在老旧小区中高层的住户，能否加装电梯一直是居民们普遍关心的大事。其中低楼层住户与高楼层住户意见不统一是最主要的矛盾之一。一般来讲，高层业主是加装电梯项目的积极推动者，对于他们来说加装电梯能带来出行的便利，而低层业主对加装电梯往往持反对意见，一方面他们对电梯的使用需求不大，另一方面加装电梯会影响采光、通风、通行等，还有可能造成房屋贬值。为此还望大家在处理相邻关系时应当以有利于生产、方便生活、团结互助、公平合理为原则，互相给予便利，不要只为自己的利益考虑而影响到大多数人。

18. 经纪公司向著名歌手主张违约，仲裁为何败诉？

□ 杨　飞

【案情简介】

本案申请人系演艺经纪公司，被申请人为著名歌手。2019年1月1日双方签订《演艺经纪合同》，合同约定：申请人聘请被申请人作为其独家演艺经纪人，申请人为履行协议而制定的各项规定和规划安排，被申请人都应遵守，否则视为违约。被申请人不得与任何第三方以任何形式进行合作，也不得私自承接申请人一方为其代理之外的任何商业及非商业演出，否则视为违约。违约方应支付违约金50万元，2020年7月27日，被申请人未经申请人同意和安排，私自到北京某酒馆进行演出，被申请人的行为已经构成严重违约。据此申请人特向北京仲裁委员会提起仲裁要求：

1. 被申请人支付50万元违约金；
2. 承担办案仲裁费用。

被申请人接到仲裁申请书第一时间找到律师，经过仔细研究本案，我们团队接受委托后，经过专业分析、仔细研究并多次前往与案件有关的各地调查取证，依据本案各项证据，我们认为案涉合同虽然名义上为《演艺经纪合同》但实际系《劳动合同》。依据《关于确立劳动关系有关事项的通知》第1条、《中华人民共和国劳动争议调解仲裁法》第5条等法律规定，北京仲裁委对于本案没有管辖权。本案经过长达一年时间的艰苦努力，最终北京仲裁委采纳了律师意见。

【处理结果】

驳回申请人的全部仲裁请求。

【律师解读】

本案争议的焦点：
1. 案涉合同性质是演艺经纪合同还是劳动合同；
2. 北仲是否有管辖权；
3. 被申请人是否违约；
4. 被申请人是否应承担违约责任。

第一、演艺经纪合同的内容应当包括经纪公司代理艺人洽谈演艺活动、经纪公司从演艺活动中抽成；在经纪关系中，经纪公司应主要为艺人与第三方洽谈协商；经纪关系主要特征为委托性、代理性。

第二、本案中，所谓的《演艺经纪合同》均不符合上述特征，反而更为符合劳动合同的典型特征主要理由如下：

1. 申请人系合伙企业，被申请人系成年自然人，双方均为劳动关系的适格主体；
2. 关于薪酬，合同约定被申请人的报酬由申请人支付，除此之外合同中再无涉及费用分配的约定；
3. 实际履行过程中，被申请人的报酬由申请人按月发放且报酬会根据出勤、表现进行考核而有所浮动；
4. 关于演艺活动，申请人与案外人签订《艺人派遣协议》，但本案中案外人系申请人的大股东持有申请人90%的股权，此项事实表明被申请人主要服务于申请人以及其关联公司，显示出劳动关系的特征；
5. 关于管理制度，申请人对被申请人通过考勤天数进行严格考核且合同约定为独家排他协议以上情形均表明申请人对被申请人的管理已经达到了人身依附性的程度亦有经济从属性。

以上事实均表明案涉合同更符合从属性、被管理型这些劳动合同的典型特征；而并不具备通常演艺经纪合同的委托性、代理性的特征。

综上，仲裁庭最终采纳律师团队的代理意见，驳回申请人全部仲裁请求。

律师感悟：

明星艺人解约案件系极具代表意义的类案，对于律师专业性要求极高。依据每一个案件的具体情况应制定切实有效的代理策略,并且应积极搜集有利于委托人的各项证据,最终更为有效地维护委托人的合法权益。

19. 房屋买卖,违约方为何支付违约金又要赔偿损失?

□ 徐 杨

【案情简介】

2016年7月10日,邹某(买受人)与刘某(出卖人)、吴某(共有权人)经链家公司居间介绍达成并签订《北京市存量房屋买卖合同》,约定邹某购买吴某、刘某共有的涉诉房屋,该房屋已经设定抵押,抵押权人为北京银行,抵押登记日2015年10月19日,出卖人应于2016年8月31日前办理抵押注销手续;房屋成交价格275万元。同日,邹某(乙方)与刘某、吴某(甲方)以及链家公司(居间方、丙方)签订《补充协议》。该协议第二条约定,乙方于2016年7月10日前将第一笔定金8万元支付甲方;甲方应于2016年8月31日前一次性还清剩余贷款,且甲方最迟应于2016年9月30日前办理完毕解除抵押登记手续。协议第四条第2款约定,甲方若出现下列情形之一的,甲方构成根本违约,且乙方有权以书面通知的方式解除房屋买卖合同:…(3)逾期履行本补充协议第二条约定的义务超过十五日的;(4)拒绝将房屋出售给乙方或者擅自提高房屋价格的;(5)将房屋出售给第三方的。甲方出现上述根本违约情形之一的,甲方应在违约行为发生之日起十五日内,以相当于该房屋总价款的20%向乙方支付违约金;丙方收取的所有费用不予退还,由甲方直接赔付乙方。

2016年7月10日,邹某向刘某、吴某支付定金人民币8万元。

2016年8月中旬,邹某多次催促办理过户,吴某、刘某拒不配合并提出要涨价。

2016年9月7日,邹某向吴某、刘某邮寄了《催告函》,要求吴某、刘某继续履行办理房屋抵押注销以及房屋权属转移登记等义务。吴某和刘某的同事代为签收了《催告函》。

2016年9月19日，链家公司再次向吴某、刘某寄送了上述《催告函》，但吴某、刘某拒收并退回。

2016年9月28日，吴某、刘某办理了涉诉房屋的北京银行的抵押权解除手续但并未告知邹某，亦未告知链家公司。

2016年9月29日，吴某、刘某将涉诉房屋抵押给案外人吴某1，并办理了抵押登记，担保金额为350万元。

之后，邹某将吴某、刘某诉至法院，要求解除合同，吴某、刘某支付邹某房屋总价款20%的违约金55万元，赔偿房屋差价损失105万元，返还邹某定金8万元及利息347.67元。

【判决结果】

一审判决：

一、解除邹某与吴某、刘某签订的《北京市存量房屋买卖合同》和《补充协议》；

二、吴某、刘某返还邹某定金8万元及利息347元；

三、吴某、刘某赔偿邹某违约金55万元；

四、吴某、刘某赔偿邹某房屋差价损失40万元；

五、驳回邹某的其他诉讼请求。

二审判决：

一、维持一审判决第一项、第二项、第三项；

二、撤销第四项、第五项，改判吴某、刘某赔偿邹某其他损失20万元；

【律师解读】

本案的焦点问题有二：

一、吴某、刘某是否构成根本违约；

二、双方约定的违约金中是否包含了对邹某实际损失的赔偿，吴某、刘某支付违约金的同时是否还应赔偿邹某的损失。

首先，吴某、刘某是否构成根本违约。在履行期限届满之前，当事人一方明确表示或者以自己的行为表明不履行主要债务的，当事人可以解除合同。本案中，邹某与吴某、刘某双方签订的《补充协议》约定，卖方最迟应于 2016 年 9 月 30 日前办理完毕解除抵押登记手续。吴某、刘某虽于 2016 年 9 月 28 日办理了涉诉房屋的北京银行的抵押权解除手续，但未告知邹某和链家公司，并于解除银行抵押的次日 2016 年 9 月 29 日将涉诉房屋抵押给案外人吴某 1，并办理了抵押登记。吴某、刘某以实际行为表明不履行合同义务，构成根本违约，邹某有权要求解除合同并要求吴某、刘某承担违约责任。

其次，双方约定的违约金中是否包含了对邹某实际损失的赔偿。违约金以弥补损失为主要功能，兼具一定的惩罚性功能。因此一审法院判决支持邹某违约金的诉讼请求，应当以实际损失为基础，故二审法院认为吴某、刘某需向邹某支付的 55 万元违约金中已经包含了一部分实际损失的赔偿。

另一方面，吴某、刘某支付违约金的同时是否还应赔偿邹某的损失。违约金能否与赔偿损失一并适用，根据《民法典》第五百七十七条规定："当事人一方不履行合同义务或者履行合同义务不符合约定的，应当承担继续履行、采取补救措施或者赔偿损失等违约责任。"可见，赔偿损失是承担违约责任的一种方式，只要合同一方实施了违约行为，守约方就有权要求对方赔偿损失。

同时，《民法典》第五百八十四条规定："当事人一方不履行合同义务或者履行义务不符合约定，给对方造成损失的，损失赔偿额应当相当于因违约所造成的损失，包括合同履行后可以获得的利益，但不得超过违反合同一方订立合同时预见到或者应当预见到的因违反合同可能造成的损失。"可见，损失赔偿额应当相当于违约所造成的损失，而非仅限于违约金的数额。根据《民法典》第五百八十五条之规定，约定的违约金低于造成的损失的，当事人可以请求人民法院或者仲裁机构予以增加。

综上，违约金是以实际损失为基础，违约金不足以弥补实际损失的，对方可以请求赔偿损失，二者并不矛盾。本案中，在支持了 55 万元违约金后，仍不能弥补邹某的实际损失，故二审法院综合考虑守约方的房屋差价损失情况、合同履行情况、合同的履行利益及违约方订立合同时对损失的预见情况等，减去吴某、刘某应支付的 55 万元违约金后，酌定吴某、刘某赔偿邹某其他损失 20 万元。

经过对此案的分析可知，当合同约定的违约金不足以弥补当事人实际损失时，法院在酌定损失金额中有很大的自由裁量权。因此，建议当事人在主张损失时，提供更加明确的损失计算依据，给法官提供更加充分的证据，以此让法官支持自己的诉讼请求。

20. 偷拿超市鸡蛋被阻猝死，为何责任自负？

□ 高晓禾

【案情简介】

2020年6月13日下午，谷某进入某超市后挑选鸡蛋放入购物袋，并将两个鸡蛋放入自己裤子口袋中，该行为被超市工作人员注意到。谷某在收银台结账完毕离开超市时，受到了超市工作人员的阻拦，在走至冰柜旁时，谷某突然倒地。超市工作人员拨打了110、120电话。120的医务人员到达现场对谷某进行急救并将谷某送至南通市中医院急诊科进行抢救，未能抢救成功，诊断证明书显示谷某死亡原因为心肌梗死。

谷某家属认为超市对于此事故的处理存在过错，超市限制老人行动自由是老人猝死的直接原因。同时，超市未及时拨打120未能尽到安全保障义务和基本的救助义务的行为，加重了事故严重结果的发生。因此，谷某家属认为超市侵害了谷某的生命权、健康权、身体权，遂向某区人民法院提起诉讼，索赔共计38万余元。

【判决结果】

1. 一审：驳回原告的全部诉求；
2. 二审：驳回上诉，维持原判。

【律师解读】

谷某的突然离世，对于其家属而言无疑是沉重的打击。但是，超市是否要对谷某的死亡承担责任、承担责任类型以及承担责任大小应由法律做出评判。承担侵权责任的前提，是具有过错且侵害他人民事权益。其构成要件为：损害事实、违法行为、损害事实与违法行为之间的因果关系、行为人的过错。

结合本案而言，谷某在超市购物时偷拿超市鸡蛋，结算商品时未结算鸡蛋的价钱，员工出于岗位责任制止该行为未殴打或辱骂对方，是在合理限度内劝导顾客的不当行为，属于合法行为。同时，诊断证明显示谷某死亡原因为心肌梗死。对于突发的心脏骤停，现场的有效心肺复苏和早期除颤是关键，在心脏骤停后的 4 至 6 分钟是黄金抢救时间。谷某的死亡系其自身疾病发展所致，由于其病发突然，超市亦拨打了 110、120，已尽到了安全保障义务和基本的救助义务。故本案中超市及其工作人员不存在侵权行为，且超市及其工作人员的行为与谷某的死亡之间不存在因果关系。

本案是 2021 年推动法治进程十大判例之一，突破了"人死为大"等非法律观念的影响，避免了公平责任被滥用，实现了权益保护和自由之间的平衡。一二审判决有理有据，体现了法治对诚信、友善、文明的社会风尚的引领，更是对社会公众合法维权的"普法"。

21. 共有的地下室，在房屋买卖合同中归谁使用？

□ 徐 杨

【案情简介】

2016 年 2 月 21 日，张某、袁某（甲方、卖方）与高某（乙方、买方）以及案外人南京存房房地产经纪有限公司（丙方）签订《存量房交易合同》，约定甲方将南京市某区某街道山水雅苑 X 幢 101 室房屋出售给乙方；建筑面积 125.05 平方米，房款 198 万元。合同签订后，高某付清了房款，张某、袁某协助办理了过户手续，张某、袁某于同年 5 月 11 日将房屋交付于高某。

2007 年 8 月，101 室所在单元全体业主共同委托小区物业服务单位对单元地下室进行了分隔，按照单元总户数 12 户共分隔出 12 小间，并依序进行编号，通过抽签的方式确定使用人。其中 7 号小地下室由 101 室业主使用，张某、袁某支付了分隔费 676 元。张某、袁某出售房屋时未告知高某 7 号小地下室的情况。

2020 年 8 月 24 日，高某在得知 7 号小地下室的存在后，通知张某、袁某于月底前腾空该地下室。后张某、袁某未予腾空，高某更换了 7 号小地下室门锁，双方因此发生争议。高某将张某、袁某诉至法院，要求：

1. 确认 7 号小地下室归原告使用；
2. 被告张某、袁某腾空并向原告交付上述 7 号小地下室；
3. 被告张某、袁某向原告支付占有使用费（自 2016 年 8 月 1 日起，按 400 元/月的标准计算至上述 7 号小地下室实际交付之日止）。

【判决结果】

一、7 号小地下室归原告高某使用；
二、被告张某、袁某腾空 7 号小地下室，并将地下室交付于原告；
三、驳回原告高某的其他诉讼请求。

【律师解读】

一、关于涉案地下室是否属于业主共有部分的问题

《民法典》第二百七十四条规定："建筑区划内的其他公共场所、公用设施和物业服务用房，属于业主共有。"本案中，101 室的单元地下室并不属于建筑物区分所有权中业主专有部分，而是建筑区划内的公用设施，属于业主共有部分。并且 101 室所在单元在构造上、功能上具有相对独立性，该单元的地下室能够单独使用，与该单元的业主具有使用上的利害关系，因此该单元的地下室属于该单元全体业主共有。7 号小地下室系从 101 室的单元地下室分隔出来分配给 101 室业主单独使用的共有部分，其性质仍属于业主共有。

二、关于张某、袁某是否应将 7 号小地下室交付高某的问题

《民法典》第二百七十一条、第二百七十三条规定："业主对共有部分享有共有和共同管理的权利。业主转让建筑物内的住宅、经营性用房，其对共有部分享有的共有和共同管理的权利一并转让。"从维护小区公共秩序和业主利益的角度来说，业主转让专有部分时，不仅其对共有部分享有的共有和共同管理的权利一并转让，而且其基于业主共同管理合意所单独使用的共有部分的使用权也应当一并转让，既有的共同管理合意对新业主仍然有效，原业主应当协助将其单独使用的共有部分交付于新业主。本案中，张某、袁某基于共同管理合意单独使用7号小地下室，张某、袁某向高某转让101室房屋，7号小地下室的使用权应当一并转让，张某、袁某应当协助将7号小地下室交付于高某。

三、关于高某主张的占有使用费如何认定的问题

当事人一方不履行合同义务或者履行合同义务不符合约定的，应当承担继续履行、采取补救措施或者赔偿损失等违约责任。本案中，张某、袁某拒绝向高某交付7号小地下室构成违约，高某有权要求张某、袁某赔偿损失。双方对7号地下室的交付期限未作约定，高某可以随时要求张某、袁某履行，但是应当给予张某、袁某一定的准备时间。高某2020年8月24日要求张某、袁某于月底前腾空并交付7号小地下室，张某、袁某未及时履行义务，因此占有使用费应从2020年9月1日起计算。综合考量7号小地下室的性质、面积、用途等因素，法院酌定按180元/月的标准计算。鉴于张某、袁某取得7号小地下室使用权时支出了相应费用，为减少当事人的诉累，法院确定截至2020年12月22日的占有使用费与张某、袁某支出的费用相抵，张某、袁某无需再支付该期间的占有使用费。

22. 个人也能申请破产，欠下的债还用还吗？

□ 韩英伟

【案情简介】

L某，35岁，原本在某企业从事工程技术岗位，于2018年和同事一起辞职开始创业，他开发蓝牙耳机业务，并获得了3项专利，但是获得专

利的蓝牙耳机并没有打开市场。2020年，为防控新冠肺炎疫情又开发了一款额温枪，但因缺乏推广的渠道和经验，也没有反响。由于资金紧张L某分别向13家银行、网络贷款公司借贷以解决经营资金问题，债务总额累计75万余元。L某于2020年及时止损，找了一份工作，但是其每月的工资并不足以偿还债务，每日不停地产生滞纳金、违约金、利息等，导致债务越背越多，整个家庭就这样陷入了债务之中，几乎每天都能接到从不同平台打来的催债电话，最多的时候一天能接到几十个催债电话，给L某一家造成了很大的精神压力。同时L某也是一个5口之家，上有老要赡养，下有小要抚育，不堪重负。《深圳经济特区个人破产条例》颁布并在2021年3月1日生效，最终，L某向深圳市中级人民法院申请个人破产。

【法院判决】

未来3年，L某夫妻除了豁免财产之外，其他收入均用于偿还债务。如不能严格执行重整计划，债权人有权向法院申请对其进行破产清算。

【律师解读】

长期以来我国只存在《企业破产法》却不存在个人破产法。在取得中央的授权后，深圳率先出台了全国首部关于个人破产的地方性立法《深圳经济特区个人破产条例》，并于2021年3月1日正式实施。L某于3月21日向深圳中院申请个人破产成为"第一个吃螃蟹的人"，被称为全国个人破产第一案。

全国人民代表大会常务委员会执法检查组关于检查《中华人民共和国企业破产法》实施情况的报告第四条第四款规定："探索建立个人破产制度。深圳经济特区出台个人破产条例，建立个人破产配套制度，稳步推进个人破产综合改革试点。浙江省温州市、台州市，山东省东营市等地开展个人债务清理试点，挽救因提供担保陷入困境的个人，推动化解企业债务连带风险。"《深圳经济特区个人破产条例》的立法目的是规范个人破产程序，合理调整债务人、债权人以及其他利害关系人的权利义务关系，促进诚信债务人经济再生，完善社会主义市场经济体制。

1. 申请个人破产需具备什么条件？

在深圳经济特区居住，且参加深圳社会保险连续满三年的自然人，因生产经营、生活消费导致丧失清偿债务能力或者资产不足以清偿全部债务的，可以依照本条例进行破产清算、重整或者和解。

个人破产申请的前提是诚信。属于"诚实而不幸的人"，有诚信、因为经营失败、个人正常生活消费或者生病等各种情况，导致对之前的债务没有偿付能力。

由此可见，因为违法经营或过度消费导致无法还债的，甚至是恶意逃避债务的，是不允许申请破产的。

2. 个人破产向谁申请？

个人破产案件由深圳市中级人民法院管辖，但经依法指定由基层人民法院管辖的除外。

债务人提出破产申请的，应当向人民法院提交下列材料：

（一）破产申请书、破产原因及经过说明；

（二）收入状况、社保证明、纳税记录；

（三）个人财产以及夫妻共同财产清册；

（四）债权债务清册；

（五）诚信承诺书。

债务人依法承担扶养义务的未成年人和丧失劳动能力且无其他生活来源的成年近亲属（以下简称所扶养人），应当提供所扶养人的基本情况等有关材料。

债务人合法雇佣他人的，还应当提交其雇佣人员工资支付和社会保险费用缴纳情况的相关材料。

3. 被法院宣告破产以后，债务还用还吗？

不是所有破产申请人的债务都不用还了，根据法院的评估结果，分为宣告破产清算、重整、和解。

①清算程序：破产申请人保留最基本的生活费用以外，将现有的全部财产拿出来清偿债务，对全部债权人进行一次分配，不足清偿部分，予以免除。一般清算程序是对那种完全没有可能再还上钱的人，比如丧失劳动能力或者疾病，老人等。另外，免除债务也是有附加条件的，在深圳的免

责考核期是 3~5 年，在免责期内个人的投资行为、消费行为、借贷行为、个人信用行为都是有限制的。

②重整程序：个人破产的重整程序相对比较复杂，主要是针对债权人比较多的情况，法院会组织债权人进行集体谈判，给债务人一个合理的分期还款计划，给债务人一个喘息的机会，同时也给予一定的考核期，考核期内债务人所有的收入扣除必要的生活费用以外都要交给破产管理人用来还债。

本案中 L 某就是走了重整程序。L 先生本人有很强的还款意愿，并且有工资收入。重整程序是为了减轻债务人的负担，是针对有收入有能力偿还债务，但是需分期偿还，除了基本的生活费用以外，其他所有的钱都要用来还债。也就是得过几年"苦行僧"的日子，权利会受到一定的限制，包括限制高消费、不能坐高铁、出门只能坐铁皮火车、地铁、公交车，不能从事特定的高管职业等，提醒个人破产申请人时刻铭记自己虽然免除了债务，但是依然要承担一定的民事责任。

③和解程序：在人民法院裁定受理破产清算申请后、宣告债务人破产前，债务人或者债权人可以向人民法院申请和解。人民法院认为有和解可能的，应当自收到和解申请之日起五日内裁定转入和解程序。达成和解协议的，自和解协议执行完毕之日起十五日内，债务人可以向人民法院申请免除其未清偿的债务。

在破产程序中，债务人与全体债权人自行就债权债务的处理达成和解协议的，可以向人民法院申请终结破产程序。

4. 法院受理个人破产后，债务人在免责考核期间权利会受到哪些限制？

根据《深圳经济特区个人破产条例》第二十三条规定，自人民法院作出限制债务人行为的决定之日起至作出解除限制债务人行为的决定之日止，除确因生活和工作需要，经人民法院同意外，债务人不得有下列消费行为：（一）乘坐交通工具时，选择飞机商务舱或者头等舱、列车软卧、轮船二等以上舱位、高铁以及其他动车组列车一等以上座位；

（二）在夜总会、高尔夫球场以及三星级以上宾馆、酒店等场所消费；

（三）购买不动产、机动车辆；

（四）新建、扩建、装修房屋；

（五）供子女就读高收费私立学校；

（六）租赁高档写字楼、宾馆、公寓等场所办公；

（七）支付高额保费购买保险理财产品；

（八）其他非生活或者工作必需的消费行为。

5. 会不会有人利用个人破产恶意逃避债务？

首先，是否符合"诚实而不幸"不会仅凭破产申请人的申请，法院会启动程序，会同相关部门和专业人士参与进来对破产申请人进行听证、询问、调查、核实等一系列的考查，如果经过背调发现不实，甚至有恶意赖账的嫌疑，严重者可能会因欺诈破产而承担刑事责任。因此"老赖"想申请破产几乎是不可能的，因为"老赖"经不起查。

其次，根据《个人破产条例》第三十五条规定，自人民法院裁定受理破产申请之日前二年内，债务人财产发生下列变动的，债务人应当一并申报：

（一）赠与、转让、出租财产；

（二）在财产上设立担保物权等权利负担；

（三）放弃债权或者延长债权清偿期限；

（四）一次性支出五万元以上大额资金；

（五）因离婚而分割共同财产；

（六）提前清偿未到期债务；

（七）其他重大财产变动情况。

第四十一条规定，破产申请提出前六个月内，债务人对个别债权人进行清偿的，或者破产申请提出前二年内，债务人向其亲属和利害关系人进行个别清偿的，管理人有权请求人民法院予以撤销，但个别清偿使债务人财产受益或者属于债务人正常生活所必需的除外。

第四十二条规定，涉及债务人财产的下列行为无效：

（一）为逃避债务而隐匿、转移、不当处分财产和财产权益的；

（二）虚构债务或者承认不真实债务的。

6. 债务人申请个人破产，作为债权人应该怎么办呢？

债权人应当在人民法院确定的债权申报期限内向管理人申报债权，按比例受偿。债权人因不可归责于自身的事由未申报债权的，应当在该事由消除之日起十日内申报债权。

该案是2021年推动法治进程十大判例之一，填补了长期的个人破产法领域的空白，为在全国范围内逐步有序地推进个人破产法的实施提供了指引作用。从长远看，个人破产法的出现有利于促进市场经济的发展。个人破产重整更是对创业者的包容，鼓励创新，有利于减轻创业者的心理负担！

综上，个人破产法并不是恶意逃避债务者的"保护伞"。它既减轻债务人的负担，也保护债权人的利益，从长远来看有利于促进诚信债务人经济再生，完善社会主义市场经济体制。

23.16万元买房拆迁获赔419万元，卖家反悔、法院如何判？

□ 李 韬

【案情简介】

2003年，魏某在当地村落报纸上看到一则卖房广告，上面写着某城菜市场附近有房屋院落整体出售。魏某看到此消息后便动了心思，赶忙联系了卖家刘某。经过与刘某沟通得知刘某生活遇到困境，不得已才卖房屋，魏某动了恻隐之心，她在两人约定的数额上又多加了5 000元，最终以16万元的价格购买了一块五百多平方米的土地及该土地上的房屋，并签订了《房屋买卖合同》。对于魏某的举动，刘某也非常的感动，为了表达诚意，在当年的购房合同上不但签上了自己和已故丈夫的名字，还让两个儿子也都签了字。直至15年后，2018年该片区域要拆迁，按照房子的价值预估，魏某将得到419万元的拆迁款，此时当初卖房的刘某突然找过来表示他们应该享有这笔拆迁款，随后将魏某告上法庭，请求法院判令原告与被告签订的合同无效，并对原房屋拆迁款依法分割。

【判决结果】

一审法院判决：该买卖合同无效。

二审法院判决：拆迁款419万，魏某享有382万，刘某享有37万。

【律师解读】

根据《国务院办公厅关于加强土地转让管理严禁炒卖土地的通知》第二条规定：农民住宅不得向城市居民出售，也不得批准城市居民占用农民集体土地建住宅。《民法典》第一百五十三条规定：违反法律、行政法规的强制性规定的民事法律行为无效。本案中刘某的房子正属于农村宅基地的性质，魏某恰好又是城市户口，因此，两人的房屋买卖合同因违背了相关规定，当然无效。

虽然买卖合同被认定为无效，根据《民法典》第七条：民事主体从事民事活动，应当遵循诚信原则，秉持诚实、恪守承诺。本着维护合同交易的契约精神，应当权衡双方的过错比例，根据公平原则对拆迁款项进行分配。本案中拆迁款的419万元中，包括了房屋补偿款的323万元，团签奖的96万元。在房屋补偿款中，刘某当初所建房屋面积为146.15平方米，魏某购买之后新建房屋面积为284.81平方米。所以魏某后来所建房屋的补偿款及相应团签的奖励应归魏某所有。刘某所建房屋中，房屋补偿款109万多元，相应团签奖31万多元，刘某这一部分总共所得140.3万元。在这140.3万元中，需要扣掉16万元魏某当年买房的钱。剩下的124.3万元，由刘某和魏某按30%，70%的比例进行划分。

房屋买卖合同纠纷在我们日常生活中普遍存在，买卖房屋时一定要认真审查合同中的条款是否有违法律规定，当对于条款拿不准或者不明确时，请咨询相关法律专业人士，以避免日后的损失和麻烦。

24. 民间借贷败诉后，可否以不当得利为由另行起诉？

□ 焦梦洁

【案情简介】

付某通过转账方式向王某银行账户转入 15 万元，双方未签订书面借款合同。后因王某长期拒不归还借款，因此付某提起诉讼，要求王某偿还借款本金及利息，并提交了其向王某转款的银行凭证。王某在诉讼中辩称该款项系付某支付的投资款，并提交了证人证言，一审法院认定付某提交的证据不能证明其与王某之间存在借贷关系，判决驳回付某的诉讼请求。付某不服提起上诉，二审法院判决维持原判。

付某又以王某收到其转出的 15 万元，王某取得款项没有合法依据为由提起了不当得利诉讼，要求王某返还该 15 万元并支付利息。本案经过一审、二审、再审三级法院审理，最终法院判决驳回付某的全部诉讼请求。

【判决结果】

驳回原告付某的全部诉讼请求。

【律师解读】

不当得利是指没有法律根据，取得不当利益，给他人造成损失。《民法典》第九百八十五条规定："得利人没有法律根据取得不当利益的，受损失的人可以请求得利人返还取得的利益，但是有下列情形之一的除外：

（一）为履行道德义务进行的给付；

（二）债务到期之前的清偿；

（三）明知无给付义务而进行的债务清偿。"

不当得利成立的前提是双方之间的行为缺乏法律基础，而并不是没有证据证明的案件事实。最高人民法院民一庭在《借贷纠纷案件当事人的诉讼请求被驳回后,又以不当得利为由另行主张权利的,人民法院不予支持》一文中释明:"对于当事人是否构成不当得利,关键在于利益取得没有法律上的原因。所谓无法律上的原因,并非指取得利益的过程缺乏法律程序,而是指取得利益并继续保有利益欠缺正当性或法律依据。不当得利作为一种独立的法律制度,具有严格的构成要件及适用范围,不能作为当事人在其他具体民事法律关系中缺少证据时的请求权基础。"(选自《民事审判指导与参考(总第43集)》)

本案中,付某作为款项的持有人,主动将款项转让给被告王某,其有义务就王某取得款项没有法律根据这一事实承担举证责任。天津高院印发的《天津法院民间借贷案件审理指南(试行)》中亦规定:"19.【原告以不当得利二次起诉的处理】原告以民间借贷提起诉讼,因未能证明与被告存在民间借贷合意而被法院驳回后,又以不当得利再次提起诉讼的,依法受理。原告应对不当得利的要件事实承担举证证明责任"。但是从本案事实及庭审情况可以看出,付某在诉讼中主张该笔款项系给予王某的借款,表明付某的转账行为并非欠缺法律上的原因,这时即便王某否认该笔款项是借款,本案也不符合不当得利的构成要件,故不成立不当得利。

综上,出借人仅依据转账凭证提起民间借贷诉讼被法院驳回后,后又以不当得利另行起诉的,在无法提交证据证明对方获得利益符合"没有法律根据"这一要件时,通常很难获得法院支持。

25. 合同约定征地补偿费归出租方所有,法律是否支持?

□ 刘永江

【案情简介】

丁某租用北京市通州区艾某鱼池养殖观赏鱼,双方签订了一份《鱼池租赁合同》,双方约定,艾某将位于北京市某村的鱼池一处,出租给丁某养殖水产使用。合同十一条约定，合同期内如国家建设或乡镇需要征用土地时，甲乙双方无条件服从，本合同同时解除，征地单位按征用规定予以的土地及其他补偿费归甲方（出租方）所有。合同上没有体现这一片鱼池的面积大小。合同期内，由于北京市通州区某镇新一轮百万亩造林绿化工程建设的需要，某村的集体土地上非住宅房屋及地上物需要腾退，并且发出《腾退补偿实施方案》。该《方案》中明确：被腾退人包括合法租赁土地的使用人（这里的合法租赁土地的使用人是指本村村民租用该村集体土地的人，涉案土地的合法租用人是艾某，不包含从艾某处租用的丁某）对被腾退人给予一次性货币补偿或拆除配合费。政府只与艾某签订征地补偿协议，并强行要求丁某将观赏鱼迁移走，艾某拿到补偿款后以合同第十一条的约定为由拒绝给丁某补偿，丁某委托律师起诉艾某支付迁移补助费251 686元。

【判决结果】

一审：法院判令被告艾某给付原告丁某养殖物迁移补助费251 686元，于本判决生效之日起7日内付清。

二审：驳回上诉，维持原判。

【律师解读】

《民法典》第一百一十九条规定："依法成立的合同，对当事人具有法律约束力。"本涉案租赁合同也不例外，刚拿到案件时，感觉合同签订对丁某非常不利，但经过仔细梳理，多次去涉案鱼池所在村委会及镇政府了解情况，因疫情原因，镇政府的大门都进不去，幸运的是在村公示栏里查询到了征地补偿方案的相关线索，根据线索发现征地补偿方案里有一项叫作迁移补助费。笔者认为迁移补助费应该是谁迁移，补给谁，丁某与艾某之间的合同虽约定土地补偿及其他补偿费归艾某所有，但并没有明确对迁移补偿费的约定。再说，根据该项补偿的名称和目的也能看出这个应该归丁某所有，有了这个线索，就下定决心顺着这个思路整理材料准备起诉。这时又遇到了难题，就是这部分补偿费数额的确定问题，经咨询镇政府，镇政府给的答复是只对艾某负责,不愿意提供给我们。无奈,我们决定在起诉艾某的同时,将镇政府作为共同被告一块起诉,这样镇政府在出庭的时候必然要拿出已经补偿的相关证据及明细。事实上我们的判断是正确的,在第一次开庭时,镇政府就把所有的征地政策、补偿协议、补偿明细及转账记录等悉数提交,后经确认该部分的迁移补助费为251 686元。为此,跟法官商量撤回对镇政府的起诉,变更诉讼请求为要求艾某支付251 686元迁移补助费。该案经两级法院审理,均全部支持了丁某的诉讼请求。

该案虽然胜诉,但笔者在此提醒当事人在进行民事行为时一定要慎重,必要的时候可以请专业人士帮忙,这个案件如果没有专业人士认真负责的寻找线索和证据,本案是很难取胜的,任何没有事先准备的事后补救,都可称之为亡羊补牢,但不是所有的补救都能达到圆满的结局。

26. 排骨中吃出塑料渣,谁来承担责任?

□ 郭灿炎

【案情简介】

梁某于2021年6月26日通过朴×平台购买某肉业有限公司生产的猪排骨,花费23.9元。梁某的幼子在食用该排骨过程中,一小块塑料插进其牙龈,盘子里的剩余排骨中也发现少量塑料碎屑;梁某立即从该平台上购买被告生产的排骨进行验证,打开这盒排骨后,手动检查出若干白色塑料颗粒和碎屑,经反复流水冲洗后,进行蒸煮,煮出的汤中表面还漂浮出少量塑料残渣。梁某拍摄视频显示,将排骨用清水冲洗后煮汤,煮出的汤中仍有少量塑料残渣。梁某又购买了几次被告生产的排骨封存在冰箱里。梁某的购买记录和发票显示梁某购买以上排骨共花费177.01元。

生产者肉业公司确认塑料碎屑属于切割排骨的塑料砧板上的残留塑料。梁某认为排骨经过清水冲洗后,煮出的汤中仍有塑料残渣,塑料残渣经过高温烹煮后误食会对人体健康产生危害。肉业公司称其生产的排骨为初级农产品，排骨本身也是经过检验合格没有质量问题，顾客购买排骨后应仔细清洗，顾客未彻底清洗排骨而存留砧板的塑料残渣，责任不应由其承担，拒绝赔付。

另外，梁某于2021年6月27日携其幼子豪豪前往××医学院附属第三医院抽血、验尿等检测花费448.23元，同时梁某提交证据杭州某科技有限公司于2021年8月2日开具的增值税发票显示服务费349元，检测报告显示内容为"梁某幼子豪豪的环境激素风险个体评估，风险来源是DBP（主要的PVC塑料的塑化剂）"，印证了梁某的主张。

【判决结果】

1. 被告肉业公司退回原告梁某购买被告生产的排骨货款金额177元；
2. 被告向原告赔偿1770元；
3. 被告向原告支付××医学院附属第三医院就医费用448.23元；
4. 被告向原告支付"环境激素风险个体评估"检测费用349元。

【律师解读】

一、屡禁不止的食品安全问题，是企业的"重灾区"

民以食为天，食品安全问题一直是"315"晚会关注的焦点。每年都有企业上榜，每年都有企业道歉，但每年都有新企业出现食品安全问题。我们看近三年"315"晚会曝光的食品安全问题便略知一二。

2020年"315"晚会曝光了汉堡王用过期面包，数月后蜜雪冰城就因篡改食品日期一事登上热搜；2021年"315"晚会曝光了瘦肉精事件，瘦肉精羊流向多地；而刚刚过去的2022年"315"晚会曝光了"土坑"酸菜生产内幕，脚踩老坛酸菜的场景让人看了触目惊心，众多电商平台更是紧急下架……

如此严重的食品安全问题，有些企业却把问题归结于加盟商、代工厂，而其背后暴露的却恰恰是自身疏于管控的漏洞，也加剧了大众对食品安全的忧虑。本案中，肉业公司没有真正面对自己的过错，主动承担责任，反而甩锅给消费者，最终经法院判决由其承担责任。

二、食品生产者承担哪些食品安全责任？

（1）民事责任

食品生产企业在生产经营过程中违反民事法律规范的，应当承担相应的民事法律责任。主要形式有停止侵害、排除妨碍、消除危险、返还财产、恢复原状、修理、重做、更换、赔偿损失、支付违约金、消除影响，恢复名誉、赔礼道歉等。相关责任已在《食品安全法》《民法典侵权责任编》《消费者权益保护法》做出规定。

另外，《食品安全法》第一百四十八条特别规定了首负责任制先行赔偿和惩罚性赔偿制度，规定"消费者因不符合食品安全标准的食品受到损害的，可以向经营者要求赔偿损失，也可以向生产者要求赔偿损失。接到消费者赔偿要求的生产经营者，应当实行首负责任制，先行赔付，不得推诿；属于生产者责任的，经营者赔偿后有权向生产者追偿，属于经营者责任的，生产者赔偿后有权向经营者追偿。生产不符合食品安全标准的食品或者经营明知是不符合食品安全标准的食品，消费者除要求赔偿损失外，还可以向生产者或者经营者要求支付价款十倍或者损失三倍的赔偿金；增加赔偿的金额不足一千元的，为一千元。但是，食品的标签、说明书存在不影响食品安全且不会对消费者造成误导的瑕疵的除外"。

本案中，该肉业公司被判决退回购货款 177 元，按照购货款支付十倍赔偿金 1770 元，同时还要赔付消费者的就医费用 448.23 元和为主张权益的检测费用 349 元即是如此。

（2）行政责任

食品生产企业在生产经营过程中违反国家行政法律规范的，应当追究相应的行政法律责任。食品生产企业可能承担的行政法律责任主要是行政处罚。《行政处罚法》规定的行政处罚种类有 7 种：警告，罚款，没收违法所得、没收非法财物，责令停产停业，暂扣或者吊销许可证、暂扣或者吊销执照，行政拘留，以及法律、行政法规规定的其他行政处罚。

《食品安全法》就追究食品生产企业法律责任进行了详细规定，对重复违法加大打击力度，坚决保证食品安全监督管理工作正常开展，建立从业禁止制度以使违法责任追究到人等；同时，《广告法》也对食品虚假宣传做出专门的处罚规定。

(3) 刑事责任

食品生产企业在生产经营过程中违反《刑法》，构成犯罪的，应当追究刑事责任，相关罪名有：生产、销售不符合安全标准的食品罪，生产、销售有毒、有害食品罪，生产销售伪劣产品罪，非法经营罪，虚假广告罪等。适用的刑罚有主刑和附加刑。主刑有管制、拘役、有期徒刑、无期徒刑以至死刑，附加刑有罚金、剥夺政治权利和没收财产等。

同时，2013年4月28日，最高人民法院、最高人民检察院颁布了《关于办理危害食品安全刑事案件适用法律若干问题的解释》，该司法解释对于食品生产经营活动中涉嫌犯罪罪名的情形进行了细化，明确了定罪量刑标准，增强了司法实践的可操作性，为严厉打击危害食品安全刑事犯罪提供了有力武器。

三、唯生产者回归初心，消费者方安全健康！

食品安全健康无疑是食品生产经营者最基本的底线，可就是这个底线却被屡屡突破，让广大消费者其心惴惴。食品生产者回归初心，消费者才得安心。

笔者数年从事企业社会责任研究工作，看到诸多食品企业坚守初心获得持续健康发展的实例，同时也看到了个别企业由于食品安全屡亮红灯的鉴戒。因此，在此呼吁：食品安全是底线，社会责任是初心。坚守法律底线，履行社会责任，消费者才能支持，企业才能基业长青，持续发展。

27. 疫情及政策的双重影响，特许经营合同纠纷如何解决？

□ 许妍娜

【案情简介】

申请人张某与被申请人A公司于2019年11月30日签订《B品牌少儿英语特许经营合同书》，合同约定：A公司授予张某在约定期限、约定区域内开设一家"B品牌少儿英语加盟校"的特许经营权。合同期限3年，自 2019 年 11 月 30 日至 2022 年 11 月 29 日。张某向 A 公司交纳加盟费 50 万元、年度管理费 6 万元、保证金 6 万元。加盟费为一次性费用，一经缴纳不予退还。

合同签订后，张某如期交纳上述费用，并积极选址、租赁场地、申请办学资格。然而，2020 年 1 月新冠肺炎疫情突然暴发，因疫情防控所致，张某不得不中止了加盟学校筹建工作。2021 年 6 月，疫情平稳后，张某重新选址、租赁场地、并聘请设计师进行加盟校装修设计等筹建手续。但是，就在张某准备申请办学许可证的时候，2021 年 7 月国务院出台《关于进一步减轻义务教育阶段学生作业负担和校外培训负担的意见》以下简称"《意见》"，该《意见》明确，各地不再审批新的面向义务教育阶段学生的学科类校外培训机构。据此，张某申请开办加盟学校已经完全不可能完成。

鉴于加盟学校未开办，双方就退还相关费用未达成一致意见，张某依合同约定向 C 仲裁委员会提出申请，要求依法裁决：

1. 解除双方签订的《B 品牌少儿英语特许经营合同书》；
2. 被申请人退还申请人已支付的全部费用。

【处理结果】

1. 解除《B 品牌少儿英语特许经营合同书》。
2. A 公司返还张某加盟费 25 万元，保证金 6 万元。

【律师解读】

1.《中华人民共和国民法典》第五百三十三条规定："合同成立后，合同的基础条件发生了当事人在订立合同时无法预见的、不属于商业风险的重大变化，继续履行合同对于当事人一方明显不公平的，受不利影响的当事人可以与对方重新协商；在合理期限内协商不成的，当事人可以请求人民法院或者仲裁机构变更或者解除合同。人民法院或者仲裁机构应当结合案件的实际情况，根据公平原则变更或者解除合同"。第五百六十三条规定，有下列情形之一的，当事人可以解除合同："（一）因不可抗力因素致使不能实现合同目的"。

本案中,双方于 2019 年 11 月 30 日签订涉案合同,但是就在合同签订后不久 2020 年 1 月新冠肺炎疫情突然暴发,疫情的暴发完全改变了双方签订、履行合同的客观条件,且这一变化不是双方订立合同时可预见的商业风险。后疫情得到基本控制后,又遇到《意见》出台,直接导致涉案合同完全不可能履行。因此,无论是依据《民法典》第五百三十三条情势变更原则还是第五百六十三条不可抗力原则,涉案合同都应依法解除。

2.《中华人民共和国民法典》第六条规定:"民事主体从事民事活动,应当遵循公平原则,合理确定各方的权利和义务"。

第五百六十六条规定:"合同解除后,尚未履行的,终止履行;已经履行的,根据履行情况和合同性质,当事人可以请求恢复原状或者采取其他补救措施,并有权请求赔偿损失"。

本案中,申请人一直在积极选址、租赁场地、申请办学资格证书,最终因受疫情防控及国家政策规定,加盟学校未成功开办。但在合同履行过程中,申请人不存在主观过错。虽然涉案合同中约定了,加盟费一经交纳不予退还,但是根据合同履行情况、申请人使用特许经营资源情况以及合同解除的原因等因素,合同约定加盟费无论何时均不退还,明显不公平。因此,C 仲裁委依公平原则裁决被申请人退还申请人加盟费 25 万元、保证金 6 万元,合理合法。

28. 女方父亲出资购买的房产,离婚时归谁所有?

□ 刘 敏

【案情简介】

2013 年 5 月 20 日,刘先生与王女士仅相识半年时间便登记结婚,婚后初期双方感情尚可。随后双方逐渐因各种生活琐事争吵,遂心生嫌隙,并于 2018 年 10 月开始分居生活。后来王女士来法院起诉离婚,并要求依法分割财产。

王女士找到律师作为她的二审代理人。

【判决结果】

一审法院：

判决双方离婚，认定双方婚前购买的房屋为个人所有，但将婚后由王女士父亲出资购买的一套海景房认定为夫妻共同财产要求分割，王女士不服一审判决，遂提起上诉。

二审法院：

撤销一审法院认定诉争房产为夫妻共同财产的事实，改判该诉争房屋为王女士个人财产。

【律师解读】

双方的争议焦点为那套海景房是否属于夫妻共同财产分割的问题。

问题一：本案适用《民法典》还是《婚姻法》的规定？

本案中，王女士诉争的海景房购买、登记时间以及起诉离婚时间，均发生在《中华人民共和国民法典》施行前。根据《最高人民法院关于适用＜中华人民共和国民法典＞时间效力的若干规定》第一条规定："民法典施行后的法律事实引起的民事纠纷案件，适用民法典的规定。民法典施行前的法律事实引起的民事纠纷案件，适用当时的法律、司法解释的规定，但是法律、司法解释另有规定的除外。"所以，本案应按照当时的法律及司法解释确定该房屋的归属，即按照《中华人民共和国婚姻法》及相关司法解释处理。本案《婚姻法》相关司法解释有明确规定，而《民法典》的司法解释中则删除了上述内容，所以我们的法律适用需要实时更新。

问题二：该海景房起初权利是王女士个人财产还是共同财产？

本案中，该海景房为王女士婚后由其父亲全款购买并登记在王女士一人名下。根据《最高人民法院关于适用＜中华人民共和国婚姻法＞若干问题的解释（三）》第七条第一款规定："婚后由一方父母出资为子女购买的不动产，产权登记在出资人子女名下的，可按照婚姻法第十八条第

（三）项的规定，视为只对自己子女一方的赠与，该不动产应认定为夫妻一方的个人财产。"根据上述司法解释的规定，该房屋应视为王女士的个人财产，不属于婚后夫妻共同财产。

29. 指纹改刷脸才能入园，动物园为何要赔偿？

□ 郭灿炎

【案情简介】

2019年4月27日，郭某向野生动物世界购买以指纹识别方式入园的双人年卡，留存了相关个人信息，并录入指纹和拍摄照片。后野生动物世界将入园方式从指纹识别调整为人脸识别，并于2019年10月7日停用指纹识别闸机。野生动物世界向郭某发送短信通知相关事宜，要求其进行人脸激活，双方协商未果，遂引发本案纠纷。

【判决结果】

一审法院：判令野生动物世界赔偿郭某合同利益损失及交通费共计1 038元；删除郭某办理指纹年卡时提交的包括照片在内的面部特征信息；驳回郭某要求确认店堂告示、短信通知中相关内容无效等其他诉讼请求。双方不服均提出上诉。

二审法院：维持一审判决的前两个判项，撤销判决第三项，并增判野生动物世界删除郭某办理指纹年卡时提交的指纹识别信息。

【律师解读】

1. 本案被称为"数字经济背景下的人脸识别纠纷第一案"。近年来，人脸识别技术已经被广泛推广运用在社会的很多层面，例如金融、电商、安防、娱乐等领域，中国也是世界上人脸识别技术发展和运用最快的国家。人脸信息属于敏感个人信息中的生物识别信息，是生物识别信息中社交属性最强、最易采集的个人信息，具有唯一性和不可更改性，一旦泄露将对个人的人身和财产安全造成极大危害，甚至还可能威胁公共安全，已成为全球关注的热点。本案系因野生动物世界收集、使用生物识别信息验证身份引发的服务合同纠纷，被外界称为"数字经济背景下人脸识别纠纷第一案"，是个人信息司法保护的典范。人脸识别的执法和司法案件未来可能还会出现，人脸识别的个人信息保护甚至公共安全保护任重道远。故，对人脸识别应当更加谨慎处理和严格保护。因年卡服务模式具有特定的人身属性，生物识别技术又具有准确度高、使用便捷等客观优势，故野生动物世界通过店堂告示告知消费者办理年卡需收集、使用生物识别信息用于入园身份验证。而消费者对是否允许经营者使用自身的生物识别信息享有自决权。郭某在综合权衡后自主决定提供包括指纹在内的相关个人信息成为年卡消费者，其知情权、选择权并未受到限制或侵害。然而，野生动物世界擅自将入园方式由指纹识别变更为人脸识别，并发送短信告知郭某未注册人脸识别将无法正常入园，侵害了郭某作为消费者的信赖利益，有违诚实信用原则，构成违约。野生动物世界除赔偿损失之外，还应当鉴于其在履约过程中停止提供指纹识别入园服务而删除指纹识别信息。同时，郭某在办卡时同意拍摄照片系为了配合指纹年卡的使用，不应视为其已授权同意野生动物世界将照片用于人脸识别，嗣后野生动物世界要求郭某激活人脸识别，实际上是欲利用收集的照片扩大信息处理范围，不仅超出事前收集目的，也表明其存在侵害郭某面部特征信息之人格利益的可能与危险，故亦应当删除郭某办卡时提交的包括照片在内的面部特征信息。

2.《民法典》对个人信息保护的相关规定。第一千零三十四条自然人的个人信息受法律保护。个人信息是以电子或者其他方式记录的能够单独或者与其他信息结合识别特定自然人的各种信息，包括自然人的姓名、出生日期、身份证件号码、生物识别信息、住址、电话号码、电子邮箱地址、行踪信息等。个人信息中的私密信息，适用有关隐私权的规定；没有规定的，适用有关个人信息保护的规定。第一千零三十五条处理自然人个人信息的，应当遵循合法、正当、必要原则，不得过度处理，并符合下列条件：（一）征得该自然人或者其监护人同意，但是法律、行政法规另有规定的除外；（二）公开处理信息的规则；（三）明示处理信息的目的、方式和范围；（四）不违反法律、行政法规的规定和双方的约定。个人信息的处理包括个人信息的收集、储存、使用、加工、传输、提供、公开等。第一千零三十七条自然人可以依法向信息处理者查阅或者复制其个人信息；发现信息有错误的，有权提出异议并请求及时采取更正等必要措施。自然人发现信息处理者违反法律、行政法规的规定或者双方的约定处理其个人信息的，有权请求信息处理者及时删除。

3. 人脸识别很便捷，知情同意是前提。根据《网络安全法》相关规定，人脸识别信息属于"直接可识别"个人身份的信息。所以，人脸识别信息的性质并非知识产权的大数据，而是被依法纳入到隐私法范畴的个人敏感信息。在保护个人隐私方面，使用人脸识别信息的大原则也正是与"不知不觉"相对应的"知情同意"。经营者必须要在确保信息安全的前提下，事先经过消费者同意并告知其使用方式和使用范围后，才能采集人脸信息。此外，在法律框架下，对人脸识别技术的使用应当遵循"必要性原则"、"比例原则"、"正当程序原则"，以确保"科技向善"。数字经济时代，各类信息的互联互通是推进经济社会联系和协同发展的重要因素。信息已成为与物质、能量同样重要的资源，个人信息的利用在增进社会福祉的同时，也可能引起信息主体的权益受到威胁和侵害。人民法院在审理相关案件过程中，面对多元化和冲突化的各种利益，法律应当在无限需求与有限资源之间寻求平衡。本案是2021年推动法治进程十大判例之一。作为"数字经济背景下人脸识别纠纷第一案"，法院在裁判中依法保护了消费者对人脸等身份识别信息享有的合法权益，也促使经营者对生物识别信息的收集和使用予以规范。法院裁判结果兼顾鼓励数字产业发展与个人信息保护两大需求，有助于加强个人信息保护和数据安全。作为个人，要注意个人信息保护，谨慎向来路不明的机构、企业及个人提供自己的个人信息，特别是人脸识别信息、指纹信息等不可变信息。针对不合理的强制性采集，应当在事前拒绝或者在事后主动收集证据，并及时向互联网管理部门、工商部门、消费者保护协会、公安机关等相关机构进行投诉。如果因个人信息泄露受到人身、财产上的损害时，还要及时通过刑事报案、民事诉讼等方式，追究相关责任人的法律责任。

30. 夫妻共同遗嘱有效，一方变更遗嘱为何不受法律支持？

□ 张印富

【案情简介】

张甲与张乙系夫妻关系，张甲于 2012 年 6 月去世。张乙于 2019 年 8 月去世。

张乙生前于 2011 年自书遗嘱一份："我与配偶张甲共有财产坐落于某区 202 号房屋壹套，我年事已高，现于我头脑清醒之时，我自愿订立遗嘱如下：我去世后，上述财产中属于我个人所有的份额留给长孙张丙，属于张丙的个人财产。立遗嘱人张乙，2011 年 × 月 × 日。"

张乙去世后，张丙向法院提起诉讼，要求继承张甲、张乙位于某区 202 号房 75% 的份额。理由是诉争房产是张甲与张乙夫妻共同财产，张甲在先去世后，属于张甲的 50% 所有权份额中有 25% 所有权份额归张乙所有；张乙去世后，属于张乙的 50% 所有权份额及张甲份额中属于张乙的 25% 所有权份额应由张丙继承。

张乙的孙女张丁提出异议，委托律师作为其代理人参加诉讼，诉讼中查明，张甲与张乙生前曾于 2007 年立有共同遗嘱：诉争房产在张甲和张乙都过世后赠与长孙张丙和孙女张丁。故，张丁主张应按 2007 年遗嘱继承诉争房产的 50% 份额。

张丙认可 2007 年共同遗嘱，但认为依据法律规定，遗嘱人立有数份遗嘱，内容相抵触的，以最后的遗嘱为准。张乙 2011 年订立的遗嘱时间在后，故，应按最后订立的 2011 年遗嘱继承遗产。

【判决结果】

涉案房屋按照张甲和张乙 2007 年共同遗嘱执行，张丙与张丁各接受遗赠 50% 所有权份额。

【律师解读】

本案争议焦点张乙于 2011 年订立的自书遗嘱，能否变更张甲与张乙于 2007 年订立的共同遗嘱内容。这也是解读被继承人张乙自书遗嘱有效且时间在后，为什么未能得到执行，对原告张丙诉讼请求不予支持、对张丁的主张予以支持需要理清的核心问题。

一、正确理解"遗嘱设立在后效力优先"的原则

遗嘱的效力来自遗嘱人的真实意思表示。法律规定，遗嘱人可以撤回、变更自己所立的遗嘱。立有数份遗嘱，内容相抵触的，以最后的遗嘱为准。特别是《民法典》实施后，取消了公证遗嘱效力最高的规定，遗嘱以最后所立的为准。但是这里所指的遗嘱，通常是指立遗嘱人单独订立的遗嘱。本案中，2007 年遗嘱属于夫妻共同遗嘱，不能参照单独遗嘱撤销、变更的相关规定。

二、夫妻共同遗嘱虽然不是法定的遗嘱形式，但符合遗嘱形式要件的有效

《民法典》和原《继承法》中的遗嘱形式不包括共同遗嘱，但也未禁止共同遗嘱的存在或否定其效力，共同遗嘱作为一种法律规定之外的遗嘱形式，在现实中大量存在。对私权而言，法无禁止即可为。司法部《遗嘱公证细则》第十五条"两个以上的遗嘱人申请办理共同遗嘱公证的，公证处应当引导他们分别设立遗嘱。遗嘱人坚持申请办理共同遗嘱公证的，共同遗嘱中应当明确遗嘱变更、撤销及生效的条件。"《北京市高级人民法院关于审理继承纠纷案件若干疑难问题的解答》第十九条第一款"以夫妻双方名义共同订立的处理夫妻共同财产的遗嘱，符合遗嘱形式要件的应为有效。当事人仅以遗嘱内容为一方书写，不符合代书遗嘱相关形式要件为由请求认定遗嘱无效的，人民法院不予支持。"故，本案张甲、张乙于 2007 年订立的共同遗嘱是双方真实意思表示，符合遗嘱的形式要件，应认定为有效。

三、夫妻一方先死亡的，在世一方是否有权撤销、变更遗嘱中涉及其财产部分的内容

遗嘱人订立遗嘱后，实施与遗嘱内容相反的民事法律行为的，视为对遗嘱相关内容的撤回。夫妻双方订立共同遗嘱后，双方均在世，可以对之

前的共同遗嘱予以撤销、变更。但对于夫妻一方先死亡的，在世一方是否有权撤销、变更遗嘱中涉及其财产部分的内容，法律无明确规定。《北京市高级人民法院关于审理继承纠纷案件若干疑难问题的解答》第十九条第二款对此作出了区分不同情形的规定："夫妻一方先死亡的，在世一方有权撤销、变更遗嘱中涉及其财产部分的内容；但该共同遗嘱中存在不可分割的共同意思表示，上述撤销、变更遗嘱行为违背该共同意思表示的除外。"也就是说，对于遗产内容不可分割的共同遗嘱，撤销、变更遗嘱处分遗产受到一定的限制。本案张甲和张乙对遗产房处分的意愿紧密关联、互相约束，遗嘱内容属于一个整体，相互牵连、不可分割，在此情形下，张乙"2011年遗嘱"改变"2007共同遗嘱"意思表示，其自书遗嘱单方变更遗嘱内容，即便真实有效，也不能改变共同遗嘱内容。

【案件启示】

律师承办继承纠纷案件，不愿意看到当事人亲人间为了遗产分割而伤害感情，亲人间应当珍爱情谊，理性思考，避免发生不该发生的官司，这也是笔者在文尾多说二句启示的原因：

第一，遗嘱继承纠纷既涉及尊重去世亲人的遗愿，也牵扯到在世亲人间的感情，如果能平和处理，尽可能不要打官司伤感情。

第二，在无法调和的情况下，通过法律途径解决也不失为一种理性冷静的处理方式，但不可盲目诉讼，要清醒认清可能承担的风险。

31. 资管产品未清算，如何认定投资人是否形成实际损失？

□ 唐春林

【案情简介】

JZ公司作为直销机构向周某某销售涉案私募基金，2016年6月，投资人周某某与基金管理人JZ公司、基金托管人招商证券签订了涉案《私募基金合同》，载明"本基金募集资金主要投资于由 GTMA 作为执行事务合伙人发起设立的 MAWH 的有限合伙人份额"，并约定"投资策略"为本基金募集资金主要投资于北京 GTMA 资本管理有限公司（执行事务合伙人）（以下简称 GTMA）、广州 HYAF 股权投资基金管理有限公司（以下简称 HYAF）作为普通合伙人发起设立的广州天河 MAWH 投资合伙企业（有限合伙）（以下简称 MAWH）。根据合伙协议的约定，该合伙企业主要对某机械有限公司（上市公司）进行股权投资。2016 年 6 月 20 日，周某某向 JZ 公司支付了基金认购款 300 万元。

2018 年 7 月，管理人 JZ 公司发布《公告》，告知涉案私募基金投资者本基金按合同约定进入一年的延长期。

2019 年 6 月 10 日，JZ 公司发布《公告》，告知涉案私募基金投资者：涉案私募基金在基金合同约定的存续期在 2019 年 6 月底到期后进入清算期。

2019 年 10 月 28 日，JZ 公司发布《临时信息披露公告》，告知涉案私募基金投资者：在涉案私募基金募集及存续期间，MAWH 基金管理人 GTMA 及其实际控制人和法定代表人周某，通过伪造交易法律文件、投资款划款银行流水、投后管理报告、部分资金已到账的银行网页及视频，恶意挪用基金资产，并已于 2019 年 10 月 20 日失联；对上述涉嫌犯罪行为，JZ 公司已向公安机关报案，某市公安局经侦支队以涉嫌合同诈骗于 2019 年 10 月 25 日出具了《受案回执》。

让投资者始料未及的是，涉案基金的 2.3 亿元资金根本没有投入某机械有限公司（上市公司），而是被案外人周某挪用，且案外人早已逃往海外，至此失联。投资者周某某遂向法院请求判令管理人返还基金投资款 300 万元，认购费 3 万元，并赔偿损失。被告 JZ 公司、JP 公司主张，在基金清算未完成的情况下，周某某的损失未实际发生，不具备索赔的前提。周某某则主张，现案涉基金份额已没有实际价值，实际损失已经发生。

【判决结果】

一审判决：

一、JZ 公司应于判决生效之日起十日内赔偿周某某基金投资款损失 300 万元、认购费损失 3 万元；

二、JZ公司应于判决生效之日起十日内赔偿周某某截至2019年8月19日的资金占用损失450 924.66元以及自2019年8月20日起至判决生效之日止的资金占用损失（以300万元为基数，按全国银行间同业拆借中心公布的同期贷款市场报价利率计算）；

三、JP公司对JZ公司上述第一、二项赔偿义务承担连带责任。

二审判决：

驳回JZ公司、JP公司的上诉，维持原判。

【律师解读】

二审某市金融法院认为，基金的清算结果是认定投资损失的重要依据而非唯一依据，有其他证据足以证明投资损失情况的，人民法院可以依法认定损失。

本案中，案涉基金资产已被案外人恶意挪用，涉嫌刑事犯罪，且主要犯罪嫌疑人尚未到案。其次，《私募基金合同》约定，案涉基金的权益基础为MAWH对某机械有限公司的股权收益。现MAWH并未依照基金投资目的取得某股权，合同约定的案涉基金权益无实现可能。同时，现实客观情况是，募集的基金资产已经脱离管理人控制，清算小组也未接管基金财产。因此，考虑到基金清算处于停滞状态，无法预计继续清算的可能期限，且无证据证明清算小组实控任何可清算的基金财产，如果坚持等待清算完成再行确认当事人损失，无异缘木求鱼。

二审某市金融法院在2021年4月作出的终审判决认定："资管产品投资项目因非法占地被认定为违法建筑、存在伪造审批文件行为以及被责令拆除、恢复原状及禁止销售等相关事实。资管产品并未依照合同约定取得股权，未按照合同约定的投资范围进行投资，直接导致投资人的投资没有财产作为保障。综合以上事实可推定投资人对其全部投资的损失已经发生。"

在管理人、托管人存在明显违约行为或者重大过错的案件中，其投资损失已经基本形成定局，在倾斜保护投资者的环境下，法院结合具体情况推定或者确定损失已经发生，则清算未完成也可以认定投资者已遭受实际损失。投资者发现相关情况，应尽早积极联系专业人士，获得最有利于保护自身利益的解决方案。

32. 借钱给朋友，对方不还如何维权？

□ 胡文友

【案情简介】

2016年1月8日，赵女士借钱给自己的朋友王先生，金额为110万元。2017年6月21日，王先生向赵女士出具了两份《还款协议》，一份《还款协议》内容为：王先生欠赵女士人民币70万元整，按月还本金加利息8 400元整，直到全部欠款还清；另一份《还款协议》内容为王先生欠赵女士人民币40万元整，按银行利息支付，到期结清本金。后王先生拒不偿还借款，为维护自身合法权益，赵女士便委托律师作为自己的代理人依法提起诉讼。

【判决结果】

被告王先生于本判决生效之日起七日内偿还原告赵女士本金110万元及利息94 315元；

【律师解读】

一、如何证明存在借贷关系？

借款合同和借款交付证明（如转账凭证）是证明借贷关系存在的依据。由于借款合同属于实践合同，如果只有借款合同，没有借款的交付证明，仅能证明借款人具有拟向出借人借款的意思表示，并不能证明出借人已经向借款人出借了款项。故此时，出借人还需要提供其他证据证明借贷事实的发生，否则出借人可能因为不能证明借款已经实际支付而承担举证不能的不利后果。

同样，如果仅有转账凭证，没有借款合同，是否可以证明借款事实的存在？根据《最高人民法院关于审理民间借贷案件适用法律若干问题的规定》第十六条的规定："原告仅依据金融机构的转账凭证提起民间借贷诉讼，被告抗辩转账系偿还双方之前借款或者其他债务的，被告应当对其主张提供证据证明。被告提供相应证据证明其主张后，原告仍应就借贷关系的成立承担举证责任"。即被告并未向原告出具借据等借款凭证，原告仅依据金融机构的转账凭证提起民间借贷时，被告抗辩收到的款项系其他款项时，应由被告对其抗辩理由承担举证责任。在被告未提供相关证据证明其抗辩理由成立的情况下，原告仍应对双方之间存在民间借贷的合意、合法的借贷行为、借款的交付、款项来源等承担举证责任。

二、借款合同中没有约定利息，出借人可以主张借款人偿还利息吗？

《民法典》第六百八十条规定："借款合同对支付利息没有约定的，视为没有利息。"即如果在借款合同中没有约定利息，出借人无权要求借款人偿还利息。那么，如果借款人自愿支付利息后，能否以不当得利为由，要求出借人返还已经支付的利息？根据《民法典》第一百二十二条的规定，构成不当得利应当满足以下四个要件：一是一方获得利益；二是他方受到损失；三是获利与受损之间存在因果关系；四是获利没有合法根据。但在民间借贷中，借款人自愿支付利息的行为是基于借款合同的成立和有效履行，并非没有合法的根据，故借款合同中没有约定利息，借款人以不当得利为由要求出借人返还已经支付的利息，人民法院一般不予支持。

具体到本案中，赵女士向法院提交了《借款协议》《还款协议》及银行流水、对账单等证据，足以证明借款关系的存在，故赵女士要求王先生偿还借款及利息的主张，于法有据。

33. 夫妻一方给异性转钱，另一方可以要回吗？

□ 董园园

【案情简介】

何某（女）与周某（男）系夫妻，双方于2011年1月登记结婚。然而在婚姻存续期间，自2015年6月起至2017年9月，周某通过其工商银行卡向罗某转账共计255 500元，通过农业银行卡向罗某转账10 000元，上述共计 265 500 元。何某知晓后，遂向一审法院起诉，诉称周某未经何某同意，向罗某赠与大额钱款，侵犯了其财产权益，要求罗某全额返还。请求确认周某赠与罗某 265 500 元的行为无效，并要求罗某返还何某及周某 265 500 元，本案诉讼费、保全费由被告承担。

【法院判决】

1. 被告周某在 2015 年 6 月起至 2017 年 9 月期间赠与被告罗某的 265 500 元的行为无效；
2. 被告罗某自本判决生效之日起十日内返还何某 265 500 元。
3. 驳回原告何某的其他诉讼请求。

【律师解读】

根据《中华人民共和国民法典》第一百五十三条规定："违反法律、行政法规的强制性规定的民事法律行为无效。"但是，该强制性规定不导致该民事法律行为无效的除外。违背公序良俗的民事法律行为无效。第一百五十七条规定："民事法律行为无效、被撤销或者确定不发生效力后，行为人因该行为取得的财产，应当予以返还；不能返还或者没有必要返还的，应当折价补偿。有过错的一方应当赔偿对方由此所受到的损失；各方都有过错的，应当各自承担相应的责任。法律另有规定的，依照其规定。"第一千零六十二条规定："夫妻在家庭中地位平等，对共同所有的财产有平等的处理权，夫妻在婚姻关系存续期间所得的财产，归夫妻共同所有。"

本案中，周某违背夫妻应当互相忠实的义务，在与何某夫妻关系存续期间，转账付给罗某共计 265 500 元，这些钱款因无证据证明为周某个人财产，应认定为何某、周某夫妻共同财产。周某给付罗某 265 500 元的性质也因无其他证据加以证明，应当认定为赠与关系。

上述钱款的赠与行为，侵犯了何某的财产权益，也违反了民事活动应遵循的公序良俗原则，在未经何某同意的情况下，周某处分了夫妻共同财产，所以周某的该赠与行为，应认定无效。相应钱款应当恢复其原始状态，由罗某全额返还上述钱款。

综上，在婚姻关系存续期间，夫妻一方（转出方）违背忠诚义务，在未经对方同意超出日常生活需要的范围向婚外异性（受让方）转账大额款项，系违背公序良俗的行为，属于无效民事法律行为。夫妻另一方可向上述款项受让人主张全额返还。

34. 电商平台专利侵权案件，被告申请行为保全是否合法？

□ 赵红燕

【案情简介】

甲公司系以下两项专利的专利权人：

1. 专利号为 ZL201820084323.7、名称为"具有新型桶体结构的平板拖把清洁工具"的实用新型专利（以下简称"涉案专利"）。

2. 专利号为 ZL201620853180.2、名称为"一种用于平板拖把挤水和清洁的拖把桶"（以下简称"180.2号专利"）。

2019年10月11日，甲公司以上述两项专利权被侵权为由，分别向法院提起诉讼。案号为〔2019〕浙02知民初367号、〔2019〕浙02知民初368号。两案均请求原审法院判令乙公司（系涉案被诉侵权产品的电子商务平台内经营者）、丙公司（系涉案被诉侵权产品的生产商和销售商）、谢某立即停止实施制造、销售、许诺销售被诉侵权产品的行为，天猫公司（系涉案被诉侵权产品的电子商务平台经营者）立即删除链接、断开被诉侵权产品的销售链接，乙公司、丙公司、天猫公司连带赔偿甲公司经济损失316万元。

2019年10月15日，甲公司在两案中分别向原审法院申请财产保全。原审法院作出财产保全裁定，两案各冻结乙公司支付宝账户余额或银行存款316万元。2019年10月20日、11月25日，甲公司就上述两案向天猫公司发起投诉。乙公司提出申诉，并于2019年11月10日出具《知识产权保证金承诺函》，同意缴存100万元保证金于其支付宝账户内，并同意支付宝公司及天猫公司冻结其网店自2019年11月10日22点起的全店所有销售收入。

2020年4月10日，367号案件作出判决：谢某、丙公司、乙公司立即停止实施侵权行为；天猫公司立即删除、断开被诉侵权产品的销售链接；丙公司、乙公司连带赔偿甲公司经济损失316万元。同日，甲公司再次向天猫公司就被诉侵权产品进行投诉。2020年4月17日，天猫公司删除了被诉侵权产品的销售链接。乙公司、丙公司不服原审判决，提起上诉。二审审理期间，国家知识产权局于2020年9月9日就涉案专利作出无效宣告请求审查决定，认为涉案专利权利要求1~24均不具备《中华人民共和国专利法》第二十二条第二款规定的新颖性，宣告涉案专利权全部无效。甲公司表示将提起行政诉讼。

另外，368号案仍在原审法院审理中。2020年1月2日丙公司对该案所涉180.2号专利提起无效宣告请求，目前国家知识产权局尚未作出审查决定。

截至2020年11月5日，乙公司支付宝账户余额共被冻结1560万元。其中，632万元为原审法院财产保全措施冻结款项；100万元为乙公司根据其出具的《知识产权保证金承诺函》同意缴存的款项；828万元为乙公司同意支付宝公司及天猫公司冻结的其网店自2019年11月10日22时起的全店所有销售收入。为维护公司的合法权益，乙公司依法向法院提起行为保全申请。

【裁定结果】

1. 被申请人天猫公司立即恢复申请人乙公司在"天猫网"购物平台上的被诉侵权产品销售链接；

2. 冻结申请人乙公司名下的支付宝账户余额632万元，期限至本案判决生效之日；

3. 自恢复被诉侵权产品销售链接之日起至本案判决生效之日，如申请人乙公司恢复链接后被诉侵权产品的销售总额的50%超过632万元，则应将超出部分的销售额的50%留存在其支付宝账户内，不得提取。

【律师解读】

一、什么是行为保全？

行为保全是指在民事诉讼中，为避免当事人或者利害关系人的利益受到不应有的损害或进一步的损害，法院得依他们的申请对相关当事人的侵害或有侵害之虞的行为采取强制措施。对行为保全的裁定，不可以上诉，但可以申请复议。

二、乙公司作为被诉侵权人是否具有提起行为保全申请的主体资格？

我国《民事诉讼法》第一百条之规定，法院采取行为保全措施的要件主要包括：1. 因当事人一方的行为或其他原因使判决难以执行或造成当事人的其他损害；2. 一方当事人明确提出行为保全申请或者人民法院认为确有必要。根据上述规定，显然行为保全措施的申请人并不限于原告。

对于电子商务平台经营者在诉讼过程中，哪种情况下可以应平台内经营者的申请采取恢复链接等措施，我国民法典和电子商务法没有作出相应规定。由于专利权等通过行政授权取得权利的知识产权在民事侵权诉讼等程序过程中，可能因被宣告无效、提起行政诉讼等程序而使权利处于不确定状态，且平台内经营者的经营状态等在诉讼过程中也可能发生重大变化。此时，平台内经营者因情况紧急，不恢复链接将会使其合法权益受到难以弥补的损害，向法院申请行为保全，要求电子商务平台经营者采取恢复链接等行为保全措施的，法院应当予以受理，并依据民事诉讼法第100条及相关司法解释的规定予以审查。本案中，涉案专利为实用新型专利，一审中天猫公司删除了被诉侵权产品的销售链接，但在二审中涉案专利权被宣告全部无效，其有效性因甲公司即将提起行政诉讼而处于不确定状态。在此情况下，作为被删除产品链接的乙公司具有提起恢复链接行为保全申请的主体资格。

三、在涉案电子商务平台知识产权侵权纠纷中，确定是否依被诉侵权人的申请采取恢复链接行为保全措施应主要考虑哪些因素？

在涉案电子商务平台知识产权侵权纠纷中，确定是否依被诉侵权人的申请采取恢复链接行为保全措施应主要考虑以下因素：1. 申请人的请求是否具有事实基础和法律依据；2. 不恢复链接是否会对申请人造成难以弥补的损害；3. 恢复链接对专利权人可能造成的损害是否会超过不恢复链接对被诉侵权人造成的损害；4. 恢复链接是否会损害社会公共利益；5. 是否存在不宜恢复链接的其他情形。

四、本案涉及的主要法律法规

1. 《最高人民法院关于审查知识产权纠纷行为保全案件适用法律若干问题的规定》第7条规定：

人民法院审查行为保全申请，应当综合考量以下因素：（1）申请人的请求是否具有事实基础和法律依据，包括请求保护的知识产权效力是否稳定；（2）不采取行为保全措施是否会使申请人的合法利益受到难以弥补的损害或者造成案件裁决难以执行；（3）不采取行为保全措施对申请人造成的损害是否超过采取行为保全措施对被申请人造成的损害；（4）采取行为保全措施是否损害社会公共利益；（5）其他应当考量的因素。

2. 《民事诉讼法》第100条规定：

人民法院对于可能因当事人一方的行为或者其他原因，使判决难以执行或者造成当事人其他损害的案件，根据对方当事人的申请，可以裁定对其财产进行保全、责令其作出一定行为或者禁止其作出一定行为；当事人没有提出申请的，人民法院在必要时也可以裁定采取保全措施。人民法院采取保全措施的，可以责令申请人提供担保，申请人不提供担保的，裁定驳回申请。人民法院接受申请后，对情况紧急的，必须在四十八小时内作出裁定，裁定采取保全措施的，应当立即开始执行。

3. 我国民法典第一千一百九十五条第一款、第二款之规定：

网络用户利用网络服务实施侵权行为的，权利人有权通知网络服务提供者采取删除、屏蔽、断开链接等必要措施。通知应当包括构成侵权的初步证据及权利人的真实身份信息。

网络服务提供者接到通知后，应当及时将该通知转送相关网络用户，并根据构成侵权的初步证据和服务类型采取必要措施；未及时采取必要措施的，对损害的扩大部分与该网络用户承担连带侵权责任。权利人因错误通知造成网络用户或者网络服务提供者损害的，应当承担侵权责任。法律另有规定的，依照其规定。

35. 成年子女"啃老",父母怎么办?

□ 马凯乐

【案情简介】

杨某顺系杨某洪、吴某春夫妇的儿子。杨某顺出生后一直随其父母在农村同一房屋中居住生活。杨某顺成年后,长期沉迷赌博,欠下巨额赌债。后该房屋经拆迁征收补偿后,置换楼房三套。楼房交付后,其中一套房屋出售给他人,所得款项用于帮助杨某顺偿还赌债,剩余两套一套出租给他人,一套供三人共同居住生活。

后因产生家庭矛盾,杨某洪、吴某春夫妇不再允许杨某顺在二人的房屋内居住。杨某顺遂以自出生以来一直与父母在一起居住生活、双方形成事实上的共同居住关系,从而对案涉房屋享有居住权为由,将杨某洪、吴某春夫妇诉至法院,请求判决其对用于出租的房屋享有居住的权利。

【判决结果】

驳回杨某顺的诉讼请求。

【律师解读】

《中华人民共和国民法典》第二十六条规定:"父母对未成年子女负有抚养、教育和保护的义务。成年子女对父母负有赡养、扶助和保护的义务。"对于有劳动能力的成年子女,父母不再负担抚养义务。如果父母自愿向成年子女提供物质帮助,这是父母自愿处分自己的权利;如果父母不愿意或者没有能力向成年子女提供物质帮助,子女强行"啃老",就侵害了父母的民事权利,父母有权拒绝。

杨某顺成年后具有完全民事行为能力和劳动能力。杨某洪、吴某春夫妇虽为父母,但对成年子女已没有法定抚养义务。案涉房屋系夫妻共同财产,杨某洪、吴某春夫妇有权决定如何使用和处分该房屋,其他人无权干涉。杨某顺虽然自出生就与杨某洪、吴某春夫妇共同生活,但并不因此当然享有案涉房屋的居住权，无权要求继续居住在父母所有的房屋中。

有劳动能力的成年子女，在父母明确拒绝的情形下无权继续居住父母所有的房屋，通过案例鼓励青年人摒弃"啃老"的错误思想，用勤劳的汗水创造属于自己的美好生活。

36. 物业服务不到位，是否可以不交物业费？

□ 师　萌

【案情简介】

钟某系茶陵县某小区1栋A单元10B号房业主。

2016年8月9日，株洲某物业管理有限责任公司（后面简称某物业）与茶陵县某房地产开发有限责任公司签订了《前期物业管理服务合同》，约定由某物业向包括钟某在内的茶陵县某小区全体业主提供物业管理服务，并与业主于2016年9月21日签订了《前期物业服务协议》。约定服务内容为：1. 物业共用部位的维修、养护和管理；2. 物业共用设施设备的运行、维修、养护和管理；3. 物业共用部位和相关场地的清洁卫生、垃圾的收集、清运及雨、污水管道的疏通；4. 公共绿化的养护和管理；5. 车辆停放管理；6. 公共秩序维护、安全防范等事项的协助管理；7. 装饰装修管理服务；8. 物业档案资料管理。物业服务应达到的质量标准：1. 房屋外观完好整洁，设备设施运转正常；2. 公共环境保持整洁，垃圾日产日清；3. 道路畅通，车辆停放有序，车辆出入有登记；4. 绿化及绿化设施养护；5. 安管员待人礼貌，行为规范，实行24小时门岗执勤和小区巡逻，制止闲散人员进入小区。

钟某以某物业服务不到位为由，拖欠2018年9月1日至2019年10月30日物业管理服务费2188元。某物业多次催缴，钟某仍未支付。于是某物业向法院提起诉讼，并请求：

1. 判令钟某支付某物业2018年9月1日至2019年10月30日，共计13个月物业管理费2 188元，并支付违约金500元；

2. 诉讼费由钟某承担。

【判决结果】

一、钟某在本判决生效之日起五日内支付某物业公司 2018 年 9 月 1 日至 2019 年 10 月 31 日止的物业服务费 1 094 元。

二、驳回某物业公司其他的诉讼请求。

【律师解读】

物业服务合同纠纷普遍存在，本案具有典型意义。

某物业公司与某小区建筑单位签订的《前期物业服务管理合同》、业主与某物业公司签订的《前期物业服务协议》意思表示真实，内容不违反法律、行政法规的禁止性规定为合法有效，对某小区业主具有法律约束力。

某物业公司为包括钟某在内的某小区业主提供了物业服务，钟某应按约交纳物业服务费。但某物业公司违反双方签订的《前期物业服务协议》第十七条第一、二、三、五项的约定：擅自承接广告，未保持房屋外观完好整洁；二栋装修垃圾及公共区域垃圾未及时清理；上下班或上学放学期间时常无人维持交通秩序、安排车辆有序停放；管理人员未坚守 24 小时门岗执勤和小区巡逻等。某物业公司并没有按物业服务协议提供与物业费匹配的优质物业服务，也没有很好地履行小区物业日常管理职责。

同时，某物业公司虽然未很好地尽到物业管理及服务职责，但不可否认其在某小区完成了一定的物业服务，钟某拒付所有的物业费于法无据。

综上，根据查明的事实，对于某物业公司的主张，法院酌情支持 1094 元。关于某物业公司要求钟某支付违约金 500 元，因物业服务协议中对物业管理费缴纳的时间约定不明，且某物业公司未提供证据证明其行使了催缴，故法院对其主张的违约金 500 元不予支持。

37. 会员旅游时突发疾病去世，旅行社承担哪些责任？

□ 赵红燕

【案情简介】

2018年10月27日，李某与北京某国际旅行社签订《北京某国际旅行社会员协议书》，约定："李某自愿成为北京某国际旅行社会员，并自愿存入人民币6 000元整，享受公司会员权益，并享受公司免费旅游（一日游、两日游）一年。"2019年2月23日，李某再次与北京某旅行社签订《会员协议书》，约定："李某于2019年2月23日向公司提交申请表，申请成为公司会员，金额为70 000元，并按照合同约定履行义务、享受权利。"上述合同签订后，李某先后共支付了176 000元，参加了十余次旅游活动。

2019年3月17日，李某与北京某旅行社签订《团队境内旅游合同》，参加该公司组织的2019年3月23日至4月1日的"独家温情康养专属系列——某温泉度假酒店9晚10天"行程，旅游合同中约定旅行社的权利义务包括：根据旅游者的身体健康状况及相关条件决定是否接纳旅游者报名参团；核实旅游者提供的相关信息资料；为旅游者发放用固定格式书写、由旅游者填写的安全信息卡；旅游者人身、财产权益受到损害时，应当采取合理必要的保护和救助措施，避免旅游者人身、财产权益损失扩大等。该行程以专业健康管理服务作为本次行程的亮点，含当地全程一站式优秀导游服务、24小时酒店式管家服务等。

2019年3月27日晚，李某在该行程自由活动期间因突发心脏病，被北京某旅行社及李某入住的酒店派车送往附近某某卫生院救治，经该院抢救无效死亡，死亡原因为心源性猝死。该次行程中北京某旅行社未与李某签订书面的安全信息卡，随团配有二名全陪导游、一名地陪导游，未配备专业医疗人员。

事情发生后，李某的母亲刘女士向法院提起诉讼，要求：

1. 依法判令北京某旅行社赔偿经济损失779 240.67元，包括死亡赔偿金

679 900 元、丧葬费 25 401 元、交通费 8 168 元、被抚养人生活费 35 771.67 元、精神损害抚慰金 30 000 元；

2. 依法判令北京某某旅行社返还其收取的李某缴纳剩余会员费 154 271 元。

【判决结果】

一、北京某旅行社于本判决生效之日起七日内赔偿刘女士因李某死亡所产生的各项损失 150 000 元；

二、北京某旅行社于本判决生效之日起七日内返还刘女士会员费用 129 041 元。

【律师解读】

一、李某与北京某旅行社签订的《团队境内旅游合同》合法有效，北京某旅行社负有保障参游者的人身和财产安全的义务

李某与北京某旅行社签订了储值形式的旅行社会员协议，并于 2019 年 3 月 17 日与该旅行社签订了《团队境内旅游合同》，参加了该旅行社组织的 2019 年 3 月 23 日至 4 月 1 日的旅游行程，合同系双方自愿签订，不违反法律法规的强制性规定，应属有效合同，根据《中华人民共和国合同法》第 8 条规定：依法成立的合同，对当事人具有法律拘束力。当事人应当按照约定履行自己的义务，不得擅自变更或者解除合同。依法成立的合同，受法律保护。李某与北京某旅行社之间形成了合法有效的合同关系，北京某公司作为旅游项目的组织者和旅游费用的收取方，有义务保障参游者的身体和财产安全。

二、北京某旅行社未尽到安全保障义务，应当承担相应的赔偿责任

北京某旅行社作为旅游项目的组织者，其在行程安排、随团人员安排等方面都占有主动权和优势地位，按照其与李某订立的旅游合同的约定，其应在成团前详尽了解李某的身体情况，并要求李某如实填写安全信息卡，在李某存在人身风险的时候采取合理必要的保护和救助措施。李某虽多次随团参加北京某旅行社组织的旅游活动，但该旅行社并未对李某的身体状况有基本了解和掌握，本次行程中亦未尽到合理的安全提示和风险审查的义务；作为参团者均为老年人的情况，其并未随团配备具有基本医疗和抢救常识的人员，在李某病发时，并未及时全面了解其病情，尤其是在心脏疾病这类发病时需要特殊处理的情况，北京某旅行社并没有提供有效的救助。根据《中华人民共和国旅游法》第七十条第三款之规定："在旅游者自行安排活动期间，旅行社未尽到安全提示、救助义务的，应当对旅游者的人身损害、财产损失承担相应责任。"和《最高人民法院关于审理旅游合同纠纷案件适用法律若干问题的解释》第七条第一款之规定："旅游经营者、旅游辅助服务者未尽到安全保证义务，造成旅游者人身损害、财产损失，旅游者请求旅游经营者、旅游辅助服务者承担责任的，人民法院应予支持。"第十七条规定："旅游者在自行安排活动期间遭受人身损害、财产损失，旅游经营者未尽到必要的提示义务、救助义务，旅游者请求旅游经营者承担相应责任的，人民法院应予支持。前款规定的自行安排活动期间，包括旅游经营者安排的在旅游行程中独立的自由活动期间、旅游者不参加旅游行程的活动期间以及旅游者经导游或者领队同意暂时离队的个人活动期间等。"故，原告要求北京某旅行社应对李某的死亡承担相应的赔偿责任，于法有据。

三、关于李某会员费用的退还问题

李某与北京某旅行社先后于2018年10月27日、2019年2月23日签订会员协议书成为公司会员的形式，参与公司的旅游行程，其中就包括涉案的李某随团病发死亡的2019年3月的旅游行程，本次行程费用亦是从其交纳的会员费用中予以抵扣，法院应当将会员费用退还问题在本案中一并予以处理。对于李某已经交纳的会员费用和应予以抵扣的具体数额，根据李某与北京某旅行社签订的会员协议书约定、北京某旅行社出具的收款收据、双方当事人的当庭陈述，李某交纳的会员费用为136 000元，扣除北京某旅行社确认的已履行完毕的行程费用6 959元，北京某旅行社应将剩余费用返还给刘女士。

律师提示： 游客在参加旅行社组织的外出旅游期间，应当与旅行社签订书面旅游合同（或协议），明确双方的权利义务，保存好支付凭证、转款记录、发票，按照旅行社的要求填写个人健康信息卡及联系人等，事件发生时与旅行社的沟通记录等,并保存好上述资料。当意外事件或纠纷发生时,当事人出示相关证据,有利于相关部门尽快公平公正、合理合法地解决问题。

38. 网络约定"到店支付","预先收取"是否合法?

□ 强 震

【案情简介】

邬某通过 A 公司经营的旅游 App 预订境外客房,支付方式为"到店支付",下单后即被从银行卡中扣除房款,后原告未入住。原告认为应当到店后付款,A 公司先行违约,要求取消订单。A 公司认为其已经在服务条款中就"到店支付"补充说明"部分酒店住宿可能会对您的银行卡预先收取全额预订费用",不构成违约,拒绝退款。

邬某将 A 公司起诉至法院,请求判令退还预扣的房款。

【判决结果】

判令 A 公司退还邬某预扣的房款。

【律师解读】

《民法典》第四百九十六条第一款和《合同法》第三十九条第二款规定:格式条款是当事人为了重复使用而预先拟定,并在订立合同时未与对方协商的条款。从文义来看,格式条款似应具备两大核心特征:一、为重复使用而预先拟定;二、合同订立时未与对方协商。

法律明确赋予了格式条款提供者进行提示说明的义务,《民法典》第四百九十六条第二款规定:采用格式条款订立合同的,提供格式条款的一方应当遵循公平原则确定当事人之间的权利和义务,并采取合理的方式提示对方注意免除或者减轻其责任等与对方有重大利害关系的条款，按照对方的要求，对该条款予以说明。提供格式条款的一方未履行提示或者说明义务，致使对方没有注意或者理解与其有重大利害关系的条款的，对方可以主张该条款不成为合同的内容。对于"重大利害关系"，当前有最高院民法典贯彻实施工作领导小组针对该问题对其进行过解读，其指出《民法典》第四百七十条所指出的标的、数量、质量、价款或者报酬、履行期限、地点和方式、违约责任、争议解决方法等均属于重大利害关系条款。

法院经审理认为，对"到店支付"的通常理解应为用户到酒店办理住宿时才会支付款项，未入住之前不需要支付。即使该条款后补充说明部分酒店会"预先收取全额预订费用"，但对这种例外情形应当进行特别提示和说明，如果只在内容复杂繁多的条款中规定，不足以起到提示的作用，A公司作为预订服务的提供者应当承担责任。最终，法院支持邬某退还房款的诉讼请求。

目前法院对于重大利害关系的处理，主要取决于当事人的身份，再去结合具体涉案合同进行处理。当一方当事人占据优势地位并且草拟了相关合同，法院对其的要求更为严格，要求该当事人以明显的方式提醒合同相对人，该种提醒可以是口头强调，可以是文字着重突出，不管是哪一种，该当事人必须能够举证自己曾经提醒过对方当事人，否则将因损害对方利益，被推定为重大利害关系条款，因为没有提醒，不被视为合同条款。如果双方是权利对等的当事人，且为该领域的专业人士，或者极其熟悉相关内容，一方当事人再以重大利害关系条款没有提示说明进行抗辩，法院不予支持。

综上，提供格式条款的企业应当基于公平、诚信原则，依法、合理制定格式条款的内容，并对于履行方式等与消费者有重大利害关系的条款，向消费者进行特别的提醒和说明，从而维护交易秩序，平衡双方利益，促进行业发展。

39. 未达到承包协议约定的销售额，为何不构成违约？

□ 罗文正

【案情简介】

张某与宁波某商贸公司订立合同，约定授权张某以负责人身份运营旗下的淘宝平台网店，售卖活体宠物及宠物用品，一年内须达到营业额600万元，600万元以内部分利润双方平分，多余部分按照7∶3的比例计提分成，若一年内营业额未达到该数额，所欠部分由张某向公司补齐并自动解约。合同中约定张某作为被授权经营的店长有一定标的额合同的签约权和固定周转备用金。双方另外约定了违约金条款和管辖条款。

合同开始履行后，即发生新冠肺炎疫情，一些客户因恐慌不再考虑购买活体宠物，部分地区也限制了活体运输，活体宠物售卖遭遇毁灭性打击。张某在开展经营的过程中，为周转资金维持店铺日常经营，多次向公司请求支付备用金，公司以多种理由加以推脱，张某无奈自行垫付相关款项。公司因拖欠供应商货款，遭到上游供应商起诉，公司账户及淘宝店铺账户均被冻结，张某无法再开展相关经营，遂通知公司解除合作，公司回函张某，若要解除先将合同约定的所欠全部销售额补齐并支付违约金，否则不予解除，于是张某诉至法院。

【判决结果】

1. 判令立即解除双方订立的《承包协议》，原告张某无需偿付违约金，无须补齐所欠销售额部分的款项；
2. 被告返还原告经营期间垫付的货款25万余元。

【律师解读】

合同中约定"定额包销"，设置最低额度的，原则上不违反法律法规的规定，属于民事活动意思自治的范畴，但此种约定仍要遵循诚信、平等原则。

  本案中，宁波某商贸公司与张某订立的《承包合同》内容并无违反强制性规定，故而应当正常履行，但因不可抗的新冠疫情极大地阻遏了物流从而导致店铺销售情况恶化，属于《民法典》第五百九十条规定：当事人一方因不可抗力因素不能履行合同的，根据不可抗力的影响，部分或者全部免除责任，但是法律另有规定的除外之情形，此时600万元的最低销售额应当作出适当调整，否则对于合同的缔约相对方显失公平。因不可抗力不能履行合同的，应当及时通知对方，以减轻可能给对方造成的损失，并应当在合理期限内提供证明。依据庭审时张某提交的《催告函》、微信聊天记录等证据，表明张某已尽到必要告知义务，法院据此认定张某解除合同并无不当。

  另一方面，张某未能达到销售额甚至不能开展正常经营活动的责任是基于被告拒绝提供合同约定的必要资金链支持以及被告自身原因导致账户查封所致，根据《民法典》第五百九十三条规定："当事人一方因第三人的原因造成违约的，应当依法向对方承担违约责任。当事人一方和第三人之间的纠纷，依照法律规定或者按照约定处理"。合同具有相对性，因此即便错在第三人也不构成商贸公司对张某违约的合理理由，故合同履行障碍的责任在于被告，原告对此并无明显过错，原告不应承担违约责任。

40. 家用天然气发生爆炸，天然气公司是否应承担责任？

□ 许妍娜

【案情简介】

  李某、陈某、朱某、冯某四人系朋友关系。李某、陈某与朱某、冯某分别居住在A、B两个县城。涉案房屋归朱某所有，位于B县城，长期空置无人居住。2019年11月，李某去B县城办事两天，陈某陪同前往。朱某邀请李某住到涉案房屋中，朱某另有住处，没有同住。李某、陈某到达当晚，冯某赶到涉案房屋中，三人在涉案房屋中使用燃气灶做了晚饭。

第二天早上 8 点左右，李某、陈某、冯某外出吃早饭并办事，中午 11 点多，三人回到涉案房屋中。回到房屋后，陈某进厨房用电饭煲煮饭，未使用燃气灶，李某、冯某在客厅休息，米饭煮上后，陈某也回到客厅休息。休息中，三人准备焚香喝茶，陈某拿起火柴点香，火柴划燃瞬间发生爆炸，从三人进入房屋至爆炸发生约 30 分钟左右。

事故发生后，李某、陈某、冯某均严重受伤。李某皮肤大面积烧伤，未做伤残鉴定；陈某、冯某伤残鉴定为二级。涉案房屋客厅、厨房的墙面、家具基本全部损毁，损失严重。

经相关部门鉴定，事故结论为，房屋所有人朱某擅自改造、外接家用天然气管道，并将擅自外接的天然气软管裸露在客厅餐桌下面，未连接任何灶具等设备，也未进行封堵。后朱某将房屋出借给李某居住，未告知并提醒李某在使用天然气时应注意及时关闭天然气阀门，李某等人在使用房屋时也未尽到充分的注意义务，最终造成天然气泄漏发生爆炸事故。

后各方就事故造成的损害赔偿、责任分担无法达成一致意见，遂诉至 A 县人民法院，天然气公司被列为被告之一。

【判决结果】

一审：天然气公司不承担责任。

二审：天然气公司承担 30% 赔偿责任，剩余 70% 责任由李某、陈某、朱某、冯某按比例分担。

【律师解读】

本案中，从鉴定结论看，天然气泄漏并发生爆炸是房屋所有权人朱某擅自改造、外接天然气软管，房屋使用人在使用天然气灶具的过程中未充分注意检查、关闭天然气阀门共同所致，天然气公司似乎不存在过错。二审判决为何认定天然气公司应承担 30% 赔偿责任？

我们先看一下关于燃气经营使用的法律规定及相关行业规范：

《城镇燃气管理条例》第十七条规定:"燃气经营者应当向燃气用户持续、稳定、安全供应符合国家质量标准的燃气,指导燃气用户安全用气、节约用气,并对燃气设施定期进行安全检查"。第二十二条规定:"燃气经营者应当建立健全燃气质量检测制度,确保所供应的燃气质量符合国家标准"。

《城镇燃气设计规范》第3.2.3条规定:"城镇燃气应具有可以察觉的臭味,燃气中加臭剂的最小量应符合下列规定,(1)无毒燃气泄漏到空气中,达到爆炸下限的20%时,应能察觉。其中,应能察觉,指身体健康状况正常且嗅觉能力一般的人可以感知的警示性臭味。"另外,《城镇燃气技术规范》《天然气加臭技术行业标准》中均对加臭剂浓度作出相应规定。

由以上法律规定及行业规范可知,燃气公司需向用户提供符合国家安全使用标准的燃气,包括燃气中的加臭剂浓度。严格规范加臭剂添加标准,是因天然气无色无味,当发生燃气泄漏,空气中加臭剂浓度达到一定量时,能使用户及时察觉燃气泄漏的情况,并及时采取应对措施,以避免发生重大事故,充分保障燃气用户安全。

结合本案案情,事故发生时,泄漏的天然气已弥漫室内空间,超过爆炸下限20%,达到爆炸极点,而李某、陈某、冯某三个身体健康状况正常、嗅觉能力正常的成年人均没有在房屋内闻到任何异味。庭审中,天然气公司虽然提供了事故发生前城市相关检测点加臭剂装置、设备正常运行的数据,以证明加臭剂浓度符合安全标准,但无论是天然气公司还是事故调查组,在受害方多次要求下,均没有对事故发生时事故现场或事故所在小区其他用户家中的加臭剂浓度进行检测,以证明事故发生时事故现场加臭剂浓度是否符合安全使用标准。

因此,最终二审法院认为,事故发生时,在天然气泄漏达到爆炸点的房间内,三名身体健康状况正常、嗅觉能力一般的成年人均未察觉到任何异味,在天然气公司无法提供终端用户加臭剂质量检测数据的情况下,事故发生时天然气公司未添加臭剂或加臭剂浓度不符合标准具有高度盖然性,天然气公司应对事故损害承担相应责任。

41. 被冒名借款遭起诉，如何维权？

□ 张印富

【案情简介】

甲、乙、丙三人系朋友。2019年，乙向甲借款，出具《收条》一张："今收到甲出借款人民币600万元，借款期限一年，出借人甲已按本人要求将款项汇入指定银行账户，我本人承诺保证按时还款，否则自愿承担一切法律后果。收款人：乙（签名捺印）、丙（签名），年月日"。

2020年，借款到期后，乙未向甲偿还借款，甲遂将乙、丙诉至法院，要求判决乙、丙共同偿还借款及利息。

丙收到法院传票，迷茫不知所措，遂向律师寻求帮助，律师经了解得知：丙从未向甲借款，虽知道乙向甲借钱，因经营惨淡无力偿还，但不知道乙冒用自己的名义共同借款人的名义向甲借款。律师接受委托后及时与法院取得联系了解到：法院受理甲起诉后，因联系不上乙、丙，已通过公告方式送达，缺席审理，法庭调查和法庭辩论已结束，等待判决。律师当即表示：根据已了解的情况，丙未向甲借款，也未出具过收条；丙可以想办法联系上乙，要求法院重新组织开庭审理，查清事实。法院同意给予一定期限。

后经努力，法院与甲、乙、丙三人均取得联系，并组织开庭审理。

经审理查明：原告甲主张二被告共同运营着数个电商平台，曾多次向原告临时拆借资金。原告于2019年汇入乙银行账户600万元，二被告于同日出具《收条》，确认收到原告的现金借款。借款到期后，原告多次和二被告联系，敦促其尽快偿还借款。乙虽以微信留言的方式表示会尽快筹措归还借款，但时至今日未归还。故请求判令二被告偿还借款本金及利息。

乙辩称：认可收到原告现金600万元，并按原告要求出具了《收条》，通过网络传给了原告。因与甲、丙都是朋友，出具收条时就比照之前的样本写上了二人的名字，但丙不知情，事后也没告诉丙。该笔款是我个人借用，与丙无关。由于疫情原因导致没及时偿还，一旦资金允许我即可偿还。

丙辩称：自己没向甲借款，《收条》中的名字不是本人所写，也从未委托他人代写，我不知道乙冒名向甲借款。借款与我无关，甲不应将我起诉，更不应向我主张偿还。经鉴定，《收条》中的丙名不是丙本人所写。

【判决结果】

被告乙返还原告甲的借款，驳回原告甲的其他诉求。

【律师解读】

生活中，因借条打官司的事时有发生，但被朋友冒名借款被起诉到法院要求偿还600万元借款的事并不多见，正应了俗语"人在家中坐，债从天上来"。看似简单的民间借贷纠纷，但对丙来说，实则险象环生，差点把房产搭进去抵债。朋友相处，谨慎借款，远离纠纷，积极维权，具有一定的警示作用。复盘代理过程，觉得有三点感受可供借鉴：

一、确定和排除借款合同的主体

如何确定借款主体是民间借贷纠纷中的重点疑难问题，本案争议焦点即丙是否为案涉借款合同主体。《民法典》第六百六十七条规定："借款合同是借款人向贷款人借款，到期返还借款并支付利息的合同。"民间借贷合同关系主体，可以依据借贷合同的约定来认定，借贷合同关系的双方当事人即为借贷合同关系的主体。本案中，甲依据《收条》将乙、丙作为被告起诉，但丙否认《收条》上的丙名是其本人所写，也否认向甲借过款，实质是否认借款合同主体身份，与借款无关。鉴于原告已提供借款《收条》及转款凭证，借款合同已成立并履行。丙申请对《收条》上的丙名字迹鉴定，经鉴定非丙所写。甲依据《收条》要求丙还款的事实依据被否认，即排除了丙为借款合同主体，如甲继续向丙主张偿还借款，需提供新证据，否则，承担举证不能的法律后果。

二、理清思路，积极提供支持己方主张的充分证据

非本人签字的合同并非一定不成立，避免陷入思维陷阱。通常情况下，合同经当事人签字后成立生效，但也要知道并不是必须有本人签字合同才能成立生效。在某些情况下，不是本人签字由代理人签字的合同依然

成立生效。《民法典》第一百六十一条规定:"民事主体可以通过代理人实施民事法律行为"。委托代理人订立的合同,产生的法律后果由被代理人承担。本案,丙被冒名借款,如不提供充分证据,不排除"有口说不清"被判承担责任的可能。打官司无小事,关键在证据。律师建议丙主动联系乙,要求乙实事求是地说清借款及《收条》冒名签字的事实,向法庭出具《情况说明》予以证实。后来乙的出现及提供的证据证明:丙被冒名借款,事前不知情、事后未追认、也不存在委托授权和默许的情况,均被法院采纳。如果消极等待,可能在很大程度上达不到预期的诉讼目的。

三、主动收集原告存在过错的证据,排除原告可能存在的"有理由相信"的事实

《民法典》第一百四十条规定:"行为人作出意思表示的方式有三种:明示、默示、沉默。"沉默在有法律规定、当事人约定或符合当事人之间的交易习惯时,可以视为意思表示。前两种是通过积极行为的方式表现出来,都有"示"的积极行为,是直接表现出来的方式,不用推测、揣摩;后一种是消极的不作为,其意思表示的方式没有"示"这种积极行为,只有沉默、不作为。本案,原告主张"二被告共同运营着数个电商平台,曾多次向原告临时拆借资金"。如果认定当事人之间存在交易习惯,丙被认定为存在"默示"或"沉默"的意思表示,就可能被认定为是借款主体。同时,《民法典》第一百七十二条规定:"行为人没有代理权、超越代理权或者代理权终止后,仍然实施代理行为,相对人有理由相信行为人有代理权的,代理行为有效。"如果甲提供证据证明其"有理由相信"丙为借款合同主体,即便丙被冒名借款,也可能被判决清偿借款。于是,律师建议丙,鉴于甲、乙、丙都是朋友,可主动打电话沟通,固定事实证据,必要时提交法庭。事实上丙提供的相关证据证明了:甲作为出借人,对于借款凭证的出具过程未尽到审慎义务,在能与丙联系的情况下,未与丙就借款、还款及《收条》上有丙名等事宜进行沟通过,甲直接起诉不能证明其与丙之间达成借贷合意。甲未尽谨慎义务,依法承担不利的法律后果。丙虽然为被告,但主动掌握了有利证据后,变被动为主动,既还原了事实,又保护了自身权益,取得了较满意的结果。法院判决支持丙的主张,很重要的原因就是得益于丙主动收集的证据。

42. 婚后加名的婚前房产，法院如何判决？

□ 李 韬

【案情简介】

王某（男）与乔某（女）结婚并育有女儿小王。王某在婚前支付全款买下杭州市区的3套房，一套自住，两套出租。在结婚时，王某便将妻子乔某的名字都加在了3套房的房本上。随着时间的推移，夫妻俩逐渐因家庭事务产生矛盾。乔某认为这么多年王某一直不工作家里的日常开销等大多由她来支出，而且沟通上也存在很多问题。但王某却认为他一直有稳定的房租收入，倒是乔某更换工作比较频繁，两人常因家庭琐事争吵。最终2020年，乔某到法院起诉离婚，同时请求判令女儿归她抚养。其认为三套房属于夫妻共同财产，理应对半分，根据照顾女方和小孩的原则，应依法予以多分，即她应取得其中的60%。

【判决结果】

一审法院：确定乔某分得25%的份额，王某分得75%的份额。
二审法院：驳回乔某上诉，维持原判。

【律师解读】

关于双方争议的三套房产，现登记为双方共有，因此应作为夫妻共同财产依法分割，这点没有什么问题，但是是否应该平均分割或者是一方多分就需要具体问题具体分析。首先三套房产均为王某在婚前以个人资产购买，属于婚前个人财产。买房时他与妻子乔某还不认识，等到房屋办理房产证时，双方已经结婚，并且因为政策原因，不能登记在他一人名下，才不得已登记在双方名下。又因为在办理房屋产权增加共有人时，王某没有将房屋一半份额赠与乔某的明确意思表示，双方也未有纸面上的任何约定，因此该三套房屋还是属于王某婚前个人财产。再根据《民法典》第一千零八十七条规定："离婚时，夫妻的共同财产由双方协议处理；协议不成的,由人民法院根据财产的具体情况,根据照顾子女、女方和无过错方权益的原则判决。对夫或者妻在家庭土地承包经营中享有的权益等,应当依法予以保护。"根据双方对三套房产的贡献大小,并兼顾照顾女方权益的原则,最终确定乔某分得25%的份额,王某分得75%的份额,于法有据。

很多人会认为,既然登记在双方名下或是加上了配偶的名字,房子理应有一半属于自己。但是根据民法典第一千零八十七条的规定,即在司法实践中,虽然房屋属于夫妻共同共有,但并非一律平均分割,法院会根据房屋出资来源、双方在婚姻中是否存在过错、是否共同生活等具体情况进行分割。所以如果想在加名的同时保证自己对房屋享有的权益,应做好书面协议约定,避免日后产生纠纷。

43. "借名买房"被执行,房屋实际权利人如何维权?

□ 师 萌

【案情简介】

罗某于2005年4月12日根据按揭购房规定,向江西某置业有限公司汇入32万元首付款购买位于东湖区的房屋。2005年6月20日,当其与招商银行南昌市分行签订按揭贷款合同时,招商银行发现其年龄已经超过60周岁不符合贷款条件。在已支付按揭购房款的条件下,为解决住房问题,其同意以儿媳陶某的名义购置。从2005年6月20日签订按揭购房贷款至诉讼时已14年整,共计166个月的月供贷款本息均由本人支付,陶某从未支付一个月。自2005年6月购房以来,其一直居住在涉案房屋内,从未离开过,所有物业费均由其本人支付。

陶某与陈某因借款合同纠纷一案被法院列为被执行人,陈某申请拍卖陶某名下位于东湖区的房屋。

罗某提出排除执行异议被裁定驳回,因此向法院提起案外人执行异议之诉。请求：1. 停止对东湖区房屋的拍卖；2. 确认东湖区房屋为其所有。

【判决结果】

一审法院：

驳回罗某的诉讼请求。

罗某不服，提起上诉。

二审法院：

一、撤销一审判决；

二、停止对东湖区房屋的拍卖；

三、驳回罗某的其他诉讼请求。

陈某不服，启动再审。

再审法院：

驳回陈某的再审申请。

【律师解读】

2005年，罗某已超过60岁，招商银行股份有限公司南昌分行以其年龄不符合贷款条件为由，拒绝与罗某签订按揭贷款合同。为解决住房问题，罗某遂以其儿媳陶某名义签订购房合同，符合日常生活习惯。按一般的生活常理，借名购房中购房人一般会承担全部费用，与家庭成员之间赠与有所区别。每月房屋按揭贷款亦由罗某支付，首付款和月付贷款的支付均与陶某无关。另外，结合房屋使用期间产生的各类费用凭证、费用缴纳凭证、证人证言等亦可以证实上述费用的真实付款人及案涉房屋实际占有、使用人均为罗某。

不动产物权登记产生的公示公信效力，亦仅是一种推定效力，登记行为本身不产生物权，当事人有证据证明其为真正权利人时可以推翻不动产登记的推定，维护事实上的真实。

具体到本案，罗某与陶某之间存在借名购房关系，罗某也提供证据证明其系案涉房屋实际出资人及占有人，案涉房屋因尚未还清银行贷款未及时变更产权登记。且罗某通过借名买房，将真实物权登记于陶某名下，并非为了规避法律、行政法规的强制性规定或国家、地方政府限购政策，亦不违背公序良俗，符合《最高人民法院关于适用〈中华人民共和国物权法〉若干问题的解释（一）》第二条"当事人有证据证明不动产登记簿的记载与真实权利状态不符、其为该不动产物权的真实权利人，请求确认其享有物权的，应予支持。"的规定，当物权登记与实际权利状况不符时，以实际权利状况为依据认定事实的情形。故二审判决据此认定罗某为案涉房屋实际权利人，享有足以排除强制执行的民事权益，适用法律并无不当。

44. 恋爱期间的借款和赠与，如何认定？

□ 马凯乐

【案情简介】

李某某向法院诉称：2020 年 9 月份，原告李某某在济宁市区做生意期间，与被告崔某 1 在 KTV 相识，双方建立了恋爱关系。在此期间，被告崔某 1 利用双方的关系以各种名义向原告李某某借款，原告李某某以微信、支付宝转账、银行汇款、现金给付的方式给被告崔某 1，被告崔某 1 借原告李某某的账号消费及偷刷信用卡，通过以上各种方式被告在 2 个月的时间里共花费原告 109 665 元。

原告李某某随即和崔某 1 终止了恋爱关系，并向其索要返还上述借款，被告崔某 1 拒不返还。由于被告崔某 1 满 16 周岁但仍未成年，原告李某某要求被告崔某 1 的法定代理人崔某 2、许某共同承担还款责任。

崔某 1 辩称，不认可原告的事实和理由，原告系自愿转账为其消费，也不属于借款。崔某 2、许某共同辩称，不认可原告的事实和理由，认为被告崔某 1 不存在偷刷信用卡的事实，认为双方在恋爱期间微信转账、银行汇款等都属于共同消费，不属于借款性质，不应返还。

【判决结果】

一、被告崔某 2、许某于 2022 年 1 月 10 日之前向原告李某某支付

45 000元。

二、如被告崔某2、许某未能如期全部偿还，应向原告李某某支付利息（以未付款为基数，利息按照中国人民银行授权全国银行间同业拆借中心每月20日发布的同期贷款市场报价利率（LPR）计算，期限自2021年7月10起至实际付清之日止）。

【律师解读】

"赠与"是赠与人将自己的财产无偿给予受赠人，受赠人表示接受的一种行为。恋爱期间、特别是婚约期间的财物赠送，当事人的真实意图是为了缔结婚姻关系，系附条件的赠与。附条件的赠与只有在所附条件成就时生效，如果所附条件未成就，赠与不发生法律效力，赠与物应当返还。

恋爱期间的赠与和借款既有区别又有一定联系，情侣之间相互进行财产赠与的情况普遍存在，容易将借款与赠与混淆。当男女双方结束恋爱关系时，极易发生财产纠纷，法律对基于恋爱期间形成的财产关系予以保护，但当事人要完成相应的举证责任。主张恋爱期间的借款，鉴于其关系的特殊性，在互相转款时要有明确的转款附言，并在微信、短信聊天中对转账性质予以确认。

恋爱期间花费金额的性质认定：对于合理范围内的较小金额，在不能证明系为结婚而特意赠送等情况下，应认定为一般的赠与，具体可以包括以下情况：

1. 日常生活中价值较小的一部分赠与，比如购买衣服、箱包，请客吃饭等；

2. 特殊日期，如情人节、七夕节、生日、纪念日等给付的财物；

3. 特殊金额，如520元、521元、1314元等金额以及其他小额赠与。

以上均可以推定为双方表达爱意培养感情的赠与财产，赠与方一经交付，不能要求返还。

对于男女双方之间贵重物品如：房产、汽车或较大金额的现金、银行卡、微信、支付宝转账等赠与，由于所涉金额较大，一般是基于结婚目的的赠与，可推定为彩礼，应承担返还责任。

对于一些没有明显意图金额不大的转账行为，也没有显示该转账行为系借款或附条件的赠与，法院会结合双方共同生活的情形来认定，如对方抗辩称在共同生活期间产生的共同消费，法院一般不予认定该部分费用，不支持返还；因恋爱关系终止或同居关系解除，对当事人以曾同居为由提出以"青春损失费"、"精神损害赔偿费"来抵消的抗辩，不予支持。

45. 开发商是否履行交付房屋，怎样认定？

□ 徐　杨

【案情简介】

原告包某与被告某置地公司于 2010 年签订《商品房预售合同》，原告向被告购买某市毛家园路×××弄×××号×××室房屋。2011 年 12 月，原告收到被告发出的《房屋交付通知书》。2012 年 1 月 13 日被告向原告发出《房屋交付通知催告函》，通知原告于 2012 年 1 月 20 日办理房屋交付手续。2012 年 4 月 22 日原告验收房屋，原、被告双方均发现并认可房屋存在质量问题和安全隐患，以房屋维修处理记录单确认房屋存在主卧卫生间开门时会碰到壁橱玻璃门，可能直接导致壁橱玻璃门碎裂的问题。至 2015 年 8 月 5 日，原告知悉被告已修复。现原告起诉法院，要求被告按照租金 20 075 元/月的标准赔偿原告 2012 年 4 月 22 日至 2015 年 8 月 5 日的经济损失。在审理过程中，经原告申请，法院委托某某房地产土地估价有限公司对系争房屋的市场租金进行评估。该公司估价 2012 年 4 月 22 日至 2014 年 12 月 22 日的总租金为人民币 668 000 元。

【判决结果】

被告某置地公司支付原告包某补偿款 20 000 元，驳回其他诉讼请求。

【律师解读】

原、被告签订的《上海市商品房预售合同》系双方真实意思表示，合法有效，双方均应全面履行。该合同第十三条约定，该房屋符合第十条的交付条件后，被告应在交付之日前三天书面通知原告办理交付该房屋的手续，原告应在收到该通知之日起七天内，会同被告对该房屋进行验收交接。第十五条约定，该房屋的风险责任自该房屋交付之日起由被告转移给原告。如原告未按约定的日期办理该房屋的验收交接手续，被告应当发出书面催告书一次。原告未按催告书规定的日期办理该房屋的验收交接手续的，则自催告书约定的验收交接日之第二日起，该房屋的风险责任转移由原告承担。另外，根据合同补充条款约定，原、被告双方同意对本合同第十三条、第十五条补充如下：若原告在被告发出的交房通知书约定的日期内，未会同被告办理房屋交付手续的，则被告将有权按照合同第十五条之约定处理。并且若原告未按被告书面催告的日期办理房屋验收交接手续的，视为被告已经完全履行完毕对该房屋的交付责任，原告亦已经对房屋圆满进行了验收交接并且认同该房屋符合本合同附件三的标准，自催告书约定的验收交接之日第二日起该房屋的风险责任及缴纳物业管理费的义务一并转移由原告承担，同时被告对该房屋承担的保修期开始，原告不得以任何理由要求延长该房屋的保修期限。

1. 被告何时已经履行完毕对案涉房屋的交付责任？

根据上述合同约定，自催告书约定的验收交接之日第二日起该房屋的风险责任及缴纳物业管理费的义务一并转移由原告承担，也即自2012年1月21日起，被告已经完全履行完毕对该房屋的交付责任，原告亦已经对房屋圆满进行了验收交接并且认同该房屋符合本合同附件三的标准。因此原告以房屋存有质量问题不满足交付条件为由要求被告赔偿该段时间内的租金损失，法院不予支持。

2. 被告对房屋存在的瑕疵应当履行保修义务。

根据合同约定，自催告书约定的验收交接之日第二日起（即2012年1月21日起），开始计算被告对该房屋承担的保修期。2012年4月22日，双方在房屋维修处理记录单记载的内容仅为保修范围之内容，被告理应予以适当补偿，补偿金额法院根据估价报告及适当的修复时间酌情确定。

46. 区域品牌使用合同，为何被解除？

□ 胡文友

【案情简介】

2017年8月4日，申请人金某某与被申请人北京某文化创意有限公司签订《区域品牌使用合同》《商标使用合同》，约定被申请人将"耕喜"商标授权许可给申请人使用，并为申请人的餐饮项目提供区域运营指导、培训及其他配套服务，申请人交纳商标授权许可使用费。申请人依约履行了本案合同约定的义务，但被申请人隐瞒重要信息，且未履行本案合同约定的指导、培训及服务义务。于是，申请人便委托律师作为自己的代理人，依法向北京仲裁委员会申请仲裁。

【仲裁结果】

一、解除申请人与被申请人于2017年8月4日签订的《区域品牌使用合同》《商标使用合同》；

二、被申请人向申请人返还商标授权许可使用费260 000元。

【律师解读】

《商业特许经营管理条例》第七条规定："特许人从事特许经营活动应当拥有成熟的经营模式，并具备为被特许经营人持续提供经营指导、技术支持和业务培训的能力。特许人从事特许经营活动应当拥有至少2个直营店，并且经营时间超过1年。"《条例》第二十一条、第二十二条规定："特许人应当在订立特许经营合同之日前至少30日，以书面形式向被特许人提供本条例第二十二条规定的信息，包括被申请人从事特许经营活动的基本情况，以及为申请人持续提供经营活动指导、技术支持、业务培训等服务的具体内容、提供方式和实施计划。"庭审中，被申请人对申请人主张其未披露相关信息的事实未予否认，现有证据亦不足以证明被申请人在本案合同签订前依《条例》第二十一条、第二十二条规定向申请人披露了其应当披露的信息。

首先，尽管被申请人是否拥有两个经营时间超过一年的直营店等事实对本案合同的效力不会产生直接影响，却会直接影响到申请人对被申请人资质、经营实力和加盟项目前景的判断和认知，导致申请人缺乏准确预料、估算其进行特许经营的潜在风险和可能获得的收益。

其次，尽管被申请人以相关证据证明其履行了相应的合同义务，但现有证据不足以证明其已向申请人提供了"为申请人持续提供经营指导、技术支持、业务培训等服务的具体内容、提供方式和实施计划"。仲裁庭根据《条例》第二十三条"特许人隐瞒有关信息或者提供虚假信息的，被特许人可以解除特许经营合同"的规定，对申请人主张因被申请人隐瞒了重要信息，故而解除本案合同的请求予以支持。

《商业特许经营管理条例》第三条规定："本条例所称商业特许经营，是指拥有注册商标、企业标志、专利、专有技术等经营资源的企业，以合同形式将其拥有的经营资源许可其他经营者使用，被特许人按照合同约定在统一的经营模式下开展经营，并向特许人支付特许经营费用的经营活动。"

由于商业特许经营合同的特殊性，要使《商业特许经营合同》合法有效，除了满足合同有效的一般要件外，还需要具备以下条件：（1）特许人是拥有注册商标、企业标志、专利、专有技术等经营资源的企业，企业以外的其他单位和个人不得作为特许人从事特许经营活动；（2）《商业特许经营合同》应采用书面形式。《商业特许经营管理条例》第十一条规定：从事特许经营活动，特许人和被特许人应当采用书面形式订立特许经营合同。

商业特许经营合同的法定解除权包括一般法定解除权和特许经营特有的特殊法定解除权。一般法定解除权是《民法典》规定的适用于所有合同类型的，当发生法定解除情形时，任何一方可单方面解除合同的权利。具体包括：因不可抗力致使不能实现合同目的；在履行期限届满前，当事人一方明确表示或者以自己的行为表明不履行主要债务；当事人一方迟延履行主要债务，经催告后在合理期限内仍未履行；当事人一方迟延履行债务或者有其他违约行为致使不能实现合同目的；法律规定的其他情形等。

特殊法定解除权是指《商业特许经营管理条例》规定的特许经营独有的被特许人享有的单方解除权。具体包括两种情形：一是冷静期内行使的解除权。《商业特许经营管理条例》第十二条规定："特许人和被特许人应当在特许经营合同中约定，被特许人在特许经营合同订立后一定期限内，可以单方解除合同"。本条款中的"一定期限"被称为"冷静期"，其设立的目的在于防止被特许人的投资冲动，给予被特许人反悔的权利。二是违反信息披露义务的解除权。《商业特许经营管理条例》第二十三条规定："特许人向被特许人提供的信息应当真实、准确、完整，不得隐瞒有关信息，或者提供虚假信息。特许人向被特许人提供的信息发生重大变更的，应当及时通知被特许人。特许人隐瞒有关信息或者提供虚假信息的，被特许人可以解除特许经营合同"。本条中规定的特许人信息披露义务旨在保护被特许人，使其在决定投资项目之前能够获得特许经营人和项目的必要信息，知晓经营风险。

具体到本案中，被申请人在合同签订前未向申请人披露《商业特许经营管理条例》第二十一条、第二十二条规定的信息，隐瞒了重要信息，故申请人有权解除合同。

47. 卖房人违约，为何支付巨额违约金？

□ 胡文友

【案情简介】

2016年7月30日，原告李某斌、李某华与被告金某在北京某房地产经纪有限公司的居间下签订《北京市存量房屋买卖合同》及《补充协议》。约定：原告从被告手中购买其个人名下位于北京市昌平区回龙观镇某号院的房屋，房屋建筑面积118.4平方米，房屋总价315万元。后因为房价上涨，被告金某于2016年9月20日明确表示拒绝继续履行合同。为维护自身权益，二原告委托律师作为代理人，依法向北京市昌平区人民法院提起诉讼。

【判决结果】

（一）被告金某赔偿原告李某斌、李某华违约金 1 350 000 元，于本判决生效后七日内支付；

（二）被告金某退还原告李某斌、李某华已付定金 50 000 元，于本判决生效后七日内支付。

【律师解读】

当事人可以约定一方违约时应当根据违约情况向对方支付一定数额的违约金，也可以约定因违约产生的损失赔偿额的计算方法。约定的违约金低于造成的损失的，当事人可以请求人民法院予以增加；约定的违约金过分高于造成的损失的，当事人可以请求人民法院予以适当减少。

本案中，依约按照约定金某应当承担合同总价款 20% 的违约金，即 630 000 元。而通过审理过程中的评估价值可知，该违约金不足以弥补原告的直接经济损失，故应当予以调整。综合考量合同解除时的市场价格、金某违约时可预见的损失、违约过错程度、守约方的及时止损义务、房屋实际市场价值等因素，酌情调整认定违约金为 1 350 000 元。

一、什么是违约金？

违约金是法律所规定的合同一方当事人完全不履行或者不适当履行合同约定的义务时，按照合同约定应当给付对方的一定数额的金钱。《民法典》第五百八十五条规定："当事人可以约定一方违约时应当根据违约情况向对方支付一定数额的违约金，也可以约定因违约产生的损失赔偿额的计算方法。约定的违约金低于造成的损失的，人民法院或者仲裁机构可以根据当事人的请求予以增加；约定的违约金过分高于造成的损失的，人民法院或者仲裁机构可以根据当事人的请求予以适当减少。"

二、违约金的标准确定

原《最高人民法院关于适用＜中华人民共和国合同法＞若干问题的解释（二）》（已废止）第二十九条规定："当事人主张约定的违约金过高请求予以适当减少的，人民法院应当以实际损失为基础，兼顾合同的履行情况、当事人的过错程度以及预期利益等综合因素,根据公平原则和诚实信用原则予以衡量,并作出裁决。"《最高人民法院关于审理商品房买卖合同纠纷案件适用法律若干问题的解释(2020修正)》第十二条规定:"当事人以约定的违约金过高为由请求减少的,应当以违约金超过造成的损失30%为标准适当减少;当事人以约定的违约金低于造成的损失为由请求增加的,应当以违约造成的损失确定违约金数额。"

具体到本案中,金某于2016年9月20日明示不再履行合同,构成根本违约。其虽然要求原告及时另选房源,但金某并没有单方解除权,且当时涉案房屋所在地的房地产价格正处在一个快速上涨期间,金某应当预见到其违约行为可能给原告造成更大的损失。再者,金某在明示终止合同之后,自行将涉案房屋设定他项权利,直接导致原告无法继续履行双方之间的房屋买卖合同,其主观恶意明显。由金某在设定涉案房屋他项权利时所约定的主债权数额可知,其对当时涉案房屋的市场价值有所预估,即可认为其对原告的损失金额有相应数额的预见。故法院综合考量合同解除时的市场价格、金某违约时可预见的损失、违约过错程度、守约方的及时止损义务、房屋实际市场价值等因素,对违约金酌情调整。

48. 受胁迫出具的欠条,为何撤销100万元高额利息?

□ 张学琴

【案情简介】

原告刘某与被告吴某是几十年的好朋友,原告声称被告于2020年7月向自己借款300万元,于2021年5月21日向原告出具欠条,自愿分期还款并于2021年10月1日前支付利息100万元,但被告未如期还款,原告以民间借贷名义诉至法院。

被告代理律师看过原告起诉材料,发现诸多疑点,详细询问了被告真实的案件情况及梳理证据材料,发现并确认:双方根本不是借贷关系,而是原告委托被告买房，所谓被告出具的欠条，实际上是被胁迫出具。

真实情况是，2020年7月，原被告双方签订了一份委托购房协议，原告委托被告帮忙购买房屋并于当日向被告支付300万元，但实际上被告应当按照约定于2020年12月31日前返还购房款而未返还。

因原房主不再出售房屋，导致被告未购房成功，但被告却因故未能如期返还款项。2021年5月19日，原告一家在被告不在家时，撬锁破门进入被告家中，踹掉房间门锁，把房间翻得乱七八糟。2021年5月21日凌晨一点半左右，被告一人回到家中，被原告方控制、非法拘禁长达3个小时之久，其中不乏谩骂、恐吓、被强行扣押身份证等行为。原告爱人写下100万高额利息的欠条，威逼被告签名捺手印，当时大概凌晨两、三点钟，外面一个人都没有，被告一人害怕、孤立无援、被迫签字，以确保自身安全并拿回身份证，并有视频为证。

【判决结果】

撤销高利贷100万元利息，300万元购房款的利息按照还款之日起的3.85%年利率计算。

【律师解读】

一、原、被告双方是何法律关系？

原告认可委托购房协议的真实性，故借款关系不成立，原、被告双方实际上是委托购房合同关系。

委托购房合同中无利息约定，被告抗辩无须支付利息；但实际上被告应当按照约定于2020年12月31日前归还购房款而未归还，实际上是产生了原告的资金占用费损失。

二、欠条及利息的效力？

被告已经充分举证欠条为非法取得，不是被告真实意思表示，不具有法律效力。根据《中华人民共和国民法典》第一百五十条规定："一方或者第三人以胁迫手段，使对方在违背真实意思的情况下实施的民事法律行为，受胁迫方有权请求人民法院或者仲裁机构予以撤销"，非法欠条应予以撤销。

同时，欠条中利息 100 万已经远远超过中国人民银行公布的金融机构同期、同档次贷款利率（不含浮动）的 4 倍，属于高利贷行为，不被法律保护，从该角度，欠条也应撤销，原告也无权主张高利贷利息。

最终，法院最后认定双方为委托合同关系，不存在委托购房转民间借贷之意思表示。原告以强行进入他人住宅之方式追索债务，在被告较大心理压力下签订的欠条属于被胁迫签订，应予以撤销。

本案为典型真实案例，法治前行的道路上有你我的足迹与微薄的力量。

49. 未及时过户的房子被查封，买房人如何排除执行？

□ 谢 雯

【案情简介】

田某与房地产开发商于 2016 年 5 月 27 日签订了《北京市商品房预售合同》，签订合同后，田某按要求支付了全部价款，2017 年 8 月 23 日，房地产开发商也按约交付了房屋。因房地产开发商欠银行近 1 亿元，2021 年 4 月 6 日，银行向法院提出财产保全，又因房屋产权一直登记在房地产开发商名下，2021 年 5 月 28 日法院查封该房地产开发商名下的房屋，其中就包括田某的房屋，田某等人委托律师代理该案件。

【处理结果】

执行阶段：法院作出《协助执行通知书》，查封某房地产开发有限公司名下位于北京市某区房产 54 套所有权；查封期限为三年。

执行异议阶段：中止对某房地产开发有限公司名下位于北京市某区某房屋的执行。

诉讼阶段：驳回原告某银行的诉讼请求。

【律师解读】

执行异议制度是 2007 年民事诉讼法修正案所建立的一项救济制度，它对于规范执行程序，维护执行当事人及案外人的合法权利和利益，防止执行权滥用和"执行乱"具有重要意义。审理执行异议之诉纠纷案件，应遵循以下基本原则：物权优于债权原则；法定特殊债权优于普通债权原则；生存利益优先原则；慎用自认原则。

本案争议焦点为：案外人田某等人是否享有足以排除强制执行的民事权益？

我们来分析一下，金钱债权执行中，想要排除执行必须要符合哪些条件？

路径一：

1. 查封的房屋是申请执行人与被执行人因金钱债权执行而查封；

2. 在法院查封之前案外人已经与被执行人签订了合法有效的书面买卖合同；

3. 在人民法院查封之前案外人已合法占有该房屋；

4. 案外人已支付全部价款，或者已按合同约定支付部分价款且将剩余价款按照人民法院的要求交付执行；

5. 非因买受人自身原因未办理过户登记。

以上五点必须同时具备。

路径二：

1. 查封的房屋是申请执行人与被执行人因金钱债权执行而查封；

2. 在人民法院查封之前已与被执行人签订了合法有效的书面买卖合同；

3. 所购商品房系用于居住且买受人名下无其他用于居住的房屋；

4. 已支付的价款超过合同约定总价款的百分之五十。

以上四点必须同时具备。

路径三：

1. 查封的房屋是申请执行人与被执行人因金钱债权执行而查封；

2. 对被查封的房屋已经办理了受让物权的预告登记。

3. 被查封的房屋已经符合物权登记的条件。

以上三点必须同时具备。

在金钱债权执行中，上述三种路径任意符合一种都可以排除执行。

路径一是《最高人民法院关于人民法院办理执行异议和复议案件若干问题的规定》（以下简称：《执行异议和复议规定》）第二十八条的规定，是关于无过错不动产买受人物权期待权的保护条件，适用于买受人对登记在被执行人名下的不动产提出异议的情形，该规定系普适性条款，对于所有类型的被执行人均可适用。

路径二是《执行异议和复议规定》第二十九条规定，是关于房屋消费者物权期待权的保护条件，适用于买受人对登记在被执行的房地产开发企业名下的商品房提出异议的情形。该条是专门针对被执行人为房地产开发企业而规定的特别条款。

《执行异议和复议规定》第二十八条、二十九条是一般规定和特别规定的关系，并非相互排斥，商品房买受人可以选择适用《执行异议和复议规定》第二十八条或二十九条排除执行。该两条规定实际上是以牺牲金钱执行债权人的正当权利为代价而确立的，在一定程度上突破了债权平等原则和合同相对性原则，也增加了被执行人和执行案外人通过执行异议恶意串通逃避强制执行的道德风险。因此，人民法院在适用上述规定认定执行案外人享有的民事权益是否足以排除强制执行时，都会对法定要件相关的事实从严审查、严格把握、慎重认定。

本案中，由于房屋属于办公用房，不属于居住用房，因此不适用路径二，另外该房屋也没有做过预告登记，也不适用路径三，那么只有符合路径一的所有条件，本案才能排除执行。

在庭审中，律师通过整理、搜集、调取证据能证明被告作为真实买房人符合路径一中的所有条件。

1. 本案所查封的房屋是因为原告与第三人的借款合同纠纷而进行的财产保全，符合金钱债权执行的情形；

2. 被告在人民法院查封之前已经签订合法有效的书面买卖合同；

3. 被告在人民法院查封之前已经实际合法占有该房屋；

4. 被告已经支付全部价款；

5. 非因被告自身的原因未办理过户登记。

这五项的前四项双方争议不大，关键是第五项，如何证明被告对于未及时办理产权登记不存在主观过错，双方各执一词。毕竟被告自能办理产权变更登记到法院查封期间已经长达三四年之久，在开发商不出庭的情况下，如何证明被告非因自身的原因未办理过户登记确实很难。律师走访相关部门调取了近些年开发商的一些信息以及去不动产登记中心调取了关键证据。另外，律师提交了被告是通过广告公司与开发商举办的团购电商优惠活动购买案涉房屋的相关证据，还提交了被告已经按照开发商的要求签订合同、支付房款、缴纳物业费、契税等费用，还与经纪公司签订协议，委托该公司办理《不动产权证书》并缴纳代办费等相关证据。这些证据证明被告已经完全履行了购房以及办理房屋产权登记的相关义务，主观不存在过错。最终，法院认为被告对涉案房屋享有足以排除强制执行的民事权益，应当中止对该房屋的执行，故驳回原告的诉讼请求。

关于案外人执行异议的纠纷，大家要注意提出执行异议的理由是有生效的裁判还是无生效的裁判，如果有生效的裁判，要注意该裁判生效的时间是在标的物被执行前还是被执行后，再区分执行依据是金钱债权还是非金钱债权，非金钱债权执行还要区分该生效裁判是确权裁判，还是给付裁判，然后再根据情况选择不同的诉讼策略。本案中，原告提供的执行依据是金钱债权的生效判决，案外人提出执行异议没有生效判决，因此就适用《执行异议和复议规定》第二十八条、第二十九条以及第三十条的相关规定。再根据案件事实的具体情况最后只能适用《执行异议和复议规定》第二十八条，该条实际上主要运用的就是物权期待权与一般债权的实现发生冲突时，应当优先保护物权期待权的法律原理。另外，这类案件一般的争议主要在于案外人的主观过错问题，我们只要证明案外人具有向房屋登记机构递交过户登记材料，或者向出卖人提出办理过户登记请求等积极行为；或者虽无上述积极行为，但未办理过户登记有合理客观理由的，足可以认定为"非因案外人自身原因"，从而赢得胜诉。

50. 遗失验收报告，如何追回 30 万元损失？

□ 胡克丽

【案情简介】

王某是北京市盈科律师事务所律师的老客户，这次来找律师咨询是因几年前他们公司帮贵州某医院安装系统软件，且帮这家医院免费维护系统一年，继而，又有偿维护一年，但医院却一直以软件有质量问题为由未支付第三期合同价款 10 万元以及最后的维护费 13 万元。

王某表示，现在丢失了验收报告，缺乏最关键的证据，所以只想拿回那 10 万元，否则他们就亏损，咨询律师有什么办法能够挽回一些损失。律师在了解王某的案情并分析了证据材料后，认为王某能够拿回来的钱不止 10 万，应当是合同价款、维护费用及违约金。律师为王某阐明法律关系、解答疑惑后，最终王某采纳了律师的建议，着手搜集证据启动司法程序。

【裁判结果】

本案经仲裁委审理，裁决院方向王某支付合同款 20 余万元并支付违约金 7 万元，其中近 2 万元仲裁费由院方承担 90%，王某仅承担 10%。

【律师解读】

一、缺少验收报告签字页并不能排除涉案软件已经成功验收的可能，若其他证据链完整，依然可以证明涉案软件已经成功验收

首先，涉案合同明确约定，医院第二笔款项是在涉案项目验收成功后支付，而王某是已经收到了该笔款项的，这足以证明涉案项目确实已经验收。

其次，王某可提供足够的证据充分证明已经为院方维护涉案系统长达两年之久，若软件没有验收，何来维护一说。

最后，院方主张涉案项目存在质量瑕疵，却无实质证据证明其观点。

最终仲裁委采纳律师的观点,认定涉案软件工程已经验收,被告应当支付合同款。

二、院方逾期未支付合同款,构成违约,应当支付违约金

根据涉案合同约定,逾期付款应当支付合同总额50%的违约金,即75万元,但律师考虑到院方逾期支付的合同款仅为20余万元,若主张75万元的违约金明显过高,且会加重王某的诉讼负担。故律师建议主张逾期金额的50%,即10万元,这样的诉讼请求较为合理,被支持的可能性就比较大,同时也会大大降低诉讼成本。果然,仲裁委最终认定被告违约,支持了王某7万元违约金的诉讼请求,诉讼费的90%也都是被告承担,当事人王某对结果非常满意。

三、院方律师企图通过提出管辖权异议拖延还款时间,被律师识破,直击对方观点,保障了当事人权益

在开庭前夕,律师突然收到仲裁委邮寄来的对方律师提出的管辖权异议,当事人王某获知消息后,非常担心案件被移到贵州法院审理,这无疑将增加诉讼成本,且回款的时间将遥遥无期!律师收到该异议申请后,立即回复仲裁委:首先合同约定的仲裁机构是北京仲裁委,其次,对方已经就本案进行答辩,且未在规定时间内提出异议。因此,北京仲裁委员会当然具有本案的管辖权。

最终律师的观点被采纳,开庭如期进行。

51. 股东未履行义务,财务为何承担连带责任?

□ 罗文正

【案情简介】

A公司于2013年5月31日经登记成立,注册资本100万元,发起股东为法人B公司及自然人尹某,B公司出资额为95万元、尹某出资额为5万元。《A公司登记申请书》载明二股东的出资方式为货币出资,出资到期时间为2013年8月27日。尹某为法定代表人、执行董事。2013年5月

27日《零首付承诺书》（B公司、尹某签字盖章）载明：B公司、尹某承诺于公司成立之日起三个月内到位100%实收资本100万元。实收资本到位后，5个工作日内持验资报告到登记机关申请变更登记。后B公司、尹某未按上述承诺出资到位，于2013年12月9日被A公司出具《责令改正通知书》责令整改。2013年12月20日，四川某会计师事务所出具《验资报告》载明，截至2013年12月19日，A公司的验资账户已收到全体股东实缴资本100万元，其中B公司95万元，尹某5万元。后A公司查明，二股东又将全部出资转出至个人账户，A公司遂以损害公司利益为由对A公司股东B公司、A公司股东尹某、A公司财务杨某提起诉讼。

【判决结果】

一审法院：认定B公司、尹某的行为构成抽逃出资，数额分别为95万元、5万元，A公司财务杨某对抽逃出资承担连带责任。判令B公司、尹某返还抽逃出资本金及利息，杨某承担抽逃出资的本息连带责任。

二审法院：维持原判。

【律师解读】

本案争议焦点有二：

一是A公司股东B公司及尹某是否构成抽逃出资；

二是A公司财务杨某是否承担抽逃出资的连带责任。

经核实，B公司、尹某在第二次出资期限到来之前，经由验资机构四川某会计师事务所出具的验资证明，均于出资期限到来前分别实缴人民币95万元、5万元，相关证据也显示，两笔转账均于指定日期前转入公司指定的出资款专用账户。然而，在验资机构出具《验资证明》、完成公司变更备案信息的第二天，B公司及尹某即通过A公司财务人员杨某之手，向B公司某关联账户转出100万，款项备注为"往来款"，后续几个账户虽有一定资金往来，但均属小额转账，未能弥补亏损。

根据以上行为不难得出一个最基本的判断：那就是B公司、尹某二股东已经构成对A公司的抽逃出资。根据《最高人民法院关于适用＜中华人民共和国公司法>若干问题的规定（三）（2014修正）》第十二条规定：公司成立后，公司、股东或者公司债权人以相关股东的行为符合下列情形之一且损害公司权益为由，请求认定该股东抽逃出资的，人民法院应予支持：

（一）制作虚假财务会计报表虚增利润进行分配；

（二）通过虚构债权债务关系将其出资转出；

（三）利用关联交易将出资转出；

（四）其他未经法定程序将出资抽回的行为。

由此可见，虽然B公司及尹某先前曾履行了实缴出资义务，但之后二股东将出资款以无关事由、违规程序转出的行为，构成抽逃出资。又根据《最高人民法院关于适用〈中华人民共和国公司法〉若干问题的规定（三）》第十四条第一款规定："股东抽逃出资，公司或者其他股东请求其向公司返还出资本息、协助抽逃出资的其他股东、董事、高级管理人员或者实际控制人对此承担连带责任的，人民法院应予支持"。A公司财务人员杨某全程经办A公司的工商变更登记、验资出资程序，又考虑到公司财务人员在公司经营、管理方面发挥重大作用和具有重要的权力，一笔从公司出资专用账户转出的大额资金事项应被推定为财务人员知情，且这样的行为没有财务人员的准允很难为之，故而杨某至少违反了忠实勤勉义务。

另据原告提交的证据资料显示，出资款转出A公司账户的行为具体操作人虽非杨某，但申请银行转账的文件上有杨某本人的签名及票据背书，这意味着杨某亦存在协助抽逃出资的主观故意。

本案启示：

一、企业合规监管的关键是对重要人员的监管，董、监、高、财务人员的违法违规行为势必极大影响公司利益，同时公司管理人员不可因侥幸心理忽视应承担忠实勤勉义务，更不可因贪欲越过红线，有权就有责。

二、面对此类诉讼，原告方应当特别注意对被告身份信息、工作内容、经手文件签章等证据的收集，对于无董、监、高之名代行董、监、高之实的情形，其仍可能承担连带责任。

52. 合同无约定，如何获赔利息损失？

□ 张学琴

【案情简介】

2013年9月5日，原告A环保公司与被告B房地产公司签订《污染土壤修复合同》（以下简称：合同），本合同约定被告委托原告对项目区域内的污染土壤进行清除和异位修复，对清挖完毕后的场地配合被告进行项目监测、验收。

原告按照双方合同约定，于2014年已完成污染土挖运、修复；于2018年12月积极配合被告完成《评估报告》《监测报告》等监测、验收工作；《评估报告》等文件确认原告实际处置土方70325立方米，合同总金额为2 390万元，合同无逾期付款违约金的约定。截至起诉之日，被告仍拖欠原告合同尾款378万元未支付。

律师代理原告，诉讼请求：

被告支付原告合同款人民币378万元及逾期付款利息（以378万元为基数，自2019年1月1日始至2019年8月19日止，按中国人民银行同期贷款基准利率的1.3倍计算，利息为147 722.92元；自2019年8月20日始至实际付清之日止，按全国银行间同业拆借中心公布的贷款市场报价利率加计30%计算利息）。

【判决结果】

被告B房地产公司于判决生效之日起十日内支付原告A环保公司报酬378万元及利息【利息自2019年1月10日起按中国人民银行同期贷款基准利率（自2019年8月20日起执行全国银行间同业拆借中心公布的贷款市场报价利率）上浮30%计付清之日止】。

【律师解读】

2014年7月原告完成涉案工程任务，早已竣工、交付、使用中，被告至今逾期不付款近 8 年，实属不诚信行为。

1. 关于欠款本金，原被告双方曾签署过《对账函》，被告无拒绝付款的合理依据和法定事由，应当按照《对账函》的约定支付剩余合同款本金 378 万元。一审法院认为，被告认可对账单的真实性且未就付款金额提出异议，法院采信原告主张的未付款金额 378 万元。

2. 被告自《合同》首笔预付款就违约，原告仅以剩余合同款 378 万元为本金，有权按照 1.3 倍利率主张逾期付款损失。

原告为主张债权多次前往被告处沟通交涉，整个追债过程原告额外付出人力、物力等诸多经济成本，被告理应赔偿原告的损失。

被告赖账行为，理应对其惩罚。本案于 2020 年 8 月 10 日立案，历经 A 区法院、B 区法院立案波折，后由某中院对本案指定管辖后，被告仍故意提起管辖异议，属于恶意滥用管辖权异议，设置诉讼障碍、浪费司法资源，对被告给予惩戒，应支持原告的逾期付款损失、罚息的主张。

3. 涉案合同属于有偿合同，原告依法主张逾期付款损失，适用有偿合同的法律规定（即《最高人民法院关于审理买卖合同纠纷案件适用法律问题的解释》及《中国人民银行关于人民币贷款利率有关问题的通知》），被告应依法向原告支付逾期付款 1.3 倍利息损失。

最终一审法院采纳了原告律师的代理意见，并判决支持了原告的诉讼请求。

第二部分
刑事法篇

53. 摊位之争涉嫌故意伤害，禾某某为何无罪？

□ 娄 静

【案情简介】

2021年2月18日早7时许，被告人禾某某在湖南省某县镇集市上与被害人白某因为摊位发生口角，后双方发生肢体冲突。白某用拳头打了禾某某头部一拳，被告人禾某某顺手将白某往后推了一下，白某被推后跌倒在地，造成白某左桡骨远端粉碎性骨折，经鉴定所鉴定，白某的损伤属轻伤一级。

公诉机关认为禾某某故意伤害他人身体，致一人轻伤，应以故意伤害罪追究其刑事责任。

【判决结果】

法院采纳了辩护律师的意见，最终裁定检察院撤回起诉，检察院作出不起诉决定书，禾某某无罪，驳回附带民事诉讼原告人白某的起诉。

【律师解读】

禾某某家属委托律师为其辩护。笔者在法院审判阶段接受委托，接受委托后通过会见被告人了解案情、查阅案卷，认为被告人禾某某不构成故意伤害罪，理由如下：

一、关于本案刑事部分

（一）本案犯罪事实的指控未达到证据确实、充分的要求。

依据《中华人民共和国刑事诉讼法》第五十五条："对一切案件的处理都要重证据，重调查研究，不轻信口供。证据确实、充分，应当符合以下条件：

1. 定罪量刑的事实都有证据证明；

2. 据以定案的证据均经法定程序查证属实；

3. 综合全案证据，对所认定事实已排除合理怀疑。本案在案证据未能确实、充分认定被告人禾某某有造成轻伤害结果的预判。

成立故意伤害罪要求行为人具有伤害的故意，即对伤害结果具有认识和希望或放任的态度。但是，不要求行为人对伤害的具体程度有认识，只要行为人认识到自己的行为会发生轻伤以上的伤害结果并且希望、放任这种结果的发生。所谓认识到自己的行为会发生轻伤以上的伤害结果，只要求一般性的认识而非具体的认识，或者说，只要行为人认识到自己的行为会造成并非轻微的伤害结果即可。禾某某没有一般性的认识，更没有殴打的意图，因此，不能认定有伤害的故意。

对于在仅出于一般殴打意图而无伤害故意的情况下，造成他人伤害的，不宜认定为故意伤害罪。举重以明轻，对于"一般殴打意图"不宜认定为故意伤害，那么禾某某基于身体被另一摊位过来拉架的白某儿子从背后控制，白某已经打了禾某某脑袋一拳的紧急情况下作出的自然反抗行为更不应认定为故意伤害。

（二）伤害程度的鉴定，未能遵循实事求是的原则，未能全面分析进行综合鉴定，不宜评定为轻伤一级。

被害人损伤的形成机制，其损伤不是禾某某打伤，而是白某自己没站稳摔倒。根据《实用骨科学》，"桡骨远端骨折多见于中老年有骨质疏松的患者，跌倒时腕部呈背伸位，手掌着地，骨折部位多在骨松质与骨密质的交界处，此处为力学上的弱点。"根据白某的2021年2月18日《入院记录》，白某有骨折既往史：其曾因左肱骨近端骨折行手术治疗。白某的左桡骨远端粉碎性骨折符合跌倒时左手掌着地形成，属运动中的意外损伤。

因此，损伤性应属于意外事件，不是故意伤害行为所致，不宜评定伤情程度。

二、关于本案附带民事部分

综合本案，应予以驳回附带民事诉讼原告人的诉讼请求。本案附带民事部分原告人错误地将伤情描述为"左桡骨远端粉碎性骨折并尺骨茎突骨折"，足见其妄想索要高额赔偿费的意图。本案是民事纠纷引起，附带民事诉讼原告人有过错；附带民事诉讼原告人对本案的起因、发生具有过错；附带民事诉讼原告人提出护理费、误工费等计算过高，没有法律依据，即便是参照《2020－2021 年度湖南省道路交通事故人身损害赔偿标准》，也未能得出附带民事诉讼原告人的高额赔偿金。医疗费出示的证据中第 8 页不是正式的发票也不是支付凭证，没有日期，不具有客观真实性，为提高赔偿金额拼凑的单据；而根据医学科普知识"桡骨远端骨折"非常常见，约占平时骨折的十分之一，也即是一般级别的医疗机构即可治疗，而白某自行选择昂贵医疗费的诊治机构，也是其自行选择的结果；交通费没有提供有效票据，应予以核减不合法的赔偿请求。因此，本案产生的经济损失，应由附带民事诉讼原告人自行承担。

刑法应保持其谦抑性，本案因摊位纠纷引发，本应属于民事法律关系调整的范畴，而禾某某于 2021 年 7 月 27 日涉嫌故意伤害罪关押于县看守所，时至今日已达五个月之久，"剥夺一个人的人身自由，是对其最大的惩罚"，禾某某作为家庭的重要经济收入来源，连续五个月无法为家里带来任何经济收入，因其被关押更无法对未成年子女们进行抚养，繁重的家庭负担全部由禾某某妻子一个农村妇女来承担。考虑到继续羁押禾某某给未成年子女们的心理健康造成的不利影响，也与保障社会主义建设事业顺利进行的刑法任务相违背。

综上，辩护人认为本案指控禾某某构成故意伤害罪的证据未达到"确实、充分"的证明标准，依据存疑时有利于被告人原则，禾某某不构成故意伤害罪。

54. 量刑意见四年，法院为何判处缓刑？

□ 韩英伟

【案情简介】

2018 年 8 月，王某（死亡）伙同李某（另案处理）通过微信组建"某某康养"团队，李某为团队实际管理人，被告人程某等为架构主要成员，仿照"部一厅一局一处一科"等层级层层组建微信群进行管理，打着成立"某某康养人才库"的旗号，虚构"某某养老""某某贷宝"等虚假项目，承诺分配股权、红利、按月发放养老金、补贴等诱惑成员加入团队，以购买手机贴膜和徽章的方式骗取他人财物。

被告人程某于2019年10月份加入"某某康养"团队，系该团队某部部长，负责某部的全面工作，将违反该团队管理规定的人员起草并发布开除公告，某部诈骗金额共计人民币29万余元。公诉机关认为程某构成诈骗罪，量刑意见四年。

【判决结果】

被告人程某构成诈骗罪，判处有期徒刑三年，缓刑三年，并处罚金人民币2万元。

【律师解读】

被告人程某退休前系某大学教授。其对于律师的专业水平有着极为严格的要求。经过多方咨询与考察，最终委托北京市盈科律师事务所律师团队承办此案。律师团队肩负当事人的重托，认真研究案情，逐页逐字整理质证意见、会见当事人，结合起诉书认定的事实及法律适用问题进行深刻剖析，认定程某的行为构不成犯罪。在此基础上，向某区人民法院递交了调取证据申请书、证人出庭作证申请书、侦查人员出庭作证申请书、重新鉴定申请书、非法证据排除申请书、召开庭前会议申请书等。该案辩护观点如下：

第一：本案审判程序严重违法

1. 某区人民法院对此案无管辖权。

结合卷宗材料及本案事实：某市公安局立案的依据是其辖区内被害人王某因被骗500元的报案，但某市公安局对王某被骗的500元没有立案，更没有处理结果。王某本人没有参加"某某康养"团队，也没有缴纳徽章及手机贴膜费用29元，王某不是本案受害人，某市既不是被告人所在地，也不是犯罪行为地。庭前会议期间，辩护人依法提出书面管辖权异议，承办法官电话回复驳回异议，不出具书面裁定，剥夺了被告人的诉权。

2. 合议庭应该由七人组成。

本案被告人涉及多个省市，属于重大影响的刑事案件，根据《人民陪审员法》第十六条规定，应当由七人组织合议庭审理，在庭前会议期间，辩护人提出合议庭应当由七人组成，承办法官一直没有回复，严重违反法律规定。

3. 本案存在大量非法证据，应当依法排除。

从辩护人在庭前会议提供的非法证据排除申请可以看出：侦查人员在审讯涉案被告人时，深夜凌晨审讯，属于饥饿审讯、疲劳审讯。根据《中华人民共和国刑事诉讼法》第一百一十九条之规定，以上讯问笔录都不得作为定案的根据，应当作为非法证据予以排除。

第二：涉案起诉书认定如下事实不能成立。

1. 起诉书指控涉案"某某康养"团队属于民族资产解冻类诈骗团体不能成立。

依据本案侦查机关提供的补充侦查材料《关于进一步加强打击民族资产解冻类诈骗罪的通知》可以看出："某某康养"团队不属于民族资产解冻类诈骗罪，被告人程某等也不属于民族资产解冻类诈骗团体成员。

2. 起诉书指控被告人程某等加入多个民族资产解冻类诈骗团体不能成立。

结合卷宗材料（证据卷3第145页）程某供述：2018年12月份她参加了华夏某某集团，当时她在直属第六总公司任督察总监，2019年初她就退出来了，这个团队说的是落地之后按不同级别领工资，她就花了21元买了一张全网通5000元充值卡，最终大家都没有领到工资，她也退出了。

以上属于被告人程某的供述，本案并没有其他证据证明华夏某某集团属于民族资产解冻类诈骗团体，也没有证据证明程某属于华夏某某集团成员。

本案起诉书认定本案被告人于某、魏某、刘某、荀某、陈某参加民族资产解冻类诈骗团队，同样不能成立。

3. 起诉书认定：被告人程某等人知道或者应当知道项目虚假仍加入团队，积极参与传达指令、向其管理的群宣传徽章、手机贴膜项目、信息统计等活动，使被害人基于虚构的事实产生错误认识并错误处分了财物，故各被告人的行为均已构成诈骗罪。以此认定程某构成民族资产解冻类诈罪，不能成立。

民族资产解冻类诈骗罪具有非法传销和伪造国家公文特征，本案华夏康养团队没有采取非法传销的手段，没有伪造国家公文的要件。

从卷宗材料可以看出：程某等人曾多次向李某催要公司及项目合法手续及相关文件，李某以正在审批或者其他理由一直推脱，这就排除知道或者应当知道项目虚假的事实。程某本人并没有参与传达指令、向其管理的群宣传徽章、手机贴膜项目、信息统计等活动。购买徽章及手机贴膜是自愿购买行为，并且手机贴膜是手机必备的，仅凭一个手机贴膜及徽章收费29元，程某等人并没有收取占用一分钱，她自己也购买3套是被害人。不存在隐瞒事实真相、非法占有为目的，更不存在使被害人基于虚构的事实产生错误认识并错误处分了财物。试问：在大街上一个手机贴膜要价一百甚至二百元，为何不构成犯罪？本案的徽章和手机贴膜已制作完成待发快递给购买者。已扣押证据没有附卷。

辩护律师与承办法官多次就起诉书指控事实、证据等问题沟通。被告人程某的量刑从实刑变成缓刑。

55. 谭某邦涉嫌诈骗、合同诈骗案，律师为何辩护成功？

□ 于建新

【案情简介】

谭某邦，案发前系山西某房地产营销策划有限公司法定代表人、实际控制人，太原市小店区人民检察院于2020年6月22日向小店区人民法院提起公诉，以并小检刑刑诉（2020）×××号起诉书指控：被告人谭某邦犯诈骗罪（诈骗金额180万元）、合同诈骗罪（诈骗金额300万元）、伪造公司、事业单位印章罪；量刑建议为：有期徒刑22至24年，并处罚金。

该案历时两年，历经一审、二审发回、一审重审等三个阶段。

【判决结果】

一审判决：

被告人谭某邦犯诈骗罪，判处有期徒刑14年6个月，并处罚金10.5万元；犯伪造公司事业单位印章罪，判处有期徒刑2年，并处罚金5千元，决定执行有期徒刑15年6个月，并处罚金5千元；责令被告人退赔被害人汤某益等3人共计405.9万元；已查封的位于北京市某房产拍卖、变卖后在偿还抵押登记优先受偿权人的债权后剩余部分用于执行第二项受害人霍某河207.9万元。

谭某邦向太原市中级人民法院提出上诉。

二审裁定：

撤销原判，发回重审。

一审重审判决：

被告人犯伪造国家机关证件、印章罪，判处有期徒刑2年，并处罚金5千元。犯伪造公司、事业单位印章罪，判处有期徒刑2年，并处罚金5千元，决定执行有期徒刑3年6个月，并处罚金1万元。已经查封的位于北京市一套房产由侦查机关依法处理。

【律师解读】

北京市盈科律师事务所律师团队在审查起诉阶段接受委托，完成阅卷后即前往羁押处所会见谭某邦，谭某邦对于伪造公司、事业单位印章的事实认可，对于伪造购房协议、产权证的事实认可，同时提出谭某邦和对方有长期的资金往来，且自己已经支付了高额的利息，不能继续返还的原因是东北文交所停盘，邮币卡电子盘无法交易，资金链发生断裂所致，且与张某利所签的抵押协议是在非法拘禁过程中被强迫签的。经与谭某邦反复沟通，最终确定无罪辩护的方案，将辩护的核心放在"非法占有目的"上，最终取得理想效果。在这里，笔者将办理的诈骗类型案件中总结出来的"非法占有目的"的判断方法及辩护切入点予以展示。

一、诈骗类犯罪中"非法占有目的"是法定构成要件，虽然是人的主观意图，但鲜有人通过供述的方式"承认"，更多的是依靠办案人员通过客观事实"推定"行为人具有该目的。但在涉案金额较高的案件中，由于案情错综复杂，往往缺少对应司法解释和会议纪要指引的具体条款，不同办案机关对推定标准的把握也存在较大差异，笔者甚至经历过"受害者"基于同一事实报案，但不同的办案机关甚至作出相反决定的情况，这使得该类案件出现了较多的不确定因素，客观上使得律师的辩护空间更广阔，选择辩护方式也更为灵活，使得辩护结果的不可预判性也更大。

二、确定好辩护的"非法占有目的"这一核心后，实际操作中，要紧紧把握两点，即"非法占有目的"的特定内涵和推定依据，这将对整个案件的性质判断和辩护走向起到举足轻重的作用。笔者通过办案实践总结出四项工作重心：始终坚持"内涵核心"的理论指引，把握一个"总标准"不能偏离，着眼"两个原则"做好辩护支撑，运用"八看方式"进行综合评析。

1. 始终坚持"内涵核心"的理论指引。在理论层面上，"排除意思＋利用意思"能够较为全面的概括"非法占有目的"的内涵，而判断是否具有"排除意思"则是内涵的核心。回归到案情中，"排除意思"的判断，就是要通过基础事实判断行为人是否在主观上"不希望归还"或者明知"大概率无法归还却仍持放任态度"，所有的辩护工作一定要从着眼这个内核开始。

2. 把握一个"总标准"不能偏离。《刑事审判参考》第一百一十四条关于诈骗犯罪"非法占有目的"明确指出：非法占有并逃避返还骗取的财物，是认定诈骗案件非法占有目的的总标准。最高人民法院 1996 年发布的《最高人民法院关于审理诈骗案件具体应用法律的若干问题的解释》对合同诈骗案件中如何认定"非法占有目的"作了六项规定；2001 年印发的《全国法院审理金融犯罪案件工作座谈会纪要》对金融诈骗案件中如何认定"非法占有目的"作了七项归纳总结；2010 年发布的《最高人民法院关于审理非法集资刑事案件具体应用法律若干问题的解释》对集资诈骗案件中如何认定"非法占有目的"作了八项列举，从上述 3 个文件列举的情形来看，认定诈骗案件被告人具有"非法占有目的"，不仅要求证明被告人有非法占有他人财物的行为，还要证明被告人有逃避返还骗取的财物的行为，即被告人为被害人追回被骗财物设置障碍，使得被害人无法通过民事救济途径追回被骗的财物。而"总标准"就是辩护工作的中心，从侦查到庭审的整个流程都要围绕"总标准"这个中心展开，切忌"全面铺开、四处开花"漫无目的的火力全开，一定要秉持"重者恒重、轻者恒轻"这个聚焦式辩护观念。

3. 着眼"两个原则"做好辩护支撑。首先是主客观一致原则，推定是根据事实之间存在的常态联系，递推出行为人的主观意图，如果行为人没有"非法占有的目的"，则行为人一定呈现出反对"不希望归还"和"放任无法归还"的态度，并且会在笔录中表现出供述的稳定性和意志的坚定性，即强烈的无罪辩解和坚决不认罪认罚。其次是反驳反证原则，推定植根于人们生活的经验，该种类比推理模式具有天然的缺陷即不可能达到完全确定的程度，所以除法律明确为不可推翻的推定外，其他推定均为可推翻的推定，如果行为人主观上没有"非法占有目的"，则一定会为自己被指控的犯罪事实进行反驳、反证。以上"两个原则"是我们辩护工作的两个重要抓手，不论接触案件时罪与非罪的初始判断，还是审理前做出合理解释说服办案机关亦或庭审中发表质证、辩护意见，都要灵活运用这"两个原则"做好辩护框架的支撑。

4. 结合案内事实运用"八看方式"进行综合评价。一要看行为人主体身份是否真实，行为实施对象是陌生人群还是熟人、亲友之间；二要看行为人是个别事实和局部事实的欺骗，还是整体事实或者全部事实的欺骗；三要看行为人在行为当时有无履约能力，有无归还能力；四要看行为人有无履约的实际行动，有无积极准备做相应工作；五要看行为人未履约的原因，是因为意外事件行为人过失等原因造成不能履约，还是根本不想去履约；六要看行为人的履约态度是否积极，是否按时、按计划履行合约；七要看行为人对财物的主要处置形式，有无肆意挥霍、有无使用资金进行违法犯罪活动；八要看行为人的事后态度是否积极，如有无抽逃、转移资金、隐匿财产，以逃避返还资金，有无在获取资金后逃跑的行为。

三、从证据角度，利用"排除合理怀疑"的证明标准，推翻定案的"基础事实"，论证"推定事实"不存在，进而将"法律推定"的"非法占有目的"予以排除。

1. 找准问题症结，提出合理怀疑。《刑事诉讼法》第五十五条的证明标准中引入了"排除合理怀疑"，对"证据确实、充分"从三个方面进行了解释，我们在辩护实践中主要考察：关键事实有没有证据证实、关键证据有没有证明资格、全案证据是否存在矛盾、印证关系是否存疑。对于本案我们主要从印证关系是否存疑上去考虑，笔者认为公诉机关提出的证据，虽然在形式上能够相互印证，但只是片段化、拼合化、机械化的印证方式，该印证结论是存在疑问的，不能排除合理怀疑。案件寻求突破之初，我们主要集中在一个疑问点上，继而持续怀疑，不断瓦解对方印证关系。例如：谭某邦与汤某益有着长期的经济往来，一直用假的房产证给汤某益做抵押，且已多次收回该证，而对于110万元借款的抵押却存在时间延期，为什么对多笔往来资金并不予评价，而唯独评价这110万元？对此越来越多的疑问，使得法官对公诉机关举证以及拟证的事实产生了合理怀疑，最终使其心证无法形成对被告人有罪的判定。

2. 穿透边际事实，推翻印证关系。经济犯罪案件的办理要比一般刑事案件复杂得多，原因是经济犯罪案件的发生往往历经了长期的经营过程、夹杂着多重经济关系，最后演变成犯罪是经济纠纷中矛盾积累、深化的结果。我们对公诉机关这种片段化、拼合化、机械化的印证方式的问题提出疑问的同时，必须把工作重点放到"不直接关联定罪量刑"的边际事实上。对于案发背景、控告动机、前因后果都要弄清楚。必须清醒地意识到"刑事案件并非孤立事件，而是社会生活发生激烈冲突的结果"，"并非孤立事件"即指边际事实，它虽不属于案件的基本事实，却是刑事审判中应当一并考量的重要因素。我们紧紧抓住这些边际事实，诸如：经济合作开始的时间、受害方借款后总体收益情况、谭某邦不能及时还款的原因、邮币卡停盘的政策依据等边际事实。显然这些事实并不是谭某邦诈骗行为的基本事实，但这些边际事实却对据以定案的基本事实的重新认定、推翻公诉机关机械的印证关系起到极其重要的作用。

3. 适时利用规定，还原案件全貌。分析问题并做出"逻辑性预判"是我们辩护律师的一项技能，在我们通过边际事实，论证公诉机关机械印证方式不能排除合理怀疑时，我们还需要更强有力的证据来印证我们自己的"逻辑性预判"，那么我们就需要借助法律的规定去还原案件的真实面貌，结合这些疑问和掌握的线索，利用《刑事诉讼法》第五十二条"审判人员、检察人员、侦查人员必须依照法定程序，收集能够证实犯罪嫌疑人、被告人有罪或者无罪、犯罪情节轻重的各种证据。"适时提出证据收集的申请，最终通过两次发回补充证据，使得边际事实的功能作用逐渐凸显，与此同时收获了出乎意料的效果，即边际事实越发清晰，而定罪事实变得越发模糊，最终达到使法庭认定案件"事实不清"的辩护效果。

一审重审判决认为：公诉机关指控的"诈骗罪"（涉案金额110万元）、"合同诈骗罪"（涉案金额300万元）事实不清、证据不足，认同辩护律师该两项罪名的无罪辩护意见。

56. 熊某涉嫌假冒注册商标罪，为何判处缓刑？

□ 刘永江

【案情简介】

被告人李某为牟利，自2018年起制作假冒飞天茅台酒并向外销售；被告人梁某、谭某明知李某购进外包装材料系用来制销假酒，仍向他人收购飞天茅台酒外包装后出售给李某，李某将制成的假冒飞天茅台酒出售给被告人邓某及被告人赵某，赵某在自己的烟酒店因销售假酒被公安机关查获，因此案发。案发后，梁某供述其销售给李某的茅台酒外包装材料是从被告人熊某处购买的。公安机关于2020年12月17日将熊某抓获，本律师团队受熊某家属的委托担任熊某的辩护人，在侦查阶段成功取保候审，公诉机关向法院建议熊某的量刑为三年有期徒刑。

【判决结果】

熊某犯假冒注册商标罪，判处有期徒刑一年，缓刑一年，并处罚金人民币4万元。

【律师解读】

2020年9月14日,最高人民法院发布的《关于依法加大知识产权侵权行为惩治力度的意见》中就明确规定:加大对知识产权侵权行为的刑事打击力度。从2020年12月26日通过的《中华人民共和国刑法修正案(十一)》当中,我们也充分感受到了国家不断地加大对知识产权保护的力度,比如修改了部分知识产权犯罪的入罪门槛,进一步提高刑罚,加强惩处力度。对假冒注册商标罪取消了拘役刑,最高刑期从七年改为十年。虽然目前国家对侵犯知识产权的行为加大惩处力度,但是我们也不能盲目打击。

本案经历了两次退回补充侦查、两次起诉、三次开庭。第一次公诉机关起诉认为熊某系从犯,销售金额为8万余元,向法院建议熊某的量刑为一年半有期徒刑。第二次公诉机关起诉认为熊某、李某、梁某、谭某为共同犯罪,熊某销售金额总计41.885万元,属于情节特别严重的情形,建议量刑为三年有期徒刑,并在开庭前几天对熊某执行逮捕。

辩护律师首先从熊某的买卖真酒瓶的外包装材料是否构成犯罪、熊某将包装卖给梁某是否明知该行为是为了生产和销售假冒注册商标的商品、熊某并不认识李某,能否认定和李某属于共同犯罪等方面去分析。其次从熊某不构成犯罪去辩护,但是从公诉机关的表现看也不完全有把握,如果在法院认定熊某构成犯罪的情况下,我们又要从熊某构成何种犯罪、从最终查明销售的假酒中有多少属于从熊某这里买的包装加工而成去分析;从犯罪金额如何确定以及熊某具有从轻、减轻、免除处罚,具有判处缓刑的情节等方面去综合分析。

律师的主要辩护观点:

一、从熊某的行为性质辩护

1. 真酒的外包装本身不是商品,只是商标标识。

《中华人民共和国刑法》(以下简称刑法)第二百一十三条规定:"未经注册商标所有人许可,在同一种商品、服务上使用与其注册商标相同的商标,情节严重的……。"判断一个行为是否构成本罪,最基本前提要有商品、服务为载体,且该商品、服务与注册商标的商品、服务属于同一种商品、服务，在此基础上才有可能构成本罪。本案被告人熊某仅仅是出售该商品的外包装，酒的外包装属于商标标识，并非商品。没有商品为载体，客观上不可能构成假冒注册商标罪，除非被告人明知他人买真酒的外包装是用来制造假酒的。

2. 熊某对他人制造假酒不明知。

共同犯罪的本质特性，即共同犯罪人认识到自己不是单独犯罪，而是与他人互相配合共同实施从而完成犯罪的全部过程；且各共同犯罪人认识到自己的行为与其他共同犯罪人的行为结合产生同一后果的愿望与目的。公诉机关认为熊某、李某、梁某、谭某为共同犯罪是错误的。因为在法庭上，辩护人仔细盘问其他被告人，最后证实熊某和李某、谭某根本不认识，他们的制造假酒的过程熊某也没参与。只有梁某认识熊某。辩护人再问梁某是干什么的？是否向熊某购买包装时告诉过他要去干什么？梁某回答："我是回收酒的旧包装的，当时并没告诉过熊某要去干什么。"由此可知，熊某只是将旧酒瓶售卖给回收人梁某，并不知道梁某回收旧酒瓶要去干什么。因此主观上对犯罪是不明知的。

二、从公诉机关认定熊某的犯罪金额方面辩护

1. 获利金额只有被告人供述、没有其他证据佐证。

除了被告人熊某自己供述外，公诉人再没有拿出其他任何证据证明被告人熊某实际获利的具体金额，而且熊某的供述是否是如实记录，还需要同步录音录像进一步核验。目前只有被告人供述而没有相应的其他证据支持，不能形成完整的证据链。《刑事诉讼法》第五十五条第一款规定："对一切案件的判处都要重证据，重调查研究，不轻信口供。只有被告人供述，没有其他证据的，不能认定被告人有罪和处以刑罚。"辩护律师认为笔录记录有误，要求公诉机关提供同步录音录像，最终无法提供，证据存疑。

2. 退一步讲，即使法院最终认定熊某出卖废旧的茅台酒外包装是犯罪行为，也只有在该商品被实际用于假冒注册商标的商品上才起作用，而实际情况是熊某卖给梁某的酒瓶及包装有一部分还没有出售，仍然在梁某的仓库中，更不可能使用在商品上，公诉机关将这一部分也纳入犯罪金额是明显错误的。因为此时这部分酒瓶及包装盒只是一个用过的废旧包装盒，

根据法无禁止即自由的原则，他人喝过酒的外包装并非禁卖品。因此，这部分包装不应计算为犯罪金额。

三、从量刑方面辩护

《刑法》规定对于犯罪分子决定刑罚的时候，应当根据犯罪的事实、犯罪的性质、情节和对于社会的危害程度，依法判处。熊某到案后如实供述，没有前科，认罪认罚，认真悔过，收购真酒包装材料出售，社会危害性小，具有从轻、减轻处罚的情节。根据《刑事诉讼法》第二百零一条规定，对于认罪认罚案件，被告人的行为不构成犯罪或者不应当追究其刑事责任的，人民检察院可以调整量刑建议，人民检察院不调整量刑建议或者调整量刑建议后仍然明显不当的，人民法院在作出判决时可以不采纳人民检察院指控的罪名和量刑建议。

法院虽然判处熊某犯假冒注册商标罪，但是从认定的非法经营数额仅有 7.74 万元、判处缓刑的结果以及对比同案犯的判决结果分析，最终法院对辩护人的辩护意见经过认真考虑并采纳。辩护律师坚信"以事实为根据，以法律为准绳"这一基本原则，并得到了良好的辩护效果，深受当事人及家属的好评。

57. 以个人信息注册软件，为何构成"帮信罪"？

□ 袁方臣

【案情简介】

2019 年年底，被告人曾某某通过其同乡得知通过扫描二维码下载"Godspay"软件玩"游戏"可以赚取佣金获利，便使用其手机下载了该软件，然后使用其本人身份信息在该软件平台上进行了注册，并在明知该软件是网络犯罪活动资金结算平台的情况下，向该软件中上传其亲友邢某某、曾某某、叶某某等的微信收款二维码为该软件提供资金结算业务并按结算资金 0.9% 的比例获取佣金。其中，2020 年 2 月 2 日被害人周某某被骗 7600 元人民币中的 6000 元系通过邢某某的微信收款二维码收取后，转给被告人曾某某，由被告人曾某某将该款提现到其微信绑定的银行账户，曾某某再将该款转入到"Godspay"软件提供的银行账户，后该款不知去向。经调取被告人曾某某的微信、银行账户交易明细等，核实被告人曾某某转给"Godspay"软件提供的银行账户资金共计 150 万余元，获取佣金 1 万余元。

【判决结果】

被告人曾某某行为构成帮助信息网络犯罪活动罪。判处被告人曾某某有期徒刑一年，并处罚金 1 万元，同时追缴其违法所得 1 万余元并没收其作案工具手机。

【律师解读】

该案例作为四川省攀枝花市中级人民法院发布的 2021 年度十大典型案例之一，具有重要的普法作用。

一、"帮信罪"的含义

"帮信罪"全称帮助信息网络犯罪活动罪，是指自然人或者单位明知他人利用信息网络实施犯罪，为其犯罪提供互联网接入、服务器托管、网络存储、通信传输等技术支持，或者提供广告推广、支付结算等帮助，情节严重的行为。

二、帮信罪"明知"的认定

一是经监管部门告知后仍然实施有关行为，即网信、电信、公安等监管部门告知行为人，他人利用其提供的技术支持或者帮助实施犯罪，仍然继续提供技术支持或者帮助的。

二是接到举报后不履行法定管理职责的，即行为人接到举报，知道他人利用其提供的技术支持或者帮助实施犯罪，不按照网络安全法等法律法规履行停止提供服务、停止传输、消除等处置义务的。

三是交易价格或者方式明显异常的，即行为人的交易价格明显偏离市场价格，交易方式明显不符合市场规律的。

四是提供专门用于违法犯罪的程序、工具或者其他技术支持、帮助的，即行为人提供的程序、工具或者支持、帮助，不是正常生产生活和网络服务所需，只属于为违法犯罪活动提供帮助的专门服务的，比如建设"钓鱼网站"等。

五是频繁采用隐蔽上网、加密通信、销毁数据等措施或者使用虚假身份，逃避监管或者规避调查的。

六是为他人逃避监管或者规避调查提供技术支持、帮助的。

三、帮信罪"情节严重"的认定

《最高人民法院、最高人民检察院关于办理非法利用信息网络、帮助信息网络犯罪活动等刑事案件适用法律若干问题的解释》第十二条规定：明知他人利用信息网络实施犯罪，为其犯罪提供帮助，具有下列情形之一的，应当认定为刑法第二百八十七条之二第一款规定的"情节严重"：

（一）为三个以上对象提供帮助的；

（二）支付结算金额20万元以上的；

（三）以投放广告等方式提供资金5万元以上的；

（四）违法所得1万元以上的；

（五）二年内曾因非法利用信息网络、帮助信息网络犯罪活动、危害计算机信息系统安全受过行政处罚，又帮助信息网络犯罪活动的；

（六）被帮助对象实施的犯罪造成严重后果的；

（七）其他情节严重的情形。

借此，提醒大家要重视自己的信息安全，谨记不要将自己的银行卡、手机卡出售、出租、出借给他人，更不要使用自己的银行卡帮助他人转入不明来源的资金，否则不仅会影响个人征信，还可能因此构成"帮信罪"而被追究刑事责任。

58. 大学生求职身陷诈骗犯罪，为何成功取保？

□ 娄　静

【案情简介】

大学生小曾刚毕业不久，通过网上招聘信息，应聘到一家网络科技公司的业务员工作，2021年8月10日，小曾与该网络科技公司签署了书面的劳动合同，并办理入职，约定试用期为三个月。该公司的主要业务是以网上竞拍的形式，在开设的网络商城上销售"翡翠珠宝"，入职后1个多月的某天，小曾与其他3位同事发现该网络科技公司资金链出现问题，便共同向公安机关打电话报警，但公安机关现场搜查发现该网络科技公司在网络商城上销售的全是假冒"翡翠珠宝"，便以小曾等人涉嫌诈骗罪采取刑事拘留，关押至看守所。小曾家属委托律师为其辩护。

【处理结果】

公安机关采纳了律师的辩护意见，变更小曾强制措施为取保候审，小曾被释放。

【律师解读】

在侦查阶段接受小曾家属的委托后，通过会见小曾了解、分析案情，向公安局提出小曾不构成诈骗罪侦查阶段的辩护意见：

一、小曾不具有诈骗行为

小曾不是该公司网络商城的操控人员，其引导客户通过该公司网络商城进行拍卖的行为，完全独立于该公司网络商城后台操控行为，属于合法的业务员的职务工作行为，不存在刑法意义的虚构事实或隐瞒真相的诈骗行为。小曾的工资收入来自公司固定工资及相关提成费用，均系独立劳动市场主体间自由约定，在自愿合法的基础上，且未超出劳动市场的正常劳务工资范畴，不存在骗取他人财物的客观事实。从小曾入职44天的工资收入来看小曾没有从中分得任何超出劳动工资以外的不法利益，其更没有与客户有任何拍卖资金上的接触。这样的工资收入在某市算是最低生活保障。小曾通过自己的辛勤劳动领取劳动报酬，并没有非法占有公私财物的故意及目的，更没有诈骗的故意。小曾从学校毕业时间较短，刚入职一个多月，缺乏社会经验，更没有业务人脉，发展客户主要是通过将网络商城介绍给身边的近亲属、朋友作为客户。小曾发展客户的行为属居间性、中立性服务行为，与网络商城操控者的涉嫌诈骗行为之间，不存在任何刑法意义上的因果关系。

二、小曾不具有诈骗故意

根据小曾在公司中的工作、地位，可以推断其并无犯罪的故意。小曾于 2021 年 9 月 23 日与公司的其他三名员工打电话主动报警。小曾从入职到案发仅 44 天，尚处于三个月的试用期，小曾对整个工作流程特别是对公司涉嫌犯罪的情况等尚未完全熟悉，更不存在参与实施诈骗的主观故意。在会见小曾过程中，小曾表示讯问过程中均如实供述了自己工作的情况，对公司在网络商城上销售的"翡翠珠宝"，公司的市场负责人告知小曾拍卖的货物都是真品，但小曾并没有见过货物，其不存在诈骗的故意。小曾本人以其母亲的名义在该公司网络商城投入金额五千元，说明其主观上不知晓该公司的网络商城存在犯罪行为。小曾没有参与犯罪的主观故意，更没有以非法占有为目的的诈骗故意。

综上所述，小曾从应聘、入职、发展客户、自己投入资金等全过程，其并不知道也无法知道公司的真实经营情况，完全按照公司的要求和指示开展工作，在主观上和客观上没有诈骗客户的故意和行为，因此，小曾不构成《刑法》第二百六十六条诈骗罪。

59. 程某涉嫌袭警罪，为何能够取保候审？

□ 王 琪

【案情简介】

2021年11月30日晚，程某与其妹妹、妹夫在饭店聚餐，因家庭纠纷，程某酒后与妹夫发生争执与肢体接触。警察、辅警因此出警制止，将两人拉开。程某欲继续找妹夫理论，将阻拦自己的辅警扒拉开，导致其涉嫌袭警罪。2021年12月1日被公安机关拘留。后委托律师团队为其辩护，2021年12月30日，犯罪嫌疑人程某被取保候审。

【处理结果】

犯罪嫌疑人程某被取保候审。

【律师解读】

一、袭警罪的相关法律规定和指导意见

《中华人民共和国刑法修正案（十一）》，将《中华人民共和国刑法》第二百七十七条第五款修改为："暴力袭击正在依法执行公务的人民警察的，处三年以下有期徒刑、拘役或者管制；使用枪支、管制刀具或者以驾驶机动车撞击等手段，严重危及其人身安全的，处三年以上七年以下有期徒刑。"这是首次对袭警单独设置法规定刑。最高人民法院、最高人民检察院、公安部发布的《关于依法惩治袭警违法犯罪行为的指导意见》规定，醉酒的人实施袭警犯罪行为，应当负刑事责任。各级人民法院、人民检察院和公安机关要加强协作配合，对袭警违法犯罪行为快速处理、准确定性、依法严惩。人民检察院对于公安机关提请批准逮捕、移送审查起诉的袭警案件，应当从严掌握无逮捕必要性、犯罪情节轻微等不捕不诉情形，慎重作出不批捕、不起诉决定，对于符合逮捕、起诉条件的，应当依法尽快予以批捕、起诉。

二、律师团队的辩护方案及效果

律师团队在接受家属委托后,根据案件属性制定了详细的辩护方案:

一是及时会见犯罪嫌疑人程某,了解案件事实,根据具体情况,制定取保计划;

二是根据袭警罪的特殊性,对袭警违法犯罪行为,依法不适用刑事和解,但由家属代表犯罪嫌疑人,积极向被害人致歉,争取最大程度能够得到警方的谅解;

三是结合犯罪嫌疑人程某的家庭情况,其父属于残疾且家庭生活困难,犯罪嫌疑人程某是其父的唯一扶养人;

四是辩护律师积极向公安机关提出取保候审申请;

五是在公安机关提请检察院审查批准逮捕后,辩护律师第一时间向检察院提出不予批捕的法律意见,与检察官积极、充分沟通案情。

辩护律师的主要法律意见包括:

首先,根据辩护律师会见嫌疑人程某及其陈述,辩护律师认为犯罪嫌疑人程某的行为不构成袭警罪。犯罪嫌疑人程某主观上无袭警的故意,更无暴力侵害辅警、妨害公务的故意。程某并不清楚有人报警,也不知有警察和辅警因此事出警。虽然和辅警有肢体接触,系程某醉酒后,想扒拉开身边的人,以便去找妹夫继续理论,其未意识到身边的人即是辅警,也未意识到辅警阻拦自己即是在执行公务。犯罪嫌疑人程某客观上不存在使用暴力方法袭击,其仅是扒拉开阻拦他的人。程某对辅警无撕咬、踢打、抱摔、投掷等人身攻击的行为,仅此一个扒拉辅警的动作,其也不清楚扒拉到辅警身上什么部位,随即程某被喷"辣椒水",同时被按倒在地,其不清楚被谁按压,但在整个按压过程中,积极配合并无反抗。

其次,根据最高人民法院、最高人民检察院和公安部发布的《关于依法惩治袭警违法犯罪行为的指导意见》第一条第五款之规定:"对袭警情节轻微或者辱骂民警,尚不构成犯罪,但构成违反治安管理行为的,应当依法从重给予治安管理处罚。"犯罪嫌疑人程某情节轻微,应依照治安管理从重处罚足以。

再次,即便被认定构成袭警罪或妨害公务罪,依据《最高人民检察院、公安部关于逮捕社会危险性条件若干问题的规定(试行)》,犯罪嫌疑人程某不具有该规定的第五、六、七、八、九条规定的情形，且根据涉案辅警的鉴定情况，不构成轻微伤，即便犯罪嫌疑人程某可能被判处管制、拘役或有期徒刑以上刑罚，采取取保候审不致发生社会危险性等，非羁押的强制措施更有利于其自身改造等。

检察官采纳了辩护律师的意见，在案件移送检察院审查批捕的第三天，公安机关下发了取保候审决定书，犯罪嫌疑人程某得以成功取保，与家人团聚，安度 2022 年元旦佳节。

60. 高某涉嫌非法吸收公众存款，为何不起诉？

□ 王　源

【案情简介】

2015 年 4 月至 2018 年 6 月间，高某等 15 人伙同甲某（已起诉）等人在北京某楼北京某信息技术有限公司内，利用"A 平台"网贷 P2P 平台的名义，以投资某宝等项目并高额返利为由，进行线上线下非法吸收公众存款活动。现核实向 530 余名线上投资人非法吸收投资款 2.5 亿元人民币。其行为已触犯《中华人民共和国刑法》第一百七十六条之规定，涉嫌非法吸收公众存款罪。

【处理结果】

检察院对高某作出不起诉的决定。

【律师解读】

本案争议点主要集中在：
（1）高某的地位作用，是主犯还是从犯；
（2）高某岗位职责是否重要，不可替代；
（3）除工资外，高某是否获益，有无退赔。
（4）高某有无违法性认识。

本案由律师接受委托后，律师通过详细阅卷和会见了解具体情况，认为不应将高某定位为主犯。

一、高某不应被定位为主犯，高某受单位领导指派或奉命而参与实施，对重要事务无参与和决定权

高某所涉罪名为共同犯罪，非组织、领导人员，实际是被动接受公司领导的指示开展人力工作。高某权限低，不参与非法集资业务经营的重大事项。高某非股东，无后台权限，看不到公司数据，对公司吸收资金动态不可知。对公司产品设计、重大会议、战略决策无发言权，对公司资金流向不知情，对集资款无控制、支配权。高某在职期间从未被列入公司高管名单，在A平台公示的高管名单中也无高某的名字，金融局自律检查和行政核查资料可查。

高某入职前期为人事专员，只在离职前的半年时间（2017年底—2018年5月）代管人事工作，下属有两名员工，上面还有一位丙某为人力总监。高某负责人事的上传下达工作，完成总监丙某交办的工作，并非北京某信息技术有限公司的核心人员，无法参与公司的重要决策、决定，更无力左右公司的非法吸收公众存款的行为，对共同犯罪活动中仅起较小的作用。

二、高某所履行的职责为事务性工作，具有可替代性，高某不吸收资金，不对外宣传、销售

高某虽然口头职务被称为人力总监，但是签署的劳动合同是人力专员，因为人力总监有段时间空悬，才暂代为履行人力总监的职责，实际还是受上级集团公司人力部门领导和控制，自身没有决定权，对本公司员工的录用留用，也只起到牵线搭桥的作用，最终员工是否录用留用均是由各部门的经理负责。高某工作内容与集资业务关联小，在犯罪活动中作用较小，并非直接负责的主管人员，也非其他直接责任人员。高某所在人事部的工作内容是"负责员工招聘，统计员工工资，还有就是过年过节给员工的福利"。高某对员工的招聘及留用并无决定权。高某不负责工资核算。不吸收资金，不对外宣传、销售。在整个过程中的作用是辅助性的，岗位工作性质具有可替代性。其工作对公司业务提升未产生显著效果，与投资人损失并无密切关系。

三、高某薪资所得仅为固定工资,对非法吸收来的资金无任何提成和收益,且已全额退赔

高某在职期间为固定工资,无返利、提成额外收益,高某从事人力资源关系岗,代管人事工作时间短,未吸收资金,未创造利润,在职期间收入为固定工资,不与业绩挂钩,获取工资外也无其他违法所得,甚至对其他人员的提成也是其他部门核算完成后通知人事部具体数额,人事部对其他人提成计算方法未知。

并且,高某已全额退赔,且具有令人怜悯的情节。高某任职期间工资总和为27万,高某家人通过自有存款和借款,已退赔35万,极力弥补被害人损失,高某现年35周岁,高某女儿刚满一岁,十分需要妈妈的照顾,丈夫赵某现年40周岁,单独照顾幼小的女儿力不从心。高某父母年事已高,高某的父亲高某1患有多种严重疾病并患有残疾;高某的公公赵某1,自2003年起至今,多年来被诊断为双相情感障碍、躁狂等,多年来靠药物维持。给高某一个回归家庭的机会,让高某得以为双亲尽孝履行赡养义务,让年仅一岁多嗷嗷待哺的女儿回到妈妈的温暖怀抱,健康成长。其重回社会,只会珍惜机会、悔过自新,不会对社会产生危害性。

四、高某缺乏违法性认识,主观恶性小,已认罪认罚

根据最高检公诉厅《关于办理涉互联网金融犯罪案件有关问题座谈会纪要》规定,对于无相关职业经历、专业背景,且从业时间短暂,在单位犯罪中层级较低,纯属执行单位领导指令的犯罪嫌疑人提出的,如确实无其他证据证明其具有主观故意的,可以不作为犯罪处理。

高某无相关行业从业背景,在职期间公司尚未出现过兑付问题。高某无金融专业知识无金融专业背景和从业经历,未因从事非法集资活动被查处。在涉案公司工作前,多年任职于某市某委会的印制中心,主要负责印刷材料等工作,涉世不深,思想单纯,对公司事务了解不多,对公司资金流向等重要事项不知情。在职期间公司尚未出现过兑付问题,P2P作为当时新兴的互联网金融业务,高某因涉世未深择业不当而在公司从事人力工作,缺乏对公司违法性的认知。

从高某工作内容来看,高某对公司重大事务无参与和决定权,不吸收资金,不对外宣传、销售,代管人力不足半年,案发时离职已近三年;离

职时唯一获取公司信息的工作邮箱已被注销，钉钉已退出；离职后怀孕并于2019年生育一女儿，从未参与过公司事务。缺乏对非法集资行为的违法性认识。

高某已认罪认罚，如实供述了自己在公司从事的事务，工资所得等。为了体现"宽严相济"的刑事政策，"对于涉案人员积极配合调查、主动退赃退赔、真诚认罪悔罪的，可以依法从轻处罚；其中情节轻微的，可以免除处罚；情节显著轻微、危害不大的，不作为犯罪处理。"

五、主从犯之解读

本案起诉意见书载明15位嫌疑人，被指控高某的职位为人力总监，在起诉意见书的排名为第7位。

实践中一些不成文的规则是，非法集资案件一般会对多个被告人在共同犯罪活动中的作用进行排名。高某位次在第7位，一般会被列为7号人物，检察院起诉书的排名与法院判决的排名基本相同，但是也不尽然，在辩护过程中，排名发生变化的也不在少数。

根据《刑法》规定，组织、领导犯罪集团进行犯罪活动的或者在共同犯罪中起主要作用的，是主犯。在共同犯罪中起次要或者辅助作用的，是从犯。根据2019年1月30日最高人民法院、最高人民检察院和公安部联合发布《关于办理非法集资刑事案件若干问题的意见》，规定"上级单位与下属单位均未被认定为单位犯罪的，一般以上级单位与下属单位中承担组织、领导、管理、协调职责的主管人员和发挥主要作用的人员作为主犯，以其他积极参加非法集资犯罪的人员作为从犯，按照自然人共同犯罪处理"。

高某被列为7号人物。结合其他被告人的供述，绝大多数人都称高某为人力总监。这意味着，高某在本案中，被视为总监级别的领导，具有重要地位，很可能被定为主犯。如果将高某定为主犯，需要对该主犯涉及的非法集资的全部金额负责，或者其涉及、指挥的全部金额负责，不因"从犯"的地位而从轻、减轻，因而判刑重。但是如果高某被定为从犯，则可从宽处罚，可减少基准刑的20%～50%；犯罪较轻的，减少基准刑的50%以上或者依法免除处罚。

在非吸案件，主从犯的辩护中，考虑主犯还是从犯需要结合多种因素。职位、层级不是决定性的，仅凭被告人供述有时是不准确的，关键是在非法集资活动中的地位和作用。认定主犯还是从犯，需要综合考虑嫌疑人的层级、下属员工的人数、岗位的重要性，是否参与对外宣传、拉投资销售工作，是否对公司重大事务有参与决定权，是否对非法集资款是否有控制支配权，收入是否与业绩挂钩，分赃是否较多等多方面因素。

本案中，律师通过阅卷和会见，认为高某不应被定为主犯。高某听命于其他人，在整个非法集资的犯罪过程中并非起领导和组织作用。高某之前无专业和从业背景，工作内容与集资业务关联低，未参与关于经营模式的讨论决定，也未参与具体的对外宣传，代管人事工作时间短，离职时间长，对非法集资缺乏违法性认识，在共同犯罪中处于从属的地位；工资固定，无募集资金提成，已认罪认罚，已全额退赔，具有令人怜悯的情节……全面考虑到以上诸多因素，并与公安、检察机关积极沟通，最终达成预期，争取到不起诉的决定。

61. 严惩巨贪，赖某为何被判死刑？

□ 高　庆

【案情简介】

2005年12月起，赖某任某监督管理委员会办公厅主任；2009年1月起，赖某任职某管理公司党委副书记、总裁；2012年9月起，赖某任职某管理股份有限公司董事长、党委书记。

2008年至2018年任职期间，赖某利用职务上的便利，以及职权和地位形成的便利条件，通过其他国家工作人员职务上的行为，为有关单位和个人在获得融资、承揽工程、合作经营、调动工作以及职务提拔调整等事项上提供帮助，直接或通过特定关系人非法收受、索取相关单位和个人给予的财物，共计折合人民币17.88亿余元。

2009年底至2018年1月，赖某利用职务上的便利，伙同特定关系人侵吞、套取单位公共资金共计人民币2513万余元。

此外，赖某在与妻子合法婚姻关系存续期间，还与他人长期以夫妻名义共同居住生活，并育有子女。

【法院判决】

天津二中院一审判决，赖某犯受贿罪、贪污罪、重婚罪，决定执行死刑。

天津高院二审维持原判后，经最高人民法院核准，2021年1月29日，天津二中院依法对赖某执行了死刑。

【律师解读】

一、被告赖某的行为构成受贿罪

《刑法》第三百八十五条规定："国家工作人员利用职务上的便利，索取他人财物的，或者非法收受他人财物，为他人谋取利益的，是受贿罪。"

该条规定了受贿罪包括索贿型犯罪和收受型犯罪两种类型。索贿型受贿只要具有索贿的行为便构成犯罪，不要求行为人为他人谋取利益；收受型受贿要求行为人为行贿人谋取利益或者作出了为行为人谋取利益的意思表示，无论谋取的利益是否正当。

《刑法》第三百八十八条规定："国家工作人员利用本人职权或者地位形成的便利条件，通过其他国家工作人员职务上的行为，为请托人谋取不正当利益，索取请托人财物或者收受请托人财物的，以受贿论处。"这一规定针对的是斡旋受贿的行为类型，根据《全国法院审理经济犯罪案件工作座谈纪要》第3条第3款规定："利用职权或地位形成的便利条件"是指"行为人与被其利用的国家工作人员之间在职务上虽然没有隶属、制约关系，但是行为人利用了本人职权或者地位产生的影响和一定的工作联系，如单位内不同部门的国家工作人员之间、上下级单位没有职务上隶属、制约关系的国家工作人员之间、有工作联系的不同单位的国家工作人员之间等。"据此，斡旋型受贿主要是指行为人利用职权对其他工作人员的职务行为产生影响，通过其他国家工作人员的职务行为，为请托人谋取利益，且该利益属于不正当利益，如果行为人为请托人谋取的是正当利益,则不构成受贿罪。

本案中,被告赖某利用职务上的便利,为他人谋取利益,索取或收受财物,构成索贿型和收受型的受贿罪。被告人赖某利用职权和地位形成的便利条件,通过其他国家工作人员职务上的行为,为他人谋取不正当利益,构成斡旋型受贿罪。对于向被告赖某行贿的行为人而言,当其主动行贿且谋取的是不正当利益,即以行贿罪定罪处罚。

二、被告赖某的行为构成贪污罪

根据我国《刑法》第三百八十二条第一款规定:"国家工作人员利用职务上的便利,侵吞、窃取、骗取或者以其他手段非法占有公共财物的,是贪污罪。与前两款所列人员勾结,伙同贪污的,以共犯论处。"

本案中,被告人赖某利用职务上的便利,伙同特定关系人侵吞、套取单位公共资金共计人民币2513万余元,构成贪污罪。虽然贪污罪作为一种身份犯,只有国家工作人员才能构成本罪,但是其他特定关系人可以成为贪污罪的共犯,以贪污罪的共犯论处。

三、被告赖某的行为构成重婚罪

根据我国《刑法》第二百五十八条规定:"有配偶而重婚的,或者明知他人有配偶而与之结婚的,处二年以下有期徒刑或者拘役"。

本案中,被告人赖某在与妻子合法婚姻关系存续期间,与他人长期以夫妻名义共同居住生活,该行为构成重婚罪。如果被告赖某故意隐瞒已婚事实,导致他人产生错误认识而与之以夫妻名义同居,则赖某的行为同时构成诈骗罪。该类型为同时触犯两种罪名,应当择一重罪论处。如果同居者明知被告赖某已婚的事实,但仍与之以夫妻名义同居,则同居者亦构成重婚罪。

重婚罪作为一种可自诉可公诉的案件,本案的受害人即被告赖某法律上的妻子可以直接向人民法院提起自诉,同时人民检察院也可直接就该行为向人民法院一并起诉,维护法律上的"一夫一妻"的制度,捍卫人民群众对婚姻忠诚的信仰。

四、被告赖某为何判死刑

根据最高人民法院、最高人民检察院《关于办理贪污贿赂刑事案件适用法律若干问题的解释》第三条规定,贪污或者受贿数额在300万元以上的，应当认定为"数额特别巨大"。根据《解释》第四条第一款规定，贪污、受贿数额特别巨大，犯罪情节特别严重、社会影响特别恶劣、给国家和人民利益造成特别重大损失的，可以判处死刑。

本案中，被告人赖某贪污受贿数额达到了18.13亿，已达到法律规定的数额特别巨大的情形，造成了国有资产极其重大的损失，可以处以死刑。同时，被告人赖某与多人非法同居，重婚罪应当从重处罚，处2年有期徒刑。综上，被告人赖某的行为构成受贿罪、贪污罪和重婚罪，数罪并罚，应当处以死刑。

本案是2021年推动法治进程十大判例之一，赖某被判死刑体现了党中央严惩腐败的政策与决心。党的十八大以来，一大批"老虎""苍蝇"被绳之以党纪国法。尤其是对党的十八大以来不收敛、不收手，严重阻碍党的理论和路线方针政策贯彻执行、严重损害党的执政根基的腐败问题，必须严肃查处、严加惩治。

62. 截获他人手机验证码后获利，构成何罪？

□ 袁方臣

【案情简介】

2020年3月，被告人贾某某在QQ上添加名为"Mr千鸣"的好友，之后在其指导下组装嗅探设备。随后，被告人贾某某在其租屋内利用嗅探技术随机吸附方圆几公里以内的手机号码，并通过他人获取吸附的手机号码机主的身份证号码、绑定的银行卡账号信息，将此信息提供给其上线"Mr千鸣"等人。"Mr千鸣"等人通过手机号码+验证码验证的方式冒用被害人身份并进行转账或消费，由被告人贾某某利用嗅探技术截获被害人收到的验证码短信后提供给"Mr千鸣"等人，刷取银行卡成功后由"Mr千鸣"向被告人支付报酬。被告人贾某某使用上述手段作案16起，骗取被害人徐某等人银行卡内钱款共计149 152.78元，骗取被害人曹某京东白条消费17 878.98元。现经银联、支付宝赔付被害人56 653.98元，被害人通过消费退货退款等方式追回 38 154.38 元。

【判决结果】

一审判决，被告人贾某某犯信用卡诈骗罪，判处有期徒刑五年，并处罚金 8 万元；犯诈骗罪，判处有期徒刑七个月，并处罚金 1.5 万元，决定执行有期徒刑五年，并处罚金 9.5 万元；责任被告人贾某某向各被害人退赔，扣押的贾某某所有的相关物品予以没收。

二审法院裁定驳回被告人贾某某的上诉，维持原判。

【律师解读】

本案案情本身并不复杂，被告人贾某某的上诉理由集中在两点：罪名的认定以及犯罪金额的认定，下面分别予以讨论。

一、本案罪名的认定：盗窃罪还是信用卡诈骗罪

信用卡诈骗罪是指以非法占有为目的，违反信用卡管理法规，利用信用卡进行诈骗活动，骗取财物数额较大的行为。根据《刑法》第一百九十六条的规定，信用卡诈骗罪的客观行为包括四种：

（1）使用伪造的信用卡，或者使用以虚假的身份证明骗领的信用卡；

（2）使用作废的信用卡；

（3）冒用他人信用卡；

（4）恶意透支。

同时本法条规定，盗窃信用卡并使用的按照盗窃罪定罪处罚。被告人上诉时提出"其应为盗窃罪而非信用卡诈骗罪"，如何认定其罪名，关键在于结合本案案情，贾某某的行为是"冒用"还是"盗窃并使用"他人信用卡。

根据上述作案手段，贾某某将通过嗅探设备获取的公民个人信息提供给上线，并配合上线完成通过第三方支付平台盗刷银行卡的行为，符合《关于办理妨害信用卡管理刑事案件具体应用法律若干问题的解释》第五条规定的冒用他人信用卡的情形之一，即"窃取、收买、骗取或者以其他非法方式获取他人信用卡信息资料，并通过互联网、通讯终端等使用"。

因而，本案应认定为信用卡诈骗罪而非盗窃罪。另外，贾某某与其上线通过冒用被害人曹某的身份信息办理京东白条并消费的行为，符合诈骗罪的构成要件。

二、本案犯罪金额的认定

针对被告人及辩护人对犯罪金额的认定提出的不同意见，二审法院审理后认为：结合案发时间大部分发生在深夜凌晨，本案证据足以证实被害人银行卡被盗刷系被告人所为，且一审判决将银联代为赔付的金额作为犯罪既遂金额、将经消费争议退回的金额作为犯罪未遂金额予以认定并无不妥，故不予采纳其意见。

综合上述情况，贾某某与他人以非法占有为目的，冒用他人信用卡，刷取卡内资金，数额巨大，构成信用卡诈骗罪；贾某某以非法占有为目的，骗取他人财物，数额较大，构成诈骗罪；其犯数罪，应当数罪并罚。

63. 菜刀从天而降，为何构成高空抛物罪？

□ 温奕昕

【案情简介】

2020年5月24日16时许，被告人徐某某与邻居王某某因言语不和发生矛盾，徐某某从厨房拿出一把菜刀，王某某上前夺刀，徐某某将菜刀抛掷到楼下公共租赁房附近，楼下的孙某某发觉后向楼上质问，徐某某听到楼下居民的质问，又到厨房拿第二把菜刀，王某某再次夺刀，徐某某将第二把菜刀抛掷到楼下公共租赁房附近，楼下居民陈某某发觉后委托他人报警。2020年5月24日16时50分许，被告人徐某某被公安机关抓获，归案后如实供述了自己的犯罪事实。

某市人民检察院认为，被告人徐某某从高处建筑物抛掷物品，情节严重，其行为触犯《中华人民共和国刑法》第二百九十一条之二第一款的规定，犯罪事实清楚，证据确实、充分，应当以高空抛物罪追究其刑事责任。被告人徐某某归案后如实供述自己的罪行，根据《中华人民共和国刑法》第六十七条第三款的规定，可以从轻处罚。被告人徐某某认罪认罚，根据《中华人民共和国刑事诉讼法》第十五条的规定，可以依法从宽处理。根据《中华人民共和国刑事诉讼法》第一百七十六条的规定，提起公诉，请依法判处。

【判决结果】

被告人徐某某从建筑物抛掷物品行为已经构成高空抛物罪，依法判决被告人徐某某犯高空抛物罪，判处有期徒刑六个月，并处罚金2000元。

【律师解读】

2021年3月1日实施的《刑法修正案（十一）》第二百九十一条之二规定："从建筑物或者其他高空抛掷物品，情节严重的，处一年以下有期徒刑、拘役或者管制，并处或者单处罚金。有前款行为，同时构成其他犯罪的，依照处罚较重的规定定罪处罚"本案是高空抛物罪第一案，具有典型的法治意义。

近年来，高空抛物、坠物事件不断发生，严重危害公共安全，侵害人民群众合法权益，影响社会和谐稳定。为充分发挥司法审判的惩罚、规范和预防功能，依法妥善审理高空抛物、坠物案件，切实维护人民群众"头顶上的安全"，保障人民安居乐业，维护社会公平正义，增设高空抛物罪是我国积极运用刑法治理社会生活风险的体现，这有利于贯彻罪刑法定的基本原则，使执法、司法有法可依、规则明确，并促进公民守法与自律意识。

"文明"是我国社会主义核心价值观的重要组成部分，构建"文明"社会是每一个公民应尽的义务。被告人徐某某从高层建筑物抛掷物品即是不文明行为，同时亦妨害了社会管理秩序，情节严重，触犯了刑律，应予惩处。被告人徐某某归案后如实供述自己的罪行，证据收集程序合法，内容客观真实，足以认定指控事实。被告人徐某某对指控的犯罪事实和证据没有异议，自愿认罪认罚。

根据《中华人民共和国刑法》第六十七条第三款的规定，系坦白，可以从轻处罚。被告人徐某某积极赔偿被害人经济损失并取得谅解，酌情从轻处罚。被告人徐某某自愿如实供述自己的罪行，承认指控的犯罪事实，愿意接受处罚，根据《中华人民共和国刑事诉讼法》第十五条的规定，可以依法从宽处理。考虑到被告人徐某某的犯罪情节较轻、积极赔偿被害人的损失并取得谅解、有悔罪表现，依照《中华人民共和国刑法》第五十二条、第二百九十一条之二规定作出上述判决。

64. 公司涉嫌非法吸收公众存款罪，人力总监为何取保候审？

□ 娄　静

【案情简介】

小方毕业于北京某大学人力资源管理专业，毕业后多年在互联网行业公司任职人力资源工作，后来通过网络招聘到 S 集团公司工作，S 集团公司下属公司既有主营业务为传统金融的 A 实业公司，也有经营互联网金融 P2P 业务的 B 公司，小方在入职 S 集团公司初期作为一名普通人事专员，后经过一年的成长，因为工作表现突出被提拔为人力资源总监，工作一段时间后跳槽到了 H 互联网公司。然而在小方从 S 集团公司离职两个多月以后，因 S 集团公司经营的 P2P 业务爆雷，S 集团公司主要负责人以涉嫌非法吸收公众存款罪被立案调查，三年后，小方也因为曾在 S 集团公司担任高管职务而被采取刑事拘留。小方家属委托律师为其提供法律帮助。

【处理结果】

检察院采纳了律师的辩护意见，小方在审查起诉阶段被成功取保候审。

【律师解读】

根据《刑法》第一百七十六条第一款的规定："非法吸收公众存款或

者变相吸收公众存款，扰乱金融秩序的，处三年以下有期徒刑或者拘役，并处或者单处罚金；数额巨大或者有其他严重情节的，处三年以上十年以下有期徒刑，并处罚金；数额特别巨大或者有其他特别严重情节的，处十年以上有期徒刑，并处罚金。"因本案涉及数额巨大、情节严重，律师在侦查阶段介入案件，通过多次会见、阅卷、分析案情、出具法律意见，向检察院申请羁押必要性审查，认为根据上述法条第三款的规定，对小方可以从轻或减轻处罚。主要有以下几点：

一、小方在共同犯罪中，所起作用较小，社会危害性不大，系从犯

小方作为人力资源总监，既不是对S集团公司直接负责的主管人员，也不是直接负责S集团公司涉及吸收公众存款的业务直接责任人员，在共同犯罪活动主要成员中处于边缘位置，对犯罪所起的作用很小，系从犯。

二、小方所履行的职务为公司领导指派的行政事务工作，具有可替代性，不参与对外销售、宣传、吸收资金

尽管小方曾任职人力资源总监，担任职高管时间很短，通过招聘网站面试入职的职务为人力专员，工作一年后，因为人力部门负责人有段时间空缺，而小方在整个部门中无论是年纪还是工作资历，都比其他成员有工作经验，才暂时代为管理一段时间人力资源部门，另外同时公司也一直在招聘人力资源总监；但因公司人力资源总监一直未招到合适人选，小方才被破格提拔为总监。在小方任职期间，主要工作是负责招聘公司员工（不涉及吸收业务）、给员工算工资、缴纳社保，帮助新入职公司员工办理入职、离职、员工调转的手续，不涉及业务部门的具体培训工作。小方不负责业务部门的工资核算，不吸收资金、不对外宣传、销售。在整个过程中的作用是辅助性的行政事务岗位，工作性质具有可替代性。

三、小方薪资所得仅为固定工资，对非法吸收来的资金无任何提成和收益，小方家属已积极退赔全部工资收入

根据《刑法》第一百七十六条第三款规定："有前两款行为，在提起公诉前积极退赃退赔，减少损害结果发生的，可以从轻或者减轻处罚。"因小方在S集团公司工作期间所得收入仅为工资，对非法吸收来的资金无任何提成和收益，家属已将小方工资收入全额退赔，极力弥补投资人损失，小方符合取保候审的条件。

四、小方已签署认罪认罚具结书，认罪悔罪，建议启动羁押必要性审查

根据自2021年7月起，最高人民检察院在全国检察机关组织开展为期6个月的羁押必要性审查专项活动。本案申请羁押必要性审查符合启动羁押必要性审查的三项案件中之一的辩护人申请的案件。

最终，在律师的积极努力下，公诉机关在认真考虑了律师提出的羁押必要性审查法律意见后，在提起公诉前决定对小方取保候审，小方被释放。

65. 砍伐自己承包经营管理的林木，构成盗伐林木罪吗？

□ 赵爱梅

【案情简介】

2021年夏季，被告人徐某某在自己承包经营管理的林地（于2009年取得林权证，期限50年）内，未经允许用挖机推了一条长约2公里的林区路，未办理林木采伐许可证，擅自雇请他人对所推的林区路边林木进行了砍伐，并将所伐的林木出售。

侦查机关聘请绿海司法鉴定中心对所砍伐林地林木进行调查核实，所伐树种为思茅松，数量293株，活立木蓄积为91.6337立方米。

【判决结果】

1. 被告人徐某某犯盗伐林木罪，判处有期徒刑五年，并处罚金30 000元人民币。

2. 被告人徐某某一年内在原地补种盗伐林木一倍的思茅松树293株。

【律师解读】

根据《中华人民共和国刑法》第三百四十五条第一款规定："盗伐森

林或者其他林木，数量较大的，处三年以下有期徒刑、拘役或者管制，并处或者单处罚金；数量巨大的，处三年以上七年以下有期徒刑，并处罚金；数量特别巨大的，处七年以上有期徒刑，并处罚金。"

《最高人民法院关于审理破坏森林资源刑事案件具体应用法律若干问题的解释》第三条第（二）项规定："以非法占有为目的，擅自砍伐本单位或者本人承包经营管理的森林或者其他林木，数量较大的，依照刑法第三百四十五条第一款的规定，以盗伐林木罪定罪处罚；第四条规定：盗伐林木"数量较大"，以二至五立方米或者幼树一百至二百株为起点；盗伐林木"数量巨大"，以二十至五十立方米或者幼树一千至二千株为起点；盗伐林木"数量特别巨大"，以一百至二百立方米或者幼树五千至一万株为起点。"

根据《中华人民共和国森林法》第五十六条规定："采伐林地上的林木应当申请采伐许可证，并按照采伐许可证的规定进行采伐；第七十六条第一款的规定，盗伐林木的，应责令限期在原地或者异地补种盗伐株数一倍以上五倍以下的树木，并处盗伐林木价值五倍以上十倍以下的罚款。"

本案系盗伐林木罪，侵犯的是复杂客体，既侵犯了国家对林木采伐的管理制度，更为重要的是侵犯了环境法益。附带民事公益诉讼起诉人人民检察院认为，被告人徐某某盗伐林木，其行为破坏了林业资源，损害了盗伐林地周边的生态环境，侵害了社会公共利益。因此，对于该类案件的处理，不能仅仅局限于惩治和预防盗伐林木犯罪，而应最大限度地发挥补救或恢复环境、消除破坏林木犯罪行为持续性危害的功能。

徐某某未办理林木采伐许可证，砍伐自己承包经营管理的林木构成盗伐林木罪。为保护青山绿水，打击破坏环境资源违法犯罪活动，法院在我国第44个"植树节"到来之前依法作出以上判决。

66. 银行高管转走 2.5 亿元储户存款，责任谁来承担？

□ 韩英伟

【案情简介】

梁甲是某银行个人金融业务部总经理，主要负责个人类业务，包括储蓄存款、理财和个人贷款等。2018 年 9 月至 2019 年 5 月，梁甲以为贷款企业做存款贡献为由，通过梁乙等三名中间人找有闲置资金的客户到工行办理大额存款业务，并以每个月 4.5% 利率的大额存单，另外还有 2% 的额外贴息，诱惑 28 人存款共 2.5 亿元。期间，梁甲伙同其下属（时任梁甲的助理）时某用假的大额存单替换了真实的存单，并骗取了客户的存款密码，之后又以办理业务需要为由，骗取了客户的身份证原件。有了证件和密码后，梁甲则将储户的钱全部转入自己的银行账户。最终，梁甲的助理时某向警方自首，次日梁甲被警方抓获。

【判决结果】

一审法院判决：

梁甲因犯盗窃罪、诈骗罪、伪造金融票证罪等，被判处无期徒刑；

时某及另两名案犯分获七至十五年不等有期徒刑；

责令各被告人退赔各被害人的经济损失。

【律师解读】

判决书中未体现银行的责任。

此案最大的争议在于，梁甲将 28 名被害人共计 2.5 亿元的存款转走究竟是职务侵占还是盗窃？如果定性为职务侵占，作为受害人的银行就该赔偿储户的损失；如果定性盗窃，银行就没有赔付义务。

我们不妨先看一下刑法中关于职务侵占的定义。根据《刑法》第二百七十一条规定："公司、企业或者其他单位的工作人员，利用职务上的便利，将本单位财物非法占为己有，数额较大的，处三年以下有期徒刑或者拘役，并处罚金；数额巨大的，处三年以上十年以下有期徒刑，并处罚金；数额特别巨大的，处十年以上有期徒刑或者无期徒刑，并处罚金。"

从其构成要件分析：

（1）主体方面：职务侵占罪的主体为特殊主体，包括公司、企业或者其他单位的人员。本案中梁甲为某银行个人金融业务部总经理，虽然身份上符合职务侵占罪的主体要件，但也不能排除梁甲利用其身份而实施其他犯罪的可能。

（2）行为内容：利用职务上的便利，将数额较大的单位财物非法占为己有的行为。刑法理论的通说与司法实践均认为，职务侵占罪包括利用职务上的便利窃取、骗取、侵占本单位财物的行为以及其他将本单位财物占为己有的行为。

行为人必须是利用了职务上的便利，即利用自己主管、管理、经营、经手单位财物的便利条件。但这里的"管理""经营""经手"并不是指普通意义上的经手，应是指对单位财物的支配与控制；或者说，利用职务上的便利是指利用本人职务上所具有的自我决定或者处置单位财物的权力、职权，而不是利用工作机会。

本案中梁甲在转移资金的过程中，是以银行个人金融业务部总经理的身份为掩护，并支付约定的回报及部分被害人存单到期后通过其银行账户将本金予以返回，使被害人误以为存单的款项还处于被害人掌控中，其实存单系梁某伪造，并不是真实的银行开具的存单，真实目的是盗取被害人密码及身份信息后从银行转走存款。梁甲虽具有银行高管的身份，但也知道其无法利用职务便利采用虚假手段从银行账户中直接支取被害人存款，故才通过前述方式完成对被害人存款的非法占有。简单来说，就是梁甲通过伪造存单，骗取储户密码和身份信息，顺利将储户的存款转走。转款并不是利用了其职务上的便利，而是通过骗取储户的密码及身份信息才将存款转走。因此其行为并不符合职务侵占罪的犯罪特征。银行不必承担赔偿责任。

对于受害者而言，梁甲的"每个月 4.5% 利率的大额存单，另外还有 2% 的额外贴息"基本上应该很容易判断出有问题，遇到如此的高息诱惑更应该审慎对待。在银行办理业务时，个人信息一定要做好保密，密码不能随便透露，身份证要在自己在场的情况下交给银行办理业务，绝对不能交给他人代办。

67. 非法吸收公众存款 200 万元，检察院为何作出不起诉决定？

□ 温奕昕

【案情简介】

2013 年至 2019 年间，王某与同伙等人以多家公司名义利用 P2P 平台及开设线下门店，通过业务人员"地推"等方式公开宣传，以债权转让等方式与集资人签订借款合同等协议，承诺高额回报，吸收资金共计人民币 15 亿余元。王某参与吸收资金共计人民币 200 余万元，违法获利人民币 20 万余元。王某于 2021 年 4 月 21 日被公安机关查获归案。到案后，自愿退缴人民币 20 万元，并签署了认罪认罚具结书，量刑建议 8 个月有期徒刑。后辩护人律师搜集有利证据并提交《不起诉辩护意见》。

【处理结果】

检察院召开公开听证会，与会听证员同意作出不起诉决定。根据《刑事诉讼法》的一百七十七条第二款规定，决定对王某不起诉。

【律师解读】

《刑法》第一百七十六条及刑法修正案（十一）规定："非法吸收公众存款或者变相吸收公众存款，扰乱金融秩序的，处三年以下有期徒刑或者拘役，并处或者单处罚金；数额巨大或者有其他严重情节的，处三年以上十年以下有期徒刑，并处罚金；数额特别巨大或者有其他特别严重情节的，处十年以上有期徒刑，并处罚金。单位犯前款罪的，对单位判处罚金，并对其直接负责的主管人员和其他直接责任人员，依照前款的规定处罚。"有前两款行为，在提起公诉前积极退赃退赔，减少损害结果发生的，可以从轻或者减轻处罚。

本案中王某的行为已涉嫌非法吸收公众存款罪。律师接手本案后多次与检察院沟通并递交法律文书，着重从以下几个方面辩护：

第一，王某的犯罪情节显著轻微。

1. 从犯罪主体上看，犯罪嫌疑人王某只是公司普通销售员，不属于公司直接负责的主管人员和其他直接责任人员。王某在公司担任普通销售员岗位，并未担任主管级别以上职务，工作期间工资福利总计20万元。王某无权对公司作任何决策，并不负责任何一个部门，王某不是直接负责的主管人员和其他直接责任人员，情节显著轻微。

2. 从主观方面看，王某并无犯罪的故意。王某于入职公司的初衷，只是作为北漂者应聘公司普通业务员，只想以自己的勤劳和智慧获取合法的收入，并不知道公司对外吸收存款违反法律规定。因此，王某没有犯罪的故意。王某的认识和理解是：公司是合法经营的经济实体，其营业执照一应俱全，公司实力强大注册资本1000万元，如此规范、辉煌的企业，使王某有理由相信其经营的合法性和可靠性。

3. 从客观方面看，王某对公司业务没有控制权、没有决策权，也没有执行权，不属于共同犯罪的主犯。王某在入职之前，公司的销售运营模式（即本案的非法吸收公众存款的行为）已成熟、完善，王某与该模式的订立、决策、运营无任何关系。王某本人从未进行市场宣传和推广，也无须做任何管理决策。本案属于共同犯罪，王某并非公司主要人员，无法参与公司的重要决策、决定等，不履行任何管理职能。因此，王某不属于共同犯罪的主犯。

4. 王某实际对外只吸收了3个人的款项金额200万元，情节显著轻微。

王某在公司3年，从未有对外宣传，其实际只吸收张某、黄某、宋某三人款项金额200万余元，这个客户还是亲朋好友，不属于社会公众，因此，王某犯罪情节显著轻微。

第二，王某已全部赔偿，认罪认罚，不具有社会危险性。

《刑法》第一百七十六条第三款：（非法吸收公众存款罪）"有前两款行为，在提起公诉前积极退赃退赔，减少损害结果发生的，可以从轻或者减轻处罚。"王某家属已代王某全额退赔获利（含工资收入）20万元。因此，王某已全部退赔，可以减轻处罚。王某表示认罪，侦查阶段已签署《认罪认罚从宽处理告知书》，2022年2月21日已签署《认罪认罚从宽处理具结书》。"两高三部"《关于适用认罪认罚从宽制度的指导意见》第八条第二款规定："对其中犯罪情节轻微不需要判处刑罚的，可以依法作出不起诉决定或者判决免予刑事处罚；"第九条第三款规定："对罪行较轻、人身危险性较小的，特别是初犯、偶犯，从宽幅度可以大一些。"2019年4月17日，最高人民检察院张军检察长在政法领导干部专题研讨班做报告时表示"可捕可不捕的不捕、可诉可不诉的不诉"。刑法具有谦抑性，王某已受到惩罚刑事羁押9个月，符合不起诉的条件。

第三，王某到案后如实交代案件事情经过，态度良好，依法可从轻处罚。

《中华人民共和国刑法》第六十七条第三款规定："犯罪嫌疑人虽不具有前两款规定的自首情节，但是如实供述自己罪行的，可以从轻处罚；因其如实供述自己罪行，避免特别严重后果发生的，可以减轻处罚。"王某2021年3月21日被刑事拘留后，态度良好，配合调查，并如实交代自己所知悉的一切信息。鉴于王某如实交代案情经过，态度良好，依法可以从轻处罚。

基于以上理由，人民检察院根据《刑法》第二十七条、第六十七条第三款、《刑事诉讼法》第一百七十七条第二款规定，认定王某在共同犯罪中起次要作用，系从犯，归案后如实供述自己的罪行且犯罪情节轻微，最终作出相对不起诉决定，律师辩护取得良好的法律效果、社会效果。

68. 支付宝和银行账户给别人使用，账户所有人为何被判刑？

□ 郭灿炎

【案情简介】

2018年6月至11月期间，沈虎某、沈文某、沈伯某、沈金某先后将各自名下的支付宝账号和银行账户等提供给何锦某（另案处理）等人，由何锦某等人使用上述账户通过浙江某银行进行线上转账，为境外赌博网站等非法提供资金支付结算业务，沈虎某、沈文某、沈伯某、沈金某在此过程中提供相应帮助。其中，2018年6月29日至8月29日期间，沈文某名下账户为境外赌博网站等非法走账共计人民币（以下币种同，略）11 900万余元；2018年6月30日至8月10日期间，沈伯某名下账户为境外赌博网站等非法走账共计9 800万余元，沈伯某个人获利3万余元；2018年6月26日至11月2日期间，沈虎某名下账户为境外赌博网站等非法走账共计6 100万余元，沈虎某个人获利3万余元；2018年7月7日至10月28日期间，沈金某名下账户为境外赌博网站等非法走账共计5 400万余元，沈金某个人获利2万余元。

【判决结果】

1. 被告人沈文某犯非法经营罪，判处有期徒刑三年一个月，并处罚金人民币四万元；

2. 被告人沈伯某犯非法经营罪，判处有期徒刑三年，并处罚金人民币四万元；

3. 被告人沈虎某犯非法经营罪，判处有期徒刑二年十一个月，并处罚金人民币四万元；

4. 被告人沈金某犯非法经营罪，判处有期徒刑二年十个月，并处罚金人民币三万元；

5. 被扣押的上述被告人的违法所得款合计人民币 8.05 万元，予以没收，上缴国库。

【律师解读】

一、什么是资金支付结算业务？哪些机构可以从事该业务？

根据《最高人民检察院关于办理涉互联网金融犯罪案件有关问题座谈会纪要》（以下简称《会议纪要》），支付结算业务也称支付业务，是商业银行或者支付机构在收付款人之间提供的货币资金转移服务。非银行机构从事支付结算业务，应当经中国人民银行批准取得《支付业务许可证》，成为支付机构。

由此可见，从事资金支付结算业务的只能是商业银行或支付机构，否则，其他机构或个人在未有合法授权从事上述业务均可能会被司法机关认定为非法从事支付结算业务。本案中，何锦某利用本案被告人支付宝和银行账户为境外赌博网站等从事资金支付结算业务属于非法。

二、什么情形下非法从事支付结算业务会以非法经营罪定罪量刑？

根据《会议纪要》规定，未取得支付业务许可从事支付结算业务的行为，违反《非法金融机构和非法金融业务活动取缔办法》的规定，破坏了支付结算业务许可制度，危害支付市场秩序和安全，情节严重的，以非法经营罪追究刑事责任。具体情形：

1. 未取得支付业务许可经营基于客户支付账户的网络支付业务。无证网络支付机构为客户非法开立支付账户，客户先把资金支付到该支付账户，再由无证机构根据订单信息从支付账户平台将资金结算到收款人银行账户。

2. 未取得支付业务许可经营多用途预付卡业务。无证发卡机构非法发行可跨地区、跨行业、跨法人使用的多用途预付卡，聚集大量的预付卡销售资金，并根据客户订单信息向商户划转结算资金。

本案中，何锦某等人违反国家规定，未经国家有关主管部门批准，利用本案被告人支付宝和银行账户非法从事支付结算业务，为境外赌博网站等非法平台提供服务，涉案金额特别巨大，严重违反了《刑法》《反洗钱法》以及《金融机构反洗钱规定》《金融机构大额交易和可疑交易报告管理办法》《金融机构报告涉嫌恐怖融资的可疑交易管理办法》等相关规定，对支付市场秩序和安全危害巨大，情节特别严重，构成非法经营罪。

三、为什么被告人提供支付宝和银行账户也构成非法经营罪？

1. 何锦某等人已构成非法经营罪的主犯。何锦某等人利用本案被告人支付宝和银行账户直接从事非法支付结算业务，为境外赌博网站等犯罪活动提供资金支付结算，涉案金额特别巨大，依法被追究非法经营罪的刑事责任，且在该犯罪中起主要作用，属于共同犯罪中的主犯。

2. 本案被告人沈文某、沈伯某、沈虎某、沈金某将自己支付宝和银行账户交由何锦某等人使用，帮助何锦某等人从事非法活动，是何锦某等人构成非法经营罪的一环，构成非法经营罪的共犯，只是所起的作用相对何锦某等人较小，属于共同犯罪中的从犯。

因此，法院以非法经营罪对上述被告人进行定罪，只是对于从犯，在量刑上予以减轻处罚。他们在犯罪中的非法所得，也被没收，上缴国库。

在此我们奉劝所有读者，不要轻易将个人支付宝、微信及银行账户信息交由别人使用，以免被别有用心之人利用，最后悔之晚矣！也不要贪图小利，所谓"贪小利必失大节"，本案诸被告人的下场就是很好的例证！

69. 康某某造成国有公司损失5亿多元，如何定罪量刑？

□ 陈晓华

【案情简介】

2009年10月至2015年2月，被告人康某某作为某丰公司（常州市国企）董事长兼总经理，在负责某丰公司与金某水公司合资设立金某丰公司、开发"天誉花园"房地产项目过程中玩忽职守，不作为、滥作为，导致合资公司金某丰公司由国企控股变为民企控股，后进入破产清算程序。最后某丰公司以5.27亿元申报普通债权，以赔付2600万元的方式清债，导致国有资产损失5.01亿元。

【判决结果】

康某某因犯国有公司人员滥用职权罪,被判处有期徒刑四年。

【律师解读】

1. 康某某负责某丰公司与金某水公司合作初期未对金某水公司的经营情况和实力进行尽职调查,未经公司董事会同意,未报请常州市民防局党委会同意,擅自与金某水公司签订合作协议,并以签订补充协议的方式同意由金某水公司总承包项目土建工程,此乃不尽职的不作为,对损失的产生有重大过失。

2. 开发"天誉花园"项目过程中,康某某在金某水公司违约没有资金投入的情况下,没有采取有效补救措施,反而同意将某丰公司与金某水公司的持股比例从51%∶49%变为60%∶40%,并以此比例作为双方承担融资成本的比例,先后向新某信托股份有限公司、中国信达资产管理股份有限公司江苏省分公司、(北京)国投信托有限公司进行融资,致使某丰公司承担了额外的资金成本,增加了经营风险。

3. 金某水公司提出引入新某信托股份有限公司以"名股实债"的方式融资人民币2.5亿元,康某某擅自同意,使得某丰公司在金某丰公司的持股比例从51%稀释至14.57%,致使金某丰公司由国有控股转为民营控股企业,从而没有适用公开招标的规定,而以邀请招标的方式,将项目的土建工程交由江苏某建设有限公司挂名总承包,致使"天誉花园"项目建设成本高于市场行情3292.45万元人民币。

4. 康某某未经某丰公司董事会决定、未报请常州市民防局党委会同意,擅自将某丰公司的资金借给金某丰公司使用,截至2015年2月,共计投入人民币2.2亿元。

康某某作为某丰公司的董事长兼总经理,对以上重大事项未按照常州市民防局"三重一大"事项集体讨论决策的要求操作,其不作为以及滥用职权的行为与某丰公司因金某丰公司进入破产程序造成重大损失之间具有因果关系。

根据我国《刑法》第一百六十八条规定:"国有公司、企业的工作人员,由于严重不负责任或者滥用职权,造成国有公司、企业破产或者严重损失,致使国家利益遭受重大损失的,处三年以下有期徒刑或者拘役;致使国家利益遭受特别重大损失的,处三年以上七年以下有期徒刑。"

本罪的犯罪主体是国有公司、企业的工作人员,既包括国有公司、企业一般职员,也包括高级管理人员和主要负责人;犯罪主观方面是故意,不包括过失的严重不负责任;犯罪客体是国有公司、企业正常的管理制度和国家利益;犯罪客观方面是滥用职权造成国有公司、企业破产或者严重损失,致使国家利益遭受重大损失。

被告人康某某的身份是常州市国企某丰公司的董事长兼总经理,符合本罪的犯罪主体条件;被告人康某某的行为主观心态是既有过失也有间接故意,甚至是直接故意,明知自己的行为可能造成某丰公司国有资产的流失,放任了该危害后果的产生,符合本罪的犯罪主观方面条件;被告人康某某的行为既有不作为的不尽职调查行为也有严重的滥用职权行为,但主要还是后面的多次滥用职权行为造成的国有资产的重大损失,符合本罪的犯罪客观方面条件;最后被告人康某某滥用职权的行为严重危害了国有公司、企业的正常管理制度和国家利益这一犯罪客体。因此本案康某某的行为符合国有公司、企业工作人员滥用职权罪的犯罪构成要件,判决适用该罪名是正确的。

根据以上《刑法》第一百六十八条的规定,本罪有两个量刑幅度:一个是致使国家利益遭受重大损失的处三年以下有期徒刑或拘役;一个是致使国家利益遭受特别重大损失的处三年以上七年以下有期徒刑。本案康某某滥用职权造成某丰公司的损失达到了 5.01 亿,量刑在三到七年范围内,被判处 4 年有期徒刑量刑适当。

作为国有公司的工作人员,一定要对自己经手或者管理的国有资产保持一颗敬畏之心,依法依规正确履行自己的职责,确保自己经手或者管理的国有资产增值保值,这是法律义务也是良心,不然对不起国家和人民的重托。

本案中,康某某作为国企某丰公司的董事长兼总经理不尽职和滥用职权的行为本来是可以避免的,尤其是后面借款给金某丰公司达人民币 2.2

亿元，实属不应该。在此提醒有关主管部门和国有公司、企业、事业单位要加强法律风险防范制度建设，对回避风险防范制度滥用职权的工作人员一定要加以警示和教育，并及时给予纪律、行政和法律上的严惩，严防国有资产的流失和国有公司、企业的破产、倒闭！

70. 以卡养卡违法，职业养卡人为何获刑？

□ 郭灿炎

【案情简介】

2018年上半年开始，被告人张某同妻子王某（另案处理）利用在湘乡市××路××村经营的湖南省某有限责任公司作为办公地点，通过与湖北省某科技有限公司等第三方支付公司签订POS机注册安装业务，并利用上述第三方支付公司的销售点终端机具（POS机）帮彭某、赵某、欧某等38名信用卡持有人归还已到还款期限的透支款后，再通过销售点终端机具（POS机）以虚构交易的方式循环套取信用卡现金累计5 192 799元，再按每次套取金额1.3%的比例收取佣金，从中获利共计37 558.69元。2019年7月30日，湘乡市公安局在被告人张某的住处及经营场所内现场缴获POS机10余台、POS机刷单明细5叠以及各类银行信用卡223张。2020年5月18日，被告人张某被湘乡市公安局民警电话传唤到案。

【判决结果】

1. 被告人张某犯非法经营罪，判处有期徒刑二年，并处罚金6万元；
2. 追缴被告人张某违法所得37 558.69元，没收其作案工具POS机10台，均上缴国库。

【律师解读】

一、信用卡"养卡"是违法行为

信用卡"养卡"主要是通过交手续费请别人垫付信用卡透支费用，再虚假消费，通过此种方式来保证信用度不受损伤。"养卡"实际是一种套现行为，为法律所禁止。

"养卡"会对持卡人造成极大的风险。养卡人只要掌握持卡人信用卡、密码、身份证复印件、对账单等重要信息，还款后再次透支提现很容易，甚至可能到其他银行冒领新卡，恶意透支，使持卡人财产受损。

中国人民银行、中国银行保险监督管理委员会《关于防范信用卡风险有关问题的通知》明确规定，持卡人套现和商户提供套现服务属违法行为。一旦监管部门发现存在养卡行为，轻者罚款，重者获刑。

二、替人养卡是犯罪行为

信用卡"养卡"是违法行为，替人养卡的职业养卡人就是在犯罪。职业养卡人往往持有数台甚至几十台销售点终端机（POS机），以POS机刷卡或其他方式，以虚构交易、虚开价格、现金退货等形式向信用卡持卡人直接支付现金，情节严重的，以非法经营罪定罪处罚。

本案中，张某帮彭某、赵某、欧某等38名信用卡持有人垫付信用卡透支款，再通过POS机以虚构交易的方式循环套取信用卡现金519万余元，再根据每次套取金额按比例收取佣金，从中获利，属于替人养卡的职业养卡人。根据《最高人民法院最高人民检察院关于办理非法从事资金支付结算业务、非法买卖外汇刑事案件适用法律若干问题的解释》第一条第一款规定，属于非法从事资金支付结算业务，其中，涉案金额在五百万元以上，属于法定的情节严重情形，依照《刑法》第二百二十五条规定，应以非法经营罪定罪量刑。

三、信用卡持卡人非法套现有什么后果？

信用卡套现在现实中常有发生，持卡人有些是受超前消费不良风气影响，有些是存在侥幸心理的恶意透支，但逾期不能归还、赖着不还或常常套现都会面临如下风险，甚至可能是刑事责任。

1. 降低额度。如果被银行察觉到有套现行为，而持卡人又无法提供相关消费证明的时候，银行会采取降额处理。

2. 限制卡片使用。如果套现情节比较严重，银行会做封卡处理，甚至会进入黑名单，影响到个人征信记录。

3. 刑事责任。如持卡人套现行为符合刑法相关规定，将有可能承担刑事责任。如持卡人通过刷卡套现后，不能在银行规定的时间内还款，经银行两次催收，超过三个月仍不归还，会被认定为非法占有，以信用卡诈骗罪定罪处罚。

因此，要正确使用信用卡，避免套现"养卡"行为，更不要替人"养卡"，一旦法律铁拳重出银铛入狱，则悔之晚矣。

71. 骗人钱财逃匿，法律如何严惩？

□ 郭灿炎

【案情简介】

2017年9月至2017年10月20日，赵某以其经营的汽车之家装潢店资金周转及为他人代还信用卡赚取手续费为由，以高额利息为诱饵，承诺给受害人滕某、曾某好处，在明知自己没有偿还能力的情况下，两次骗取滕某现金64 990元，骗取曾某现金23 000元。且在此期间，又骗用滕某及其亲友、曾某及其亲友的多张银行信用卡，通过自己办理的3台POS机套取现金37万余元，并于2017年10月21日逃匿，诈骗所得钱款主要用于偿还债务及挥霍。

【判决结果】

1. 被告人赵某犯诈骗罪，判处有期徒刑七年四个月，并处罚金5万元；

2. 责令被告人赵某继续退赔被害人滕某的经济损失共计322 023.3元；退赔被害人曾某的经济损失共计136 000元。

【律师解读】

一、新型诈骗花样多，捂紧您的钱袋子

诈骗罪是指以非法占有为目的，用虚构事实或者隐瞒真相的方法，骗取数额较大的公私财物的行为。网络时代，新生事物层出不穷，令人眼花缭乱，不法分子会利用受害人对新鲜事物的好奇、对成功的追求、对财富的向往、对弱者的同情、政策法律素养不高、封建迷信思想严重、遇事心存侥幸等，借熟人关系、借中介为名、以特殊身份、以遇到某种祸害急需别人帮助、以小利取信"欲擒故纵"等方式，精心安排各种骗局，巧设"杀猪盘"，一步一步引诱受害人进入陷阱。

因此，骗子可恶，我们更要提高警惕，对于陌生人的生财之道必须慎之又慎，更要明白通往成功的道路从来没有捷径，一夜暴富的心态更要不得，君子爱财取之有道，莫想天上掉馅饼。

二、正义会迟到，但从不会缺席

不法分子为非法占有他人财物，绞尽脑汁、无孔不入，不惜以身试法、铤而走险。因此，一方面人人对其提高警惕，另一方面国家对其严厉打击。《刑法》第二百六十六条规定："诈骗公私财物，数额较大的，处三年以下有期徒刑、拘役或者管制，并处或者单处罚金；数额巨大或者有其他严重情节的，处三年以上十年以下有期徒刑，并处罚金；数额特别巨大或者有其他特别严重情节的，处十年以上有期徒刑或者无期徒刑，并处罚金或者没收财产。"

本案中，被告赵某对自己的诈骗行为不仅不去设法补救，反而一跑了之，以为逃匿就能躲避法律制裁的后果，结果换来的是七年多的铁窗生活，给自己的人生添上一笔永远无法抹掉的痕迹。

三、人人警惕防电诈，让骗子无所遁形

近年来，网络电信诈骗受害人越来越多，电信诈骗活动一度十分猖獗，老百姓深受其害。笔者多年从事网络支付法律合规，也做过长久的法律援助，见识过很多种骗局，也看到很多朋友被骗得很惨，实在是痛心惋惜。

"我在用手机赚外快；我这高频彩中奖率特别高；先跟着我玩玩吧，保证你赚钱；先借点钱给我，赚了马上还你；请考虑下我们和父母的未来；成为VIP就可以赚得更多；贷款很容易，马上就能翻身；我不方便和你视频；我能骗你什么呢；有紧急情况！快把我们的聊天记录全部删除"以上是网络交友诱导投资、赌博诈骗（杀猪盘）骗子最善用的一些话术，笔者在此也呼吁广大读者，网络交友一定要擦亮双眼。找你借钱的网友，必须当面核实，如果拒绝视频拒绝电话拒绝见面等，八成就是骗子。再者，自称有渠道带你到一些不明网站上投资、赌博下注、购买彩票的，也基本是骗子！

72. 报警谎称自己得新冠肺炎，构成犯罪吗？

□ 赵爱梅

【案情简介】

2021年12月30日，孙某醉酒后到北京市朝阳区某洗浴中心泡澡不慎滑倒，与工作人员发生争执，孙某要求免单未果，自行拨打110报警，谎称自己得了新冠肺炎。在此期间，在场的37个人员，都进行了临时封控和登记。一直到第二天，经医疗机构检测，孙某相关筛查结果为阴性，并没有感染新冠肺炎，这些"密接"人员才解除了隔离。孙某被公安机关刑事立案侦查，检察院审查起诉到法院。2022年4月13日，北京市朝阳区人民法院适用简易程序，线上开庭审理了此案。

【判决结果】

孙某犯寻衅滋事罪，判处有期徒刑六个月。

【律师解读】

本案孙某的行为是否构成寻衅滋事罪，主要是看他这个假报警的行为，对社会秩序造成了何种程度的破坏，产生了怎样的危害后果。

孙某在公共场所起哄闹事，造成公共场所秩序严重混乱，符合《中华人民共和国刑法》第二百九十三条及司法解释规定的寻衅滋事罪入罪标准。

根据《中华人民共和国刑法》第二百九十三条有下列寻衅滋事行为之一，破坏社会秩序的，处五年以下有期徒刑、拘役或者管制：

（一）随意殴打他人，情节恶劣的；

(二）追逐、拦截、辱骂、恐吓他人，情节恶劣的；

（三）强拿硬要或者任意损毁、占用公私财物，情节严重的；

（四）在公共场所起哄闹事，造成公共场所秩序严重混乱的。

纠集他人多次实施前款行为，严重破坏社会秩序的，处五年以上十年以下有期徒刑，可以并处罚金。

根据最高人民法院、最高人民检察院、公安部、司法部印发的《关于依法惩治妨害新型冠状病毒感染肺炎疫情防控违法犯罪的意见》（法发〔2020〕7号），第（六）条编造虚假信息，或者明知是编造的虚假信息，在信息网络上散布，或者组织、指使人员在信息网络上散布，起哄闹事，造成公共秩序严重混乱的，依照刑法第二百九十三条第一款第四项的规定，以寻衅滋事罪定罪处罚。第（十）条规定：依法严惩妨害疫情防控的违法行为。实施上述第（六）条规定的行为，不构成犯罪的，由公安机关根据《治安管理处罚法》第二十六条有关虚构事实扰乱公共秩序、扰乱单位秩序、公共场所秩序、寻衅滋事等规定，予以（十五日以下拘留，并处一千元以下罚款）治安管理处罚，或者由有关部门予以其他行政处罚。

鉴于孙某在第二天酒醒后主动配合调查，对店家的经营损失9000多元进行了赔偿；在审查起诉阶段签署了认罪认罚具结书，当庭也自愿认罪认罚，法院根据其犯罪情节和悔罪表现从轻判处6个月有期徒刑。

在当前疫情防控的严峻形势下，谎报疫情必然造成医疗、防疫等公共资源的浪费。提醒广大居民要严格遵守疫情防控工作规定，不要编造涉疫情的不实信息，做到不造谣、不信谣、不传谣。

73. 虚构转账流水，是否构成诈骗罪？

□ 袁椿辉

【案情简介】

2020年4月份，北京市西城区人民检察院指控被告人栗某某犯诈骗罪向法院提起公诉。检察院指控，被告人栗某某于2017年至2018年间，假借民间借贷之名，按照虚高的"借贷"金额将资金400余万元转入被害人账户，制造已将全部借款交付被害人的银行流水痕迹，随后采取让被害人取现或转账交还的方式将资金收回。被告人栗某某在虚增给付被害人借款1000余万的事实后，并以此向人民法院提起民事诉讼，要求被害人偿还借款及利息。在民事案件审理过程中，法院发现栗某某虚构流水等问题涉嫌刑事犯罪，以涉嫌套路贷将案件移送公安机关立案侦查。

被告人栗某某在公安机关的讯问笔录中承认虚构流水等犯罪事实，2020年12月11日，北京市西城区人民检察院提出变更起诉，由诈骗罪变更为虚假诉讼罪。贾某某在检察院公诉前认罪认罚。

案件进入一审程序，被告人栗某某委托律师为辩护人。律师认为被告人栗某某不构成诈骗罪。

【判决结果】

被告人栗某某构成虚假诉讼罪，判处有期徒刑一年六个月。

【律师解读】

辩护人在接受委托后，经过会见犯罪嫌疑人、查阅卷宗、分析起诉书等案件材料，认为本案中贾某某不构成诈骗罪，提出以下辩护意见：

一、栗某某没有非法占有他人财物的目的，也没有实施刑法意义上的欺骗行为，被害人没有对此产生认识错误，也没有基于认识错误处分财产而遭受财产损失。

1. 双方存在真实的借贷关系，借条内容签订过程和出借资金真实合法。

栗某某与被害人之间是存在真实的借贷事实。第一，双方签署了借条、借据等债权凭证，记载了借款合同的关键要素，建立在被害人自愿接受的基础之上，是经双方合意的真实意思表示；第二，栗某某按照借据的约定向被害人出借资金；第三，双方协商一致约定每月20%或者30%的利息。综上，从借款的起因、借款的过程、利息的约定、借据的签订等每一个步骤，均是栗某某与被害人的合意，栗某某主张归还本金及利息的争议是典型的民间借贷，与刑事犯罪无关。

2. 被害人对约定高额利息的借款后果有预见性，并没有产生认识错误。

被害人任职国有事业单位，具有完全民事行为能力，其对借条、借据等债权凭证的法律效力是具有理解、判断能力。为了能够从栗某某处借钱，以便及时偿还小额贷款公司的贷款，被害人对双方约定的高额利息自愿表示能够接受，并且能够预见不能偿还借款本金、支付利息所应承担的民事责任。

3. 息转本是双方的合意，且符合法律规定。

借款到期，被害人无力偿还本金、支付利息（含逾期利息）。出于维护债权人合法债权、诉讼策略的考虑，栗某某与被害人协商确定，将被害人无力支付的利息、逾期利息转入借款本金，并制造了银行流水痕迹，确定双方新的借款关系。因此，栗某某对被害人并没有实施诈骗罪意义上的欺骗行为。

二、栗某某没有欺骗或强迫被害人签订借款等相关协议，也没有采取暴力催收、未采取非法措施追偿债务，不符合套路贷的认定标准。

最高人民法院、最高人民检察院、公安部、司法部联合印发《关于办理"套路贷"刑事案件若干问题的意见》（以下简称《意见》）。该《意见》规定"套路贷"是对以非法占有为目的，假借民间借贷之名，诱使或迫使被害人签订"借贷"或变相"借贷""抵押""担保"等相关协议，通过虚增借贷金额、恶意制造违约、肆意认定违约、毁匿还款证据等方式形成虚假债权债务，并借助诉讼、仲裁、公证或者采用暴力、威胁以及其他手段非法占有被害人财物的相关违法犯罪活动的概括性称谓。

在本案中，首先，栗某某没有非法占有他人财物的目的；其次，债权是真实存在的，栗某某并没有采取欺骗等方式或迫使被害人签订借条、借据等债权凭证；再次，息转本是双方的合意，并非通过虚增借贷金额、恶意制造违约、肆意认定违约等方式形成虚假债权债务。最后，在追债的方式上，栗某某只是通过法律途径来保障自己的财产权益，没有采用暴力、威胁以及其他手段向被害人强行"讨债"，以此实现对被告人财物的非法占有。

综上，栗某某与被害人之间存在真实的借贷关系，借条签订、出借资金、息转本等过程均是双方合意，真实合法。故，栗某某没有非法占有他人财物的目的。被害人对约定高额利息的借款后果有预见性，并没有对此产生认识错误，也没有基于认识错误处分财产而遭受财产损失。因此，栗某某不构成诈骗罪。

74. 帮助信息网络犯罪涉嫌上亿元，能否减轻处罚？

□ 张　颖

【案情简介】

2021年7月至8月26日被告人邓某、杨某、张某、王某、刘某、支某为赚取高额利润，将本人的银行卡租借给非法赌博网络洗钱平台，为支付结算提供帮助，2021年8月27日，被告人邓某、杨某组织被告人刘某、张某、王某、支某从河南省信阳市来到呼和浩特市，被告人邓某从2021年8月29日先后承租呼和浩特市新城区恒大城1号楼1单元001室和呼和浩特市回民区成吉思汗西街恒大雅苑1号楼1单元001室作为望风场所，在被告人邓某的总负责下，六人分工明确、轮班值守，24小时不间断的利用手机下载的（飞机）非法软件，并接受该软件内的非法赌博网络洗钱平台的转账指令，然后通过手机银行接收该平台内转入的款项，按照该平台指令，在转到指定的账户内，大肆地为非法网络犯罪提供支付结算帮助，经内蒙古某会计师事务所对涉案银行账户进行审计，2021年5月24日至2021年9月10日期间，邓某等6名被告人持有的58张银行卡总计非法转款172 759 327.30元人民币，支出总计173 411 871.78元人民币，其中被告人邓某所属账户流水收入11 939 495.84元，支出11 934 817.58元，被告人刘某所属账户流水收入11 779 548.70元，支出11 762 256.79元，被告人王某所属账户流水收入21 688 278.88元，支出21 716 019.57元，被告人杨某所属账户流水收入19 509 123.80元，支出19 508 363.34元，被告人张某所属账户流水收入 28 851 710.76 元，支出 29 480 046.12 元，被告人支某所属账户流水收入 7 399 328.50 元，支出 7 547 124.28 元，其中 2021 年 8 月 29 日至 9 月 6 日期间，邓某等 6 名被告人持有收支数据的 28 个账户共计收入 23 419 092.19 元，支出 23 376 923.18 元。

【判决结果】

第一、被告人邓某犯帮助信息网络犯罪活动罪，判处有期徒刑一年八个月，并处罚金人民币五万元；

第二、被告人杨某犯帮助信息网络犯罪活动罪，判处有期徒刑一年六个月，并处罚金人民币五万元；

第三、被告人刘某犯帮助信息网络犯罪活动罪，判处有期徒刑一年三个月，并处罚金人民币四万元；

第四、被告人张某犯帮助信息网络犯罪活动罪，判处有期徒刑一年三个月，并处罚金人民币四万元；

第五、被告人王某犯帮助信息网络犯罪活动罪，判处有期徒刑一年三个月，并处罚金人民币四万元；

第六、被告人支某犯帮助信息网络犯罪活动罪，判处有期徒刑一年三个月，并处罚金人民币四万元。

【律师解读】

1. 第三被告刘某聘请了辩护律师，本案开庭两次，第一次检察机关的量刑意见为：邓某和杨某量刑二年，其余三名被告人的量刑建议为一年八个月；第二次开庭主要是针对检察机关的量刑建议进行再次开庭，然而，经过律师与检察机关沟通，改成了本案的判决结果所认定的量刑。

2. 犯罪嫌疑人刘某没有犯罪前科，一直遵纪守法，没有社会危险性。

3. 犯罪嫌疑人刘某文化水平较低，不能有效地识别和认识刑事违法性，客观上也没有深入地参与相关的犯罪活动。

4. 此次涉嫌犯罪属于从犯，主观恶性较轻。也属于主观恶性较小的初犯。

5. 到案后，刘某配合侦查机关工作，对自己了解的事情都做了全面如实地供述，属于坦白。

6. 到案后，刘某积极供述，且已经认罪认罚，态度较好。

根据《最高人民法院、最高人民检察院关于办理非法利用信息网络、帮助信息网络犯罪活动等刑事案件适用法律若干问题的解释》第十二条规定：明知他人利用信息网络实施犯罪，为其犯罪提供帮助，具有下列情形之一的，应当认定为刑法第二百八十七条之二第一款规定的"情节严重"：

（一）为三个以上对象提供帮助的；

（二）支付结算金额二十万元以上的；

（三）以投放广告等方式提供资金五万元以上的；

（四）违法所得一万元以上的；

（五）二年内曾因非法利用信息网络、帮助信息网络犯罪活动、危害计算机信息系统安全受过行政处罚，又帮助信息网络犯罪活动的；

（六）被帮助对象实施的犯罪造成严重后果的；

（七）其他情节严重的情形。

实施前款规定的行为，确因客观条件限制无法查证被帮助对象是否达到犯罪的程度，但相关数额总计达到前款第二项至第四项规定标准五倍以上，或者造成特别严重后果的，应当以帮助信息网络犯罪活动罪追究行为人的刑事责任。

根据《中华人民共和国刑法》第二十七条之规定：在共同犯罪中起次要或者辅助作用的，是从犯。对于从犯，应当从轻、减轻处罚或者免除处罚。

综上所述，辩护人对公诉机关指控被告人刘某构成帮助信息网络犯罪活动罪的定性没有异议，考虑被告人刘某系从犯、初犯、偶犯，在审查起诉阶段就自愿签署了认罪认罚具结书，当庭诚恳认罪悔过态度较好等从轻、减轻处罚情节，依据刑法中罪责刑相适应原则"刑罚的轻重，应当与犯罪分子所犯罪行和承担的刑事责任相适应"之规定，请法庭依法对刘某从轻、减轻刑事处罚，以给其改过自新的机会。

75. 集资诈骗案，为何又构成非法吸收公众存款罪？

□ 温奕昕

【案情简介】

2008年，王某创建了A金融信息服务公司。王某搭建网络平台，通过网站、微博、微信等线上方式，个人宣讲、员工介绍、沙龙等线下方式向社会公众公开宣称平台的理财产品，投资期限2~36个月不等，年化收益率8.3%~20.1%，募集公众资金对外放贷，保本付息、刚性兑付。王某以A公司的名义与第三方机构合作，通过债权转让方式给第三方机构融资，并由第三方机构兜底回购逾期债权；以A公司的名义推荐借款人，由借款人负责偿还本金利息等。A公司向社会公众发行的产品与实际借款标的由系统匹配，存在项目错配、期限错配、部分借款标的没有对应产品等情况，2015年，与A公司合作的债权转让项目第三方机构B公司未能兑付到期债权，相关出借人未能回收本金利息，A公司经营受到重大影响、陷入困境，截至2017年，A公司网贷平台已基本结束经营，同一时期，贷帮平台已发生大量借款标的逾期，借款人、第三方机构无力还款的情况。2017年之后，为了兑付出借人到期本息，王某采用借新还旧、滚动操作的方式仍然利用A公司平台发布投资理财产品，持续向公众募集资金。截至2020年，A公司平台资金断链，无法正常兑付出借人到期本息。经审计截至目前，有43 151名投资人共计60 000万元人民币未兑付。受害人报警，案发后，王某被公安机关抓获，公安侦查完毕移送检察院，检察院根据《刑事诉讼法》第一百七十六条的规定提起公诉，以集资诈骗罪、非法吸收公众存款罪数罪并罚追究王某刑事责任。

【裁判结果】

被告人王某犯集资诈骗罪，判处有期徒刑十一年，并处罚金三十万元；犯非法吸收公众存款罪，判处有期徒刑五年，并处罚金二十万元，决定执行有期徒刑十五年，并处罚金五十万元。

【律师解读】

本案犯罪时间长、受害人众多、涉案金额巨大，社会危害性巨大，是北京市盈科律师事务所律师经办的一起重大经济犯罪案件。最高人民检察院《关于办理涉互联网金融犯罪案件有关问题座谈会纪要》（高检诉〔2017〕14号）（以下简称"座谈会纪要"）第十五条第一款规定："注意区分犯罪目的发生转变的时间节点。犯罪嫌疑人在初始阶段仅具有非法吸收公众存款的故意，不具有非法占有目的，但在发生经营失败、资金链断裂等问题后，明知没有归还能力仍然继续吸收公众存款的，这一时间节点之后的行为应当认定为集资诈骗罪，此前的行为应当认定为非法吸收公众存款罪。"根据该司法解释，如果行为人前期行为为非法吸收公众存款，融资行为具有非法性、公开性、利诱性和社会性等四个特性，则构成非法吸收公众存款罪。后期经营过程中行为人的目的发生转变，具有非法占有目的，就构成集资诈骗罪。因此，行为人应追究非法吸收公众存款罪和集资诈骗罪两罪，数罪并罚。

本案中王某在2008—2017年期间，在未持有金融许可执照的情形下，通过线上线下的方式向公众非法吸收存款，扰乱金融秩序，数额巨大，其行为已构成非法吸收公众存款罪。2017—2020年期间，A公司已陷入困境，发生大量借款逾期标的A公司已没有归还能力，在经营模式失败，经营有巨大风险的情况下，王某仍然以"借新还旧""拆东墙补西墙"的方式继续经营。《全国法院审理金融犯罪案件工作座谈会纪要》（法〔2001〕8号）规定："明知没有归还能力而大量骗取资金的，可以认定为具有非法占有的目的。"王某的行为符合该法律规定具有非法占有目的。因此2017—2020年期间，王某构成集资诈骗罪。

因此，人民法院根据王某的犯罪事实、行为性质、危害后果、悔罪表现等情节，决定对王某作出数罪并罚的判决。

76. 利用"爬虫"软件获取数据，为什么会被判刑？

□ 郭灿炎

【案情简介】

2009年上海益某公司注册成立（以下简称益某公司），李某系公司法定代表人及经营负责人。

2018—2020年，益某公司在未经淘某（中国）软件有限公司（以下简称淘某公司）授权许可的情况下，由李某决策通过非法手段抓取淘某公司直播数据，并通过益某公司开发的"优大某"小程序出售牟利。在李某的授意下，益某公司部门负责人王某、高某等人分工合作，以使用IP代理、"X-sign"签名算法等手段突破、绕过淘某公司的防护机制，再通过数据抓取程序（俗称"爬虫"）大量抓取淘某公司存储的各主播在淘某公司直播时的开播地址、销售额、观看PV、UV等数据。其中，王某负责提供淘某公司的直播数据接口、技术帮助、转达具体开发要求及对获取的数据进行分析处理，高某负责带领技术团队研发数据抓取程序。至案发，益某公司整合非法获取的数据后通过微信小程序对外出售牟利，违法所得共计人民币22万余元。

【判决结果】

1. 被告人李某犯非法获取计算机信息系统数据罪，判处有期徒刑二年六个月，并处罚金人民币三万元；

2. 被告人王某犯非法获取计算机信息系统数据罪，判处有期徒刑一年三个月，并处罚金人民币一万元；

3. 被告人高某犯非法获取计算机信息系统数据罪，判处有期徒刑一年三个月，并处罚金人民币一万元；

4. 犯罪工具予以没收；违法所得予以追缴。

【律师解读】

一、什么是非法获取计算机信息系统数据罪?

如今,科学技术迅猛发展,网络更是成为人们日常不可或缺的组成部分,同时越来越多的犯罪分子也更想利用计算机信息系统数据实施犯罪。因此,数据获取应在法律框架内展开。2009年《刑法修正案(七)》中新增"非法获取计算机信息系统数据罪"条款,2017年6月1日实施的《中华人民共和国网络安全法》(以下简称《网络安全法》)也对计算机信息系统数据获取规定得更加具体明确。

非法获取计算机信息系统数据罪是指违反国家规定,侵入国家事务、国防建设、尖端科学技术领域以外的计算机信息系统或者采用其他技术手段,获取该计算机信息系统中存储、处理或者传输的数据,情节严重的行为。刑法第二百八十五条第二款明确规定,犯本罪的,处三年以下有期徒刑或者拘役,并处或者单处罚金;情节特别严重的,处三年以上七年以下有期徒刑,并处罚金。

以上可知,构成非法获取计算机信息系统数据罪需要有两点,一是行为人实施了非法获取他人计算机信息系统中存储、处理或者传输的数据的行为,或者实施了对他人计算机信息系统进行非法控制的行为;二是行为人非法获取他人计算机信息系统中的数据或者对他人计算机信息系统加以非法控制,是基于"侵入或者其他技术手段"。

二、有哪些相关国家规定?

计算机信息系统相关国家规定是指《网络安全法》《计算机信息网络国际联网安全保护管理办法》(以下简称《办法》)等相关法律法规。

《网络安全法》第二十一条规定"国家实行网络安全等级保护制度。网络运营者应当按照网络安全等级保护制度的要求,履行下列安全保护义务,保障网络免受干扰、破坏或者未经授权的访问,防止网络数据泄露或者被窃取、篡改……";第二十七条规定"任何个人和组织不得从事非法侵入他人网络、干扰他人网络正常功能、窃取网络数据等危害网络安全的活动……"。

《办法》第六条规定"任何单位和个人不得从事下列危害计算机信息网络安全的活动:(一)未经允许,进入计算机信息网络或者使用计算机信息网络资源的……"。上述法律法规制定的目的是保障网络安全，维护国家利益、社会公共利益，保护公民、法人和其他组织的合法权益。

三、本案为什么构成本罪？

（1）从非法性认知和行为手段看。李某、王某、高某使用 IP 代理、"X-sign"签名算法手段，使用"爬虫"程序获取淘某公司直播数据。使用 IP 代理目的是绕过淘某公司对同一 IP 短时间高频次发送请求进行拦截的安全保护措施。"X-sign"算法是服务器验证合法请求的协议，是系统辨别是否正常淘某公司客户端发出请求的安全保护措施，如不破解该算法就无法伪造成合法请求的数据包，请求会被拒绝。

本案中，李某、王某、高某等人在微信聊天中讨论如何非法抓取数据，他们明知其行为有法律风险，淘某公司对除个人用户正常网络浏览外的"爬取"数据行为予以禁止或限制并使用"反爬虫"机制，仍商议利用技术手段对抗"反爬虫"安全措施，其行为应认定为"侵入"计算机信息系统。

（2）从获取数据看。随着社会迈入数据时代，数据作为生产要素、核心竞争力之一，具有相应商业、社会价值，具有法律保护的法益。淘某公司直播数据分为三类，第一类为所有用户可见数据（APP 和网页端登录或不登录情况下）包括"观看 PV"、"点赞次数"、"主播粉丝总量"；第二类为仅主播本人可见数据（主播登录后台查看），如"直播间浏览次数"、"最高在线人数"、"封面图点击率"、"新增粉丝数"、"平均观看时长"、"商品点击次数"、"引导成交笔数"、"引导成交金额"；第三类为所有用户不可见数据（未在任何地方公开），如"观看 UV"、"评论 PV/UV"、"分享 PV/UV"。

本案中，李某、王某、高某利用"爬虫"软件，获取淘某公司直播系统中的主播 ID、店铺 ID、标签、PV、UV、商品销量等数据。益某公司以淘某数据为卖点的"优大某"多种数据产品，内容涉及主播位置、PV、UV、销量、IP 地址、销售额、标签等，内含无法通过正常账号登录获取淘某公司存储的不对外公开或是限制权限查看的数据。

（3）从情节特别严重看。关于"情节严重"，"《关于办理危害计算机信息系统安全刑事案件应用法律若干问题的解释》中做了明确的规定：

（一）获取支付结算、证券交易、期货交易等网络金融服务的身份认证信息十组以上的；（二）获取第（一）项以外的身份认证信息五百组以上的；（三）非法控制计算机信息系统二十台以上的；（四）违法所得五千元以上或者造成经济损失一万元以上的；（五）其他情节严重的情形。"

本案中，益某公司非法获取淘某直播数据后，寻求商业化途径，形成多种数据产品，并通过微信小程序出售牟利，共计获利22万余元，依法属于情节特别严重。至于益某公司非法获取数据后进行分析、整合所投入为犯罪成本，不予从违法所得中扣除。

总之，本案从被告人对非法性的主观认知、利用"爬虫"的数据获取行为并属于特别严重情节等，三被告人应构成非法获取计算机信息系统数据罪。

77. 犯罪后如何才能免于刑事处罚？

□ 刘永江

【案情简介】

李某与被害人张某系夫妻关系，因张某赌博及感情等问题，二人时常发生争吵，张某多次殴打李某。某日，李某怀疑张某与其他女性有暧昧关系，二人在家中再次发生激烈的争执，李某用菜刀将张某左手手指砍伤，经鉴定为轻伤二级。

【处理结果】

公诉机关依法将李某的强制措施变更为取保候审，最终作出不起诉的决定。

【律师解读】

一、关于李某行为是如何定性的？

自然人享有生命权、身体权、健康权等权利，任何组织或者个人不得侵犯。其中，生命权是自然人享有的最基本的人格权。根据我国《刑法》第二百三十四条的规定，故意伤害他人身体，致人轻伤、重伤或者死亡的，构成故意伤害罪。本案中，李某故意伤害张某的身体，致张某轻伤二级，其行为已构成故意伤害罪。

二、故意伤害罪是如何量刑的？

1. 构成故意伤害罪的，根据下列情形在相应的幅度内确定量刑起点：

（1）故意伤害致一人轻伤的，在二年以下有期徒刑、拘役幅度内确定量刑起点；

（2）故意伤害致一人重伤的，在三年至五年有期徒刑幅度内确定量刑起点；

（3）以特别残忍手段故意伤害致一人重伤，造成六级严重残疾的，在十年至十三年有期徒刑幅度内确定量刑起点。依法应当判处无期徒刑以上刑罚的除外。

2. 在量刑起点的基础上，根据伤害后果、伤残等级、手段残忍程度等其他影响犯罪构成的犯罪事实增加刑罚量，确定基准刑。

故意伤害致人轻伤的，伤残程度可以在确定量刑起点时考虑，或者作为调节基准刑的量刑情节。

3. 构成故意伤害罪的，综合考虑故意伤害的起因、手段、危害后果、赔偿谅解等犯罪事实、量刑情节，以及被告人的主观恶性、人身危险性、认罪悔罪表现等因素，决定缓刑的适用。

三、李某为什么能够获得取保候审？

公安机关对李某的故意伤害行为立案侦查并对其采取拘留措施，在审查逮捕阶段，李某拒不认罪，检察机关作出批准逮捕的决定。审查起诉阶段，辩护律师做了张某的工作取得张某的谅解，李某此时也愿意认罪认罚，律师向公诉机关提出羁押必要性审查申请，公诉机关对其进行羁押必要性审查并认为对李某无继续羁押的必要，依法变更强制措施为取保候审。

本案之所以能成功办理取保候审，首先在于该案系家庭矛盾激化引发，李某自愿认罪认罚，且取得被害人谅解，考虑到李某经常被家暴等因素，认为李某社会危害性较小，对李某的强制措施变更为取保候审不致发生社会危险性。

通过该案我们看一下取保候审的适用条件,取保候审是《刑事诉讼法》中规定的一项法定的刑事强制措施,其目的不但要尽可能地保障公民的人身自由,又要充分保障刑事司法程序的顺利进行。

《刑事诉讼法》第六十七条:人民法院、人民检察院和公安机关对有下列情形之一的犯罪嫌疑人、被告人,可以取保候审:

(1)可能判处管制、拘役或者独立适用附加刑的;

(2)可能判处有期徒刑以上刑罚,采取取保候审不致发生社会危险性的;

(3)患有严重疾病、生活不能自理,怀孕或者正在哺乳自己婴儿的妇女,采取取保候审不致发生社会危险性的;

(4)羁押期限届满,案件尚未办结,需要采取取保候审的;

此外,对拘留的犯罪嫌疑人,证据不符合逮捕条件,以及提请逮捕后,人民检察院不批准逮捕,需要继续侦查,并且符合取保候审条件的,也可以依法取保候审。

四、李某为什么能获得不起诉?

李某实施了《中华人民共和国刑法》第二百三十四条规定的行为,但犯罪情节轻微,且已取得被害人的谅解,根据《中华人民共和国刑法》第三十七条的规定:对于犯罪情节轻微不需要判处刑罚的,可以免予刑事处罚。依据《中华人民共和国刑事诉讼法》第一百七十七条第二款的规定:对于犯罪情节轻微,依照刑法规定不需要判处刑罚或者免除刑罚的,人民检察院可以作出不起诉决定。如前所述,由于李某犯罪情节轻微,社会危害性较小,且取得被害人的谅解,因此公诉机关对其作出了不起诉的决定。

五、公诉机关作出不起诉决定的理由一般都有哪些?

公诉机关不起诉分为三种:法定不起诉、酌定不起诉以及证据不足不起诉。

法定不起诉的情形有:

1. 情节显著轻微、危害不大,不认为是犯罪的;

2. 犯罪已过追诉时效期限的;

3. 经特赦令免除刑罚的；

4. 依照刑法告诉才处理的犯罪，没有告诉或者撤回告诉的；

5. 犯罪嫌疑人、被告人死亡的；

6. 其他法律规定免予追究刑事责任的。

酌定不起诉的情形有：

1. 对外国刑事判决的消极承认；

2. 又聋又哑的人或盲人犯罪的刑事责任；

3. 防卫过当；

4. 紧急避险；

5. 犯罪预备；

6. 犯罪中止；

7. 从犯；

8. 胁从犯；

9. 非刑罚性处置措施；

10. 自首；

11. 重大立功；

12. 自愿如实供述自己的罪行，具有坦白情节；

13. 真诚悔罪，认罪认罚；

14. 积极退赃退赔；

15. 避免、减少损害结果的发生；

16. 初犯、偶犯，无前科，社会危害性不大；

17. 家庭矛盾、邻里纠纷；

18. 取得被害人谅解，等等。

证据不足不起诉：

人民检察院对于二次退回补充调查或者补充侦查的案件，仍然认为证据不足，不符合起诉条件的，经检察长批准，依法作出不起诉决定。

人民检察院对于经过一次退回补充调查或者补充侦查的案件，认为证据不足，不符合起诉条件，且没有再次退回补充调查或者补充侦查必要的，经检察长批准，可以作出不起诉决定。

78. 英烈不容侮辱，Q某为何受到法律严惩？

□ 高 庆

【案情简介】

2020年6月，外军在中国西部边陲越线挑衅，卫国戍边官兵据理交涉，遭到了对方的暴力攻击。面对数倍于己的外军，祁发宝和战友们与对方展开殊死搏斗，誓死捍卫祖国领土主权。2021年2月，5位卫国戍边官兵的英雄事迹首次被报道后，被告Q某为获得更多关注，使用新浪微博账户"辣笔Q"，先后发布2条微博，歪曲卫国戍边官兵的英雄事迹，诋毁贬损卫国戍边官兵的英雄精神，侵害英雄烈士名誉、荣誉。上述微博在网络上迅速扩散，造成恶劣社会影响。

【法院判决】

南京市某区人民法院审理认定，被告人Q某犯侵害英雄烈士名誉、荣誉罪，判处有期徒刑八个月；并责令其通过国内主要门户网站及全国性媒体公开赔礼道歉，消除影响。

【律师解读】

英雄是一个民族的未来，凝聚着一个民族的精神，英雄烈士的事迹和精神是中华民族共同的历史记忆和宝贵的精神财富。侮辱英雄烈士不仅违背道德要求，而且违反法律规定。近年来，针对不断出现的丑化、诋毁、贬损、质疑英雄烈士的乱象，对辱烈行为予以法律的制裁，国家不断通过立法加强对英雄烈士的保护，全面建立了民事、行政、刑事三个层级的规制措施。

一、被告Q某的行为构成民事侵权

《民法典》第一千零二十五条规定："行为人为公共利益实施新闻报道、舆论监督等行为，影响他人名誉的，不承担民事责任，但是有下列情形之一的除外：（一）捏造、歪曲事实；……（三）使用侮辱性言辞等贬损他人名誉。"

《民法典》第一千零三十条规定："民事主体享有荣誉权。任何组织或者个人不得非法剥夺他人的荣誉称号，不得诋毁、贬损他人的荣誉。"

微博是一个公共场域，任何人都可以在法律的边界内表达自己的声音；但是微博不是法外之地，任何人不得歪曲事实侵害他人的合法权益。本案中，被告Q某在新浪微博上的发言歪曲事实，损害了英雄烈士的名誉和荣誉。虽然英雄烈士已经远去，不再是法律上的民事主体，但名誉作为社会对某一主体的评价，不会因烈士的死亡而消失，他们的名誉和荣誉依然受到法律保护。

二、被告Q某的行为属于行政违法行为

《治安管理处罚法》第二条规定："扰乱公共秩序，妨害公共安全，侵犯人身权利、财产权利，妨害社会管理，具有社会危害性，依照《中华人民共和国刑法》的规定构成犯罪的，依法追究刑事责任；尚不够刑事处罚的，由公安机关依照本法给予治安管理处罚。"

新浪微博作为一个大型公共网络社交平台，一个用户的发言均可能"一石激起千层浪"，产生巨大的社会效应。本案中，被告Q某歪曲卫国戍边官兵的英雄事迹的微博在网络上迅速扩散，造成恶劣的社会影响，扰乱了公共秩序，有巨大的社会危害性。Q某的行为构成行政违法行为。

三、被告Q某的行为构成侵害英雄烈士名誉、荣誉罪

根据2021年3月1日生效的《刑法修正案（十一）》第三十五条规定："侮辱、诽谤或者以其他方式侵害英雄烈士的名誉、荣誉，损害社会公共利益，情节严重的，处三年以下有期徒刑、拘役、管制或者剥夺政治权利。"该条规定就侵害英雄烈士名誉、荣誉的行为增设专门的罪名，标志着我国在英雄烈士名誉、荣誉保护方面民事、行政、刑事三个层级的规制措施全面建立。

刑法保护的是公共利益，英雄烈士的名誉和荣誉是一个国家民族精神的灵魂，是社会主义核心价值观的直接体现。本案中，被告人Q某的歪曲事实侮辱英雄烈士的行为不仅侵害了英烈及其家属的个人利益，更是违背了国家民族精神的要求，严重损害了社会公共利益，构成犯罪，应当依法承担刑事责任。

根据"法不溯及既往"及"从旧兼从轻"的规定，尽管被告Q某辱烈行为发生在2021年2月份，《刑法修正案十一》于2021年3月1日生效，但《刑法修正案十一》规定的"侵害英雄烈士名誉、荣誉罪"与《刑法》第二百四十六条规定的"侮辱诽谤罪"的刑罚一致，故应当认为被告人Q某的行为构成侵害英雄烈士名誉、荣誉罪。

四、被告Q某的行为注定难逃法律的罗网

《刑法修正案十一》将"侵害英雄烈士名誉、荣誉罪"规定在刑法第六章第一节"扰乱公共秩序罪"的范围之内，说明该类罪行属于公诉案件的范围。

《刑法》第二百四十六条第一款和第二款规定："以暴力或者其他方法公然侮辱他人或者捏造事实诽谤他人，情节严重的，处三年以下有期徒刑、拘役、管制或者剥夺政治权利。前款罪，告诉的才处理，但是严重危害社会秩序和国家利益的除外。"侵害英雄烈士名誉、荣誉的行为实际上也是侮辱、诽谤罪的行为类型，因此即使检察机关未及时提起诉讼，本案中受侵害的英雄烈士的近亲属可以直接向人民法院提起自诉，使得被告Q某的行为受到刑事追究。

英雄烈士的名誉和荣誉代表了一个民族的气节，但因烈士已溘然长逝，辱烈行为不能及时受到法律的制裁。为了及时有效维护英烈的名誉和荣誉，让违法行为人承担民事责任，法律规定了公益诉讼制度，赋予检察机关提起诉讼的权利，以有力打击辱烈的违法行为。

2018年5月1日起施行的《英雄烈士保护法》第二十五条第一款和第二款规定："对侵害英雄烈士的姓名、肖像、名誉、荣誉的行为，英雄烈士的近亲属可以依法向人民法院提起诉讼。英雄烈士没有近亲属或者近亲属不提起诉讼的，检察机关依法对侵害英雄烈士的姓名、肖像、名誉、荣誉，损害社会公共利益的行为向人民法院提起诉讼。"

本案是2021年推动法治进程十大判例之一，针对被告人Q某侮辱英雄烈士的行为，英烈的近亲属可及时提起民事诉讼；即使近亲属不能及时起诉，检察机关亦可提起公益诉讼，依法追究被告Q某的民事责任。

《民法典》第一百七十九条规定，民事责任的承担方式包括停止侵害，消除影响、恢复名誉，赔礼道歉等方式。本案中，被告Q某在新浪微博上歪曲卫国成边官兵的英雄事迹，侵害了英雄烈士的名誉和荣誉，应当依法承担民事责任，进行公开赔礼道歉，消除其造成的恶劣影响。

第三部分
公司法篇

79. 信托投资人王某要求信托公司披露信托计划投资数据，为何败诉？

□ 刘 涛

【案情简介】

投资人王某认购了某信托有限公司（以下简称某信托）成立的经营收益权集合资金信托计划（以下简称信托计划）份额，成为信托计划的委托人、受益人。然而信托计划迟迟未能正常兑付，根据某信托官网的公告信息，信托计划已经第六次延期。

投资人王某认为，某信托在信托计划成立后，从未对信托计划的具体运行情况作出详细说明，更未对信托资金使用情况、信托计划的具体管理过程进行详细披露。投资人王某为了解信托计划的详细情况，多次要求其公开相关材料，但遭到某信托拒绝，该行为侵犯了投资人王某的合法权益。故投资人王某行使委托人知情权的权利，提起本案诉讼。

【判决结果】

不予支持投资人王某要求某信托公开完整银行账户收支明细、信托财产划拨指令、财务报告等投资数据的诉讼请求。

【律师解读】

本案的部分争议焦点在于，信托投资人是否有权要求某信托提供完整银行账户收支明细、信托财产划拨指令、财务报告、信托事务管理报告等投资数据。

一、委托人的知情权范围有哪些？

《信托法》第二十条规定："委托人有权了解其信托财产的管理运用、处分及收支情况，并有权要求受托人作出说明。委托人有权查阅、抄录或者复制与其信托财产有关的信托账目以及处理信托事务的其他文件。"法律规定的委托人的查阅权对于信托账目及其他文件的具体指向并未作出明确解释。

《信托公司集合资金信托计划管理办法》第三十四条规定:"信托公司应当依照法律法规的规定和信托计划文件的约定按时披露信息,并保证所披露信息的真实性、准确性和完整性。"第三十五条规定:"受益人有权向信托公司查询与其信托财产相关的信息,信托公司应在不损害其他受益人合法权益的前提下,准确、及时、完整地提供相关信息,不得拒绝、推诿。"

法律规定的委托人的查阅权的范围仅限于"与其信托财产有关的信托账目以及处理信托事务的其他文件",但对于信托账目及其他文件的具体指向并未作出明确解释。

二、投资数据是否属于委托人的知情权范围?

本案中,委托人提起诉讼系行使委托人知情权的权利。投资人王某认为查阅的范围应当包括完整银行账户收支明细、信托财产划拨指令、财务报告等投资数据。

首先,法院认为知情权的目的在于了解其信托财产的管理运用、处分及收支情况,具体到信托项目上主要体现为信托资金管理报告或处理信托事务的完整记录。即某信托发布的信托计划的成立公告、信托事务管理报告,已经可以反映某信托对投资人王某信托财产进行管理、运用及收支的情况,满足投资人作为委托人的知情权。

其次,关于投资人王某要求某信托披露完整银行账户收支明细、信托财产划拨指令、财务报告等不限于投资人的信托资金等投资数据的主张。本案中,原告投资人王某的信托资金为300万元,但整个信托计划必然包括了其他委托人投资的金额。信托合同中明确约定了信托公司的保密义务,因此,法院认为投资人不能要求某信托公开完整银行账户收支明细、信托财产划拨指令、财务报告等信托计划投资数据。

80. 公司章程规定"离职即退股"条款，是否有效？

□ 王　阳

【案情简介】

A集团于2006年改制成立A有限责任公司（简称A公司），依据其改制方案，公司高管可按照认缴出资1：5的比例获配A集团的资产。根据A公司制定的新章程的第十四条规定："与本公司终止劳动合同、解除劳动关系及因组织调动离开本公司及其他原因离开公司或人民法院依照法律规定强制执行转让股东的股权时，其认缴现金获得的股权必须按第十二条规定转让募集资金，获得的配股权和放弃募集资金获得的送股权由公司无偿收回"，新章程第十二条的主要内容是对于股东股权转让的限制，"股东实际认缴现金获得的股权在公司服务满三年后方可转让；募集资金获得的配股权和放弃募集资金获得的送股权不能转让"。新章程在注册资本及股东姓名、出资额及出资比例部分均为空白，且未在工商行政管理机关备案。

董某为原A集团的副总经理，属高管人员，其现金出资36万元，依方案获配原A集团资产180万元，股权共计216万元。但在A公司成立后的第二年，董事会向董某发出通知称：由于公司已与你解除劳动合同，根据公司章程第十四条规定退回你本人认缴股金，结合公司五次董事会决议，限你于某日前到公司工会委员会办理手续、领取股金。

董某拒绝退股，并诉至人民法院，请求判令A公司胁迫其退股为非法，确认董某合法的股东权利。

【判决结果】

一审中院判决：

1. 确认董某系A公司股东（该公司设立时董某所占股权价值为216万元）；

2. A 公司董事会对董某发出的退股通知无效；

3. 驳回董某的其他诉讼请求。

二审高院判决：

1. 撤销中级人民法院民事判决；

2. "成立章程"和"退股通知"均有效；

3. 董某自 A 公司成立之日起 A 公司董事会发出"退股通知"之日止的股东权益，董某可另行主张。

【律师解读】

《公司法》第十一条规定，设立公司必须依法制定公司章程。公司章程对公司、股东、董事、监事、高级管理人员具有约束力。

《公司法》第二十二条规定，公司股东会或者股东大会、董事会的决议内容违反法律、行政法规的无效。股东会或者股东大会、董事会的会议召集程序、表决方式违反法律、行政法规或者公司章程，或者决议内容违反公司章程的，股东可以自决议作出之日起六十日内，请求人民法院撤销。

《公司法》第二十五条规定，有限责任公司章程应当载明下列事项：（一）公司名称和住所；（二）公司经营范围；（三）公司注册资本；（四）股东的姓名或者名称；（五）股东的出资方式、出资额和出资时间；（六）公司的机构及其产生办法、职权、议事规则；（七）公司法定代表人；（八）股东会议认为需要规定的其他事项。

本案涉及的争议焦点为：

一、未经登记备案章程的效力

二审法院并不认同一审法院关于章程无效的观点，其依据主要来源于《公司法》第十一条和第二十二条。未经登记备案的章程存在一定程度上的瑕疵，但不能因此完全否认它的效力，该章程要件完备，是全体职工股东真实意思表示，对规范 A 公司内部隐名股东董某的股权同样具有约束力。公司章程是关于公司的组织结构、内部关系和开展公司业务活动的基本规则和依据，亦是股东自治意思规则的载体，具有公司自治特点，只要股东达成合意，且不违背法律的强制性规范，公司章程即有效。

二、"离职即退股"条款的合法性

职工持股是一种常见的股权激励方式,国有企业改制中,大量国有企业采用这种方式吸纳员工入股,完成向有限责任公司的体制转变。有限责任公司以人合性为其本质属性,资合性为其外在表现形式。"离职退股"条款可看作是公司治理结构的制度设计中人合性的一种表现之一,是双方意思的自由表达,使公司与股东及股东与股东之间的权利关系得以平衡。

《公司法》二十五条第一款第八项"股东会会议认为需要规定的其他事项"的规定,侧面说明在满足该二十二条的基础上,公司法对公司章程可规范的事项进行了广泛的授权:从公司的设立目的到企业的经营范围;从会议召开的次数到表决机制的设定;从内设机构的职能到董事监事的选任;从股份转让的条件到对外担保的限制,等等,全都可以在法律允许的范围内由公司章程自主决定,这就为公司自治提供了最根本的手段。值得注意的是,在众多"离职即退股"案例中,案涉公司多为国有企业改制而来,因此在章程中规定股东离职强制退股的条款效力是否受公司性质的影响,存在着不确定性。不过从法院裁判观点中,均没有将公司国有企业改制的背景作为该章程条款有效的前提条件,它们的分析全部集中在章程或者协议系股东与公司的真实意思表示,该约定不违反强制性法律规定这两个方面。

81. 公司破产清算,哪些债务清偿行为可以被撤销?

□ 李 娟

【案情简介】

2017年9月11日,某福食品公司与某银行签订《最高额融资合同》,约定某银行向某福食品公司提供最高限额1600万元额度的融资借款,期限一年。2017年9月20日,某银行向某福食品公司提供1598.8万元借款。2018年12月11日,某中级人民法院作出受理某福食品公司破产清算一案的裁定，并于 2018 年 12 月 25 日指定某律师事务所为管理人。

某福食品公司于 2018 年 8 月 21 日向某银行支付本金及利息共计 194.65 万元。2018 年 12 月 28 日案外人罗某华向某银行清偿债务 11.3 万元，收款人备注为：其他暂收款项贷款还款过渡户。管理人提交了某福食品公司的记账凭证，显示罗某华代某福食品公司还款 11.3 万元。经查，罗某华是某福食品公司的财务人员。某银行的银行流水显示：2018 年 12 月 29 日，某福食品公司支付利息共计 11.3 万元。

2018 年 9 月 3 日，某会计师事务所出具《专项审计报告》，该报告显示：截至 2018 年 7 月 31 日，某福食品公司具备破产原因，公司的财务报表显示截至 2018 年 5 月 30 日某福食品公司净资产为 -1.42 亿元，已资不抵债，同时大量债务无法清偿。

【判决结果】

确认某福食品公司向某银行的个别清偿行为无效，某银行返还个别清偿债务款。

【律师解读】

一、管理人是否有权主张撤销个别清偿行为？

根据《中华人民共和国企业破产法》规定，企业法人不能清偿到期债务，并且资产不足以清偿全部债务或者明显缺乏清偿能力的，人民法院受理破产申请前六个月内，企业仍对个别债权人进行清偿，并且该个别清偿行为并未使债务人财产受益的，管理人有权请求人民法院予以撤销。本案中，某福食品公司归还的款项，属于前述法律规定的无效行为，管理人请求某银行返还，于法有据。

二、撤销债务人清偿到期债务行为需要具备什么条件？

撤销债务人个别清偿行为，需要具备三个条件：

（1）该清偿行为发生在人民法院受理破产申请前六个月内；

（2）债务人清偿时已经出现不能清偿到期债务，并且资产不足以清偿全部债务或明显缺乏清偿能力的情形；

（3）该清偿行为没有使债务人的财产受益。

结合本案，某福食品公司进行清偿行为时，已经出现不能清偿到期债务，并且资产不足以清偿全部债务或明显缺乏清偿能力的情形。法院已于2018年12月11日作出受理某福食品公司破产清算一案的裁定。在某福食品公司的破产审理程序中，由法院确定的审计机构某会计师事务所进行了审计结果为：截至2018年5月30日某福食品公司净资产为-1.42亿元，已资不抵债。所以，可以认定某福食品有限公司在受理破产申请前6个月内具备破产原因，即符合撤销债务人清偿到期债务行为所需要具备的条件。

三、某银行以不知情为善意债权人的抗辩是否成立？

某银行于2018年8月21日起扣划共计194.65万元。上述扣划均发生自法院受理某福食品公司受理破产申请前六个月内。此时某福食品公司已经不能清偿到期债务，而且扣划某福食品公司银行账户的存款显然对某福食品公司的其他债权人是不利的。根据《企业破产法》之规定，破产撤销权并不区分债权人主观是善意还是恶意。某银行的上述扣划行为已经构成了上述法律规定的应当予以撤销的个别清偿行为，依法应当予以撤销。

四、财务人员代为转账支付还款行为的认定

2018年12月11日法院受理某福食品公司破产清算一案后，某福食品公司财务人员罗某华代某福食品公司转账给某银行还款的行为，是其作为某福食品公司工作人员向某银行清偿欠付的银行利息，该还款行为是履行职务的行为，故还款应当被认定是某福食品公司的还款。

五、本案法律适用的启示

公司破产个别清偿行为撤销权的设置，是为了防止破产债务人在破产程序开始前的临界期间对个别债权人进行清偿的行为导致破产债务人责任财产受损，确保破产债务人责任财产得以在全体破产债权人之间进行公平分配。破产个别清偿行为撤销权行使的前提是存在破产债务人个别清偿行为损害其他破产债权人公平受偿权利的客观事实，具体而言，该行为减少了破产债务人的一般责任财产；且该行为使个别债权人得到偏颇性受偿，损害了其他债权人的利益，故应该被撤销。

82. 未经审批的国有股权转让合同，是否有效？

□ 张 磊

【案情简介】

2009年9月，A公司与李某签订了《股份转让协议》，约定A公司将其持有的占B集团总股本12.32%的股份转让给李某，总价款约22亿余元，在协议签订后五个工作日内一次性付清。该协议约定A公司在转让协议生效并收到全部价款后，应当及时办理股份转让有关的报批手续。该协议第30条约定，协议自签订之日起生效，但是须获得有关国资监管机构的批准同意后方能实施。《股份转让协议》签订后，李某依约向A公司支付了股权转让款。

《股份转让协议》签订后第二天，A公司向其上级机构C集团公司上报了股份转让事宜。2011年4月，李某向A公司发函，要求A公司将协议项下股份过户登记至李某名下。A公司于2011年5月回函称，本次股份转让事宜必须获得批准后方能实施，其已向上级主管机构报批，现未收到批复意见，若有进展，将及时通知。2012年3月，C集团公司上级总公司批复"不同意本次股份转让"。于是，C集团公司也作出了相应不同意转让的批复。

李某向法院起诉，请求确认《协议》合法有效，并判令A公司全面继续履行并承担相应的违约责任。

【判决结果】

1. 一审：判决认定《股份转让协议》合法有效；对李某请求继续全面履行协议的请求不予支持，理由为《股份转让协议》未经有关国资监管机构批准，无法实施。

2. 二审：认定《股份转让协议》未生效；改判A公司返还股权转让款及利息。

【律师解读】

依据《合同法》第四十四条规定："法律、行政法规规定应当办理批准、登记等手续生效的、依照其规定。"和《最高人民法院关于适用＜中华人民共和国合同法＞若干问题的解释（一）》第九条第一款的规定："依照合同法第四十四条第二款的规定，法律、行政法规规定合同应当办理批准手续，或者办理批准、登记等手续才生效，在一审法庭辩论终结前当事人仍未办理批准手续的，或者仍未办理批准、登记等手续的，人民法院应当认定该合同未生效"，结合本案，案涉股权转让属于国有股权转让范畴，又依据《企业国有资产法》第五十三条、《企业国有资产监督管理暂行条例》第二十三条、二十四条以及《国有股东转让所持上市公司股份管理暂行办法》的规定，本案《股权转让协议》依法应当办理批准手续，需经财政部批准才能生效，因A公司上级主管总公司不同意转让，报批结束，已确定无法获得批准，故本案《股权转让协议》未生效。

就国有股权转让而言，首先，我们应该意识到，涉及国有资产的处置，进而涉及国家利益和社会公共利益的保护，为此，我国颁布了《企业国有资产法》《企业国有资产监督管理暂行条例》等法律、行政法规，国资委、证监会及其他部委也制定了包含《国有股东转让所持上市公司股份管理暂行办法》在内的部门规章，对国有股权转让的决策审批程序、评估定价程序、进场公平竞价程序进行了相应的规定。其次，当签订的股权转让协议违反国有股权转让领域的法律、法规、规章时，对协议效力的判断，须回到老生常谈的判断规则，即判断上述法律规定是效力性强制规定还是管理性强制规定，笔者认为，之于国有资产处置，我们往往需要思考，在协议违反相关法律规定后，是否会损害国家利益和社会公共利益，是否会导致国有资产流失，是否与立法目的背道而驰，如有此后果，协议应认定为无效或者未生效。

就法律适用而言，上述《合同法》条款及其司法解释是本案法律适用的重要逻辑起点，之后延伸到国有股权转让领域的特别规定，可以发现，《企业国有资产法》《企业国有资产监督管理暂行条例》，对批准程序仅为原则性规定，不具体，但授权了国资委等制定了报国务院批准的《国有股东转让所持上市公司股份管理暂行办法》，该管理办法为部门规章，在《九民纪要》出台前，法律界往往认为，违反规章不影响合同效力。就本案，我们不难看出，最高法对于违反规章可能影响合同效力的观点，在《九民纪要》出台前后是一致的。

83. 股民没起诉，为何能得到法院判决赔偿？

□ 王 琪

【案情简介】

某药业股份有限公司（证券代码：×××518，以下简称某药业），因在年报和半年报中存在虚假记载和重大遗漏，被中国证监会给予行政处罚。2020年12月31日，原告顾某、刘某等11名投资者，就某药业证券虚假陈述责任纠纷向广州中院提起诉讼。前述投资者共同推选顾某、刘某为拟任代表人，同时请求诉讼请求相同并申请加入本案诉讼的其他投资者，一并提起普通代表人诉讼，要求某药业、马某、许某等被告赔偿其投资损失。广州中院依法受理，经审查决定适用普通代表人诉讼程序审理。2021年4月8日，中证中小投资者服务中心有限责任公司（以下简称投服中心）接受56名证券投资者的特别授权，申请作为代表人参加诉讼。经最高人民法院指定管辖，广州中院适用特别代表人诉讼程序审理该案。2021年4月16日，广州中院发布《特别代表人诉讼权利登记公告》，如符合相关规定的权利人范围的投资者未在公告期间届满后十五日内，向广州中院书面声明退出本特别代表人诉讼的，即视为同意参加本特别代表人诉讼。

【判决结果】

责令某药业股份有限公司向原告顾某、黄某等52037名投资者赔偿投资损失24.59亿元。

【律师解读】

一、证券市场虚假陈述行为的认定

《最高人民法院关于审理证券市场因虚假陈述引发的民事赔偿案件的若干规定》第十七条第一款规定："证券市场虚假陈述，是指信息披露义务人违反证券法律规定，在证券发行或者交易过程中，对重大事件作出违背事实真相的虚假记载、误导性陈述，或者在披露信息时发生重大遗漏、不正当披露信息的行为。"通常，证券虚假陈述责任纠纷案件的争议焦点，除了对案涉虚假陈述行为的认定，还有原告投资损失与案涉虚假陈述行为之间有无因果关系、各被告赔偿责任的认定等。

二、关于投资者保护制度的相关法律规定

我国2019年修订的证券法新设专章规定了投资者保护制度，并作出了一系列的制度安排，如《中华人民共和国证券法》第九十五条第三款规定："投资者保护机构受五十名以上投资者委托，可以作为代表人参加诉讼，并为经证券登记结算机构确认的权利人依照前款规定向人民法院登记，但投资者明确表示不愿意参加该诉讼的除外。"另外，《最高人民法院关于证券纠纷代表人诉讼若干问题的规定》第三十二条第一款规定："人民法院已经根据民事诉讼法第五十四条第一款、证券法第九十五条第二款的规定发布权利登记公告的，投资者保护机构在公告期间受五十名以上权利人的特别授权，可以作为代表人参加诉讼。"

三、某药业证券虚假陈述责任纠纷一案的意义

本案是2021年推动法治进程十大判例之一，也是首例采用特别代表人诉讼方式进行的证券虚假陈述责任纠纷案件。本案中，法院准确适用法律规则，依法公开、公平、公正地推进审理程序，合理划分主体责任：一是充分发挥了投资者保护机构的作用，接受50名以上投资者的委托作为代表人参加诉讼；二是允许投资者保护机构按照证券登记结算机构确认的权利人，向人民法院登记诉讼主体；三是标志着以投资者"默示加入、明示退出"为特色的中国式集体诉讼司法实践成功落地，为投资者提起和参加诉讼提供了便利，降低了投资者维权成本，有效惩治资本市场违法违规行为，对促进资本市场深化改革和健康发展、切实维护投资者合法权益具

有深远意义。本案也是资本市场法治建设的新标杆,也为今后类似案件的处理提供了范例。

84. 怠于履行清算义务的股东,对公司债务是否承担连带清偿责任?

□ 李 娟

【案情简介】

2018年2月5日,某龙公司与某通公司因《技术服务协议》发生纠纷,向某仲裁委员会申请仲裁,某仲裁委员会于2018年5月4日作出确认某通公司应向某龙公司支付技术服务费132万元的裁决书。某龙公司于2018年6月19日向某中级人民法院申请执行,经查某通公司名下无房产、土地所有权登记;该公司名下无可供执行的银行存款;申请执行人某龙公司不能提供被执行人可供执行的财产线索。

2019年7月29日,某中级人民法院作出本次执行程序终结的裁定。

2020年2月21日,某区人民法院根据另一债权人某坤公司的申请,裁定受理某通公司破产清算一案。之后,某通公司管理人向法院提出申请,称管理人未能查找到某通公司的人员、证照、印章、账册等资料,亦未查找到任何财产,现无任何财产可供分配,请求法院宣告某通公司破产并终结某通公司破产程序。

2020年9月6日,某区法院作出裁定:

一、宣告某通公司破产;

二、终结某通公司破产程序。

经查某通公司工商信息:公司注册资本:1000万元人民币,股东及出资情况为:某青公司实际缴付出资数额780万元;罗某燕实际缴付出资数额20万元;于某红实际缴付出资数额200万元,法定代表人为路某楠。股东某青公司为自然人独资的有限责任公司,路某楠系其一人股东及法定代表人。某通公司于2018年2月10日被登记为吊销企业。

2020年11月16日,某龙公司向某通公司管理人发函,询问是否行使对某通公司股东及高管的起诉权利。其管理人称放弃起诉权利,故某龙公司有权代表全体债权人提起诉讼,请求股东罗某燕、某青公司、于某红,以及某青公司的一人股东路某楠共同对某通公司欠付债权人的债务承担连带责任。

在案件审理过程中,罗某燕、某青公司、于某红、路某楠均表示不清楚某通公司的证照、印章、账册、财产情况。

【判决结果】

一审法院判决支持某龙公司的诉讼请求。
二审法院判决维持一审判决。

【律师解读】

一、本案争议焦点是某通公司股东罗某燕、某青公司、于某红,以及作为某通公司法定代表人和某青公司一人股东的路某楠是否应对公司债务承担连带清偿责任?

公司因依法被吊销营业执照而解散的,应当在解散事由出现之日起十五日内成立清算组,开始清算。有限责任公司股东清算责任的性质是因股东怠于履行清算义务致使公司无法清算所应当承担的侵权责任。即有限责任公司的股东因怠于履行义务,导致公司主要财产、账册、重要文件等灭失,无法进行清算,债权人有权主张其对公司债务承担连带清偿责任。

二、作为清算义务人的股东承担上述清算赔偿责任应符合以下构成要件

1. 清算义务人有违反法律规定,怠于履行清算义务的行为;
2. 清算义务人的行为造成了债权人的直接损失;
3. 清算义务人怠于履行清算义务的行为与债权人的损失之间具有法律上的因果关系。

三、股东怠于履行相应义务与债权人追偿债权之目的无法实现之间具有因果关系

本案某通公司于2018年2月10日被依法吊销营业执照后,根据《中华人民共和国公司法》第一百八十三条之规定，罗某燕、路某楠、某青公司作为股东应当在十五日内成立清算组，进行清算，但三股东并没有按照上述法律规定履行清算义务。

债权人向法院提起破产清算申请后，因三股东无法提供公司财务资料，根据现有证据无法查实公司的资产状况，故终结对破产清算程序。

至于无法提供财务资料的原因，三股东未作出说明，应是未能履行妥善保管义务所致，三股东对此存在明显过错。股东怠于履行相应义务，导致公司主要财产、账册、重要文件等灭失，公司无法进行清算，无法确认公司破产财产，致使债权人追偿债权之目的无法实现。

四、本案法律适用的启示

清算义务人存在怠于履行清算义务的行为，且因未能妥善保管财务资料，无法确认破产财产，使破产程序终结。清算义务人的上述行为导致债权人追偿债权的目的无法实现，给债权人造成了损失，即清算义务人怠于履行清算义务的行为与债权人的损失之间具有法律上的因果关系，作为清算义务人的股东应对公司债务承担连带清偿责任。本案中，某龙公司主张某通公司股东罗某燕、某青公司、于某红，以及某青公司的一人股东路某楠共同对某通公司欠付债权人的债务承担连带清偿责任，于法有据。

85. 信托公司强制平仓前未通知补仓，投资人可否要求赔偿？

□ 唐春林

【案情简介】

安州价值优选26号风险缓冲（以下简称26号信托计划）与安州价值优选27号风险缓冲（以下简称27号信托计划）为某信托公司发布的结构化信托产品。在结构化信托产品中，委托人包括优先级委托人和劣后级委托人（又称次级委托人）。委托人的义务主要是支付资金，优先和劣后的区别主要取决于收益分配顺序以及对资金运用的影响力。

本案投资人作为委托人认购 26 号信托计划、27 号信托计划 B 类信托单位，成为 B 类受益人（劣后级委托人）。合同约定信托计划运行期间，当某一交易日估值结果显示该日信托单位净值等于或低于 95 元时，信托计划触及预警线，信托公司将于触及预警线之日 16：30 以前，以录音电话或传真形式通知 B 类受益人，B 类受益人可向信托计划追加信托资金（以下简称补仓）。在 26 号信托计划触及预警线、27 号信托计划直接跌破平仓线时信托公司均未履行通知义务，并强制进行了平仓，给投资人造成了不可弥补的损失，投资人便委托律师通过诉讼来推进赔偿问题的解决。

最终法院基本支持了律师的观点，投资人顺利获得了赔偿。

【判决结果】

一审判决：
信托公司于判决生效之日起 10 日内赔偿投资人损失 657 042.52 元
二审判决：
1. 撤销一审民事判决；
2. 信托公司于判决生效之日起 10 日内赔偿投资人损失 733 647.19 元。

【律师解读】

法律法规并没有对强制平仓前是否应当通知投资人补仓进行明确规定，信托公司按照合同约定履行的强制平仓操作，是信托公司履行受托职责的行为，正常情况下对劣后级受益者的损失无须承担赔偿责任。但如果信托公司的强制平仓行为存在不符合合同约定，则须承担相应的违约责任及损失赔偿。

一、信托公司是否存在未通知投资人补仓的违约行为

就 26 号信托计划，双方的合同条款对受托人信托公司的通知义务有明确的约定，信托公司无证据证明其依据合同约定的方式履行了通知义务。

虽然信托公司主张后续部分投资者存在补仓的情形，以此认定其履行了通知义务，但法院并没有采信。法院认为在没有证据证明其依据合同约定的方式履行了通知义务的情况下，部分投资者的补仓行为可能基于各种渠道的信息来源和考量因素，信托公司通知并不是投资者补仓的唯一原因，信托公司的证明逻辑本身就不成立。故在26号信托计划中，可以认定某信托公司未履行合同约定的信托净值触及预警线及平仓后的通知义务，即产生了违约行为。

就27号信托计划，存在一定特殊性，即在2015年6月29日，信托单位净值直接跌破平仓线，未存在跌破预警线但未达平仓线的阶段。该特殊性导致双方的争议点在于：某信托公司主张直接跌破平仓线则不存在通知义务。律师主张跌破平仓线实际经过了"触及预警线"的过程，只要触及预警线，则信托公司就产生了通知义务。

本案中，信托合同并未明确详细约定跌破平仓线是否需要通知投资人，虽然合同约定跌破平仓线后，信托公司可以进行平仓，但是并未约定投资人不可以通过补仓来避免信托计划被平仓变现。而在触及预警线后，投资人即应享有被通知并考虑是否补仓的权利，该权利不应当以直接跌破平仓线为由而被实质性剥夺。就该问题上，法院采纳了律师的观点。

受托人信托公司是否就信托计划跌破预警线履行了通知义务，主要从其合同约定。除此之外，不能以触及预警线之后，部分投资者存在追加增强资金的行为来反证其履行了通知义务，因为信托公司通知或者委托他人通知并不是投资者追加资金的唯一原因，该证明逻辑本身不成立。综上，信托公司存在未通知投资人补仓的违约行为。

二、过错分担与损失计算

信托公司应当承担的损失比例责任范围的确定，法律并无明文规定，应参照合同约定。在无约定以及《信托法》未明确规定的情况下，应当参照适用《合同法》第一百一十三条规定。即当事人一方不履行合同义务或者履行合同义务不符合约定，给对方造成损失的，损失赔偿额应当相当于因违约造成的损失，包括合同履行后可以获得的利益，但不得超过违反合同一方订立合同时预见到或者应当预见到的因违反合同可能造成的损失。

案涉信托计划投资于证券市场，正常的市场风险不应当由信托公司承担，投资人请求赔偿的损失应当剔除正常因素造成的损失。故，在信托单位净值触及预警线之前的信托财产的浮动亏损，主要源自市场波动。但是触及预警线之后，对于信托公司未通知投资人补仓的违约行为，而导致的投资人损失，信托公司应当承担赔偿责任，投资人可以要求信托公司进行损失赔偿。

本案中，无证据证明投资人存在过错，则根据合同约定，某信托公司作为违反合同义务的一方，应当承担违约责任并赔偿因违约造成的全部损失。

86. 涉借贷关系的股权转让，法律关系如何认定？

□ 张 磊

【案情简介】

2013年6月至11月，A（自然人）向B公司汇入资金共计1400余万元；其中，包含成为B公司股东的投资款400万元，占股20%，余款1000余万元系A向B公司提供的借款。

2014年1月，A与C（自然人）、B公司签订《资产转让协议书》，约定A将持有的B公司20%股权与享有对B公司的1000余万元债权转让于C，转让价格为2500万元，C于协议生效后3日内向A支付500万元，其余2000万元在B公司一期项目开盘后3个月内支付，并从工商变更之日至还清之日止计息。

2014年2月，B公司形成股东会决议，载明一致同意A股权转让给C，该公司同日修改了章程，确认了C为该公司股东。

2015年5月，C向A出具书面材料一份，内容为关于欠A剩余股权转让款2000万元已到期，在2015年5月底之前支付，若未支付，将继续承担利息。

2015年11月，A与C、D签订《债权债务确认书》，主要约定：截至2015年11月，C尚欠A本金2000万元，利息684万元；D承诺对该债务承担连带保证责任，该确认书列明了借款本金及利息计算表。因C未完全履行付款义务，A起诉要求C及其配偶E还款，D承担连带责任。

【判决结果】

一审：C、E向A支付转让款2000万元，并支付利息；D对上述债务承担连带清偿责任。

C、E、D不服判决，提起上诉。

二审：驳回C、E、D上诉，维持原判。

【律师解读】

股东的出资额与股权的价值不一定处于等值状态，不能仅以股东出资额来衡量股权交易价格；《资产转让协议书》并不违反法律、行政法规，不损害第三人的利益，结合案涉《资产转让协议书》，A已具有股东资格以及履行事实，本案为股权转让，非民间借贷。

在公司经营过程中，因融资或者项目合作等需要，公司、股东、第三人之间时常产生股权对内或对外转让、相互借款、项目合作等多种交易行为，在交易的过程中，往往可能形成股权转让、民间借贷、合伙、联营合作等多种法律关系，当相关法律事实互相掺杂、关联时，会形成多重或多种意思表示，加之双方协议内容的语义表达不精准及反应事实不完善，当交易双方产生纠纷时，当事人一方往往只对自己有利的法律关系予以认定，因此，当事人在进行上述相关交易时，风控尤显重要，否则，就可能产生不利的诉讼后果，导致损失。

本案中，笔者认为A在与C的交易过程中，形成了多份前后一致、具有连贯性的书面材料，对本案的事实认定产生了较为积极的作用。

本案代理人通过举证以及法庭查明协议的履行情况，从而准确认定双方的真实意思表示。证明A在《资产转让协议书》前即已是B公司的股东，享有股权及转让权，从而促使法庭结合股权价值与出资额不一定处于等值状态的观点，作出了对A有利的裁判。

87. 公司股东依法行使知情权，法院如何判决？

□ 李 娟

【案情简介】

某瑞公司于2014年10月21日成立，类型为有限责任公司，法定代表人为杨某，工商登记及公司章程中均显示刘某为该公司股东。自2017年5月1日刘某成为公司股东，某瑞公司一直未向刘某公布财务会计报告且称公司经营一直处于亏损状态。刘某多次向某瑞公司申请复制、查询相关的股东会会议记录以及会计账簿，某瑞公司均予以拒绝。

2020年12月28日，刘某通过快递向某瑞公司法定代表人发送了《告知函》，提出以下要求：

1. 查询、复制公司自成立以来的全部执行董事决议及监事决议；

2. 查询复制公司自2017年5月1日至实际查询日的所有股东会会议记录、股东会决议、财务会计报告；

3. 查询、复制公司自2017年5月1日至实际查询日的所有会计账簿等文件；就以上事项，望公司收到此函后3个工作日内与我进行联系，准备好相关资料，如公司逾期不予答复，刘某作为公司股东将采取进一步法律措施。某瑞公司法定代表人杨某于2021年1月3日签收了该快递。

【判决结果】

被告某瑞公司置备自2017年5月1日起至判决生效之日止的股东会会议记录、财务会计报告、执行董事决定、监事决定、会计账簿（包括总账、明细账、日记账）于其住所地供原告刘某查阅、复制，在原告刘某在场的情况下，可以由原告刘某委托的注册会计师及律师在场协助查阅。

【律师解读】

一、公司股东知情权系股东所享有的法定权利，任何人不得剥夺或限制某瑞公司工商登记材料记载，刘某系某瑞公司股东，根据《中华人民共和国公司法》之规定，公司的股东有权查阅、复制公司章程、股东会会议记录、董事会会议决议、监事会会议决议和财务会计报告。股东可以要求查阅公司会计账簿，公司拒绝提供查阅的，股东可以请求人民法院要求公司提供查阅。故刘某要求查阅、复制自2017年5月1日起的所有股东会会议记录、财务会计报告、执行董事决定、监事决定于法有据，系股东所享有的法定权利，任何人不得剥夺或限制。

二、股东刘某提起诉讼要求查阅会计账簿是否满足法律规定的前置条件？

根据《中华人民共和国公司法》之规定，股东申请查阅公司会计账簿应向公司提出书面请求、说明目的。刘某已于2020年12月28日向某瑞公司法定代表人邮寄了《告知函》，说明了查阅目的，杨某确认已收到上述函件。虽然某瑞公司并未明确拒绝刘某的查阅请求，但亦未提供会计账簿供其查阅，刘某已经履行了法律规定的程序，其提起股东知情权诉讼的前置条件已经满足。故刘某要求查阅某瑞公司自2017年5月1日起的会计账簿，具有事实和法律依据。

三、如何确定股东知情权查询财务报表、账簿之范围？

根据《中华人民共和国公司法》之规定，对于股东可以行使知情权的范围进行了明确的列举，公司的股东有权查阅、复制公司章程、股东会会议记录、董事会会议决议、监事会会议决议和财务会计报告，可以要求查阅公司会计账簿。又根据《会计法》及《企业会计准则》之规定，财务会计报告包括会计报表及其附注和其他应当在财务会计报告中披露的相关信息和资料，应当包括（一）会计报表；（二）会计报表附注；（三）财务情况说明书。会计报表至少应包括下列组成部分：资产负债表、利润表、现金流量表、所有者权益变动表及相关附表。会计账簿包括总账、明细账、日记账。另外，根据《中华人民共和国税收征收管理法》之规定：纳税人必须依照法律、行政法规规定或者税务机关依照法律、行政法规的规定确定的申报期限、申报内容如实办理纳税申报，报送纳税申报表、财务会计报表以及税务机关根据实际需要要求纳税人报送的其他纳税资料。国家税务总局纳税指南中明确列明财务会计报表包括：资产负债表、利润表、现金流量表、所有者权益变动表、附注，公司在向税务机关报送财务报告时应当提供以上报表。因此，公司应该具备上述财务报表及会计账簿材料，且应当向股东提供。

四、如何保障达到行使股东知情权之目的？

股东一般并非财务专业人士，其在行使股东知情权时，并不能完全理解公司特定文件资料的全部内容，为保障达到行使股东知情权的目的，根据《最高人民法院关于适用＜中华人民共和国公司法＞若干问题的规定（四）》之规定："股东依据人民法院生效判决查阅公司文件材料的，在该股东在场的情况下，可由会计师、律师等依法或者依据执业行为规范负有保密义务的中介机构执业人员辅助进行"，所以股东刘某在行使股东知情权时可以委托会计师、律师等依法或者依据执业行为规范负有保密义务的中介机构执业人员辅助进行。

第四部分
劳动法篇

第四部分

常微分方程

88. 骑车下班与流浪狗相撞受伤，是否构成工伤？

□ 韩英伟

【案情简介】

夏某是 S 公司员工，2016 年 4 月的一天，夏某骑电瓶车正常下班回家，路上一条流浪狗突然从路边蹿出，由于车速较快，夏某躲闪不及撞上了狗。后被医院被诊断为头部外伤、蛛网膜下腔出血、颅底骨折、左锁骨骨折。经交警现场勘查调查，作出《道路交通事故认定书》，认定夏某不承担事故责任。夏某提起工伤认定申请，当地人社部门作出认定工伤决定书，予以认定为工伤。S 公司不服，认为本案不属交通事故，属动物致人损害赔偿，不应认定为工伤，遂向法院提起行政诉讼。

【判决结果】

一审法院：驳回 S 公司的诉讼请求。

二审法院：驳回 S 公司的上诉，维持原判。

【律师解读】

各方对夏某下班合理的正常行驶路线、时间、范围的事实并无争议，仅对于夏某事故的发生是否是因为与狗相撞以及即使相撞是否属于交通意外事故存在争议，所以本案的一个焦点问题是夏某的伤害事故是否属于交通意外事故？

根据《中华人民共和国道路交通安全法》第一百一十九条第一款第五项规定，交通事故是指车辆在道路上因过错或者意外造成的人身伤亡或者财产损失的事件。意外事故是指行为人的行为虽然在客观上造成了损害后果，但不是出于行为人的故意或者过失，而是由于不能预见的原因引起的。《道路交通事故处理程序规定》规定,各方均无导致道路交通事故的过错,属于交通意外事故的,各方均无责任。

本案中,夏某所涉事故发生在道路上,且为行驶中的非机动车,因流浪狗突然窜出,无法预见,其主观上既无故意也无过失,属因交通意外事故造成的人身伤害,符合道路交通安全法"交通事故"的定义范围。交警支队依据职权,根据当事人的行为对发生道路交通事故所起的作用以及过错的严重程度,结合事故的成因、事故形态及事故后果,综合评价确定了相关责任,并依据《道路交通事故处理程序规定》的规定出具《道路交通事故认定书》,足以证明夏某骑电动车与流浪狗相撞的事故属交通意外。

再根据《工伤保险条例》第十四条第(六)项规定,在上下班途中,受到非本人主要责任的交通事故应当认定为工伤。《最高人民法院关于审理工伤保险行政案件若干问题的规定》第一条第一款规定,在认定《工伤保险条例》第十四条第(六)项"本人主要责任"时,应当以有权机构出具的事故责任认定书、结论性意见和人民法院生效裁判等法律文书为依据,但有相反证据足以推翻事故责任认定书和结论性意见的除外,当地人社部门作出认定工伤的决定于法有据,得到了法院的支持。

89. 公司高管辞去职务,是否意味着解除劳动合同?

□ 王梓涵

【案情简介】

张某系某公司股东及董事会成员,于2011年3月1日入职该公司担任总经理职务。2019年2月20日该公司召开董事会。会上张某请求辞去总经理职务并获同意。2019年2月26日,该公司董事会作出《人事令》予以确认。随后公司收回了张某的办公电脑、取消了其门禁卡和微信群权限。

张某主张其系依据董事长的要求而辞去职务,并非解除劳动关系的意思表示，张某申请劳动仲裁败诉，后诉至法院要求认定公司解除劳动合同违法。

【判决结果】

法院认定解除劳动合同合法，驳回张某诉讼请求。

【律师解读】

张某辞去总经理职务并获得董事会同意，是依据公司法的规定做出的解聘高级管理人员职务的行为，该行为与依据劳动合同法规定做出的解除劳动合同的行为却不相同。但另一方面，劳动者的岗位直接决定了其工作内容和劳动报酬等劳动关系权利义务的核心要素；岗位与劳动关系的权利义务内容具有直接关联，对岗位的取得、履职和处分是判断劳动关系建立、履行、解除（终止）的重要指标。

张某与公司签订的劳动合同中明确约定张某的岗位为总经理，在劳动关系存续期间，双方之间的劳动关系权利义务已被特定化，并与张某的岗位具有不可分性。本案中，张某辞去总经理职务，是其对自身职务的处分行为，而双方均认可在张某辞去总经理职务之前和之后，双方均未就张某的新工作岗位、工作内容、劳动报酬达成一致意见，故未发生双方之间变更或建立新的劳动合同内容之合意，那么张某辞去唯一职务（岗位）的行为，必然导致对劳动关系一并处分的法律效果。张某虽主张辞去总经理职务后仍然为公司提供了劳动，并主张以工作交接结束时间认定劳动合同解除时间，但其提交的证据不足以证明其受公司安排以劳动者身份从事工作，且考虑到张某具有公司股东和董事的身份，故法院对张某的该项主张不予采信，最终认定解除劳动合同合法，驳回张某诉讼请求。

实践中，公司高管的身份具有双重性，其不仅是公司的管理者，拥有公司的经营管理权限，也是受聘于公司，向公司提供劳动的劳动者。因此在公司的日常管理过程中，对于高管的解除，应当给予更多重视，关注解聘过程中的法律风险。

一、关于公司高管法律规定

《中华人民共和国公司法》第二百一十六条规定，高级管理人员"是指公司的经理、副经理、财务负责人，上市公司董事会秘书和公司章程规定的其他人员。"第四十六条规定，公司董事会"决定聘任或者解聘公司经理及其报酬事项，并根据经理的提名决定聘任或者解聘公司副经理、财务负责人及其报酬事项。"除此以外，《公司法》第六章也详细规定了公司高管的资格、义务，以及对公司的损害赔偿责任。

另外，公司高管接受公司聘任，遵守公司规章制度，获得劳动报酬，接受公司管理，为公司提供劳动，与公司之间构成劳动关系，适用《劳动法》《劳动合同法》的规定。

二、公司董事会解聘决议的效力

由于公司高管的待遇远高于普通劳动者，在劳动关系的解除中涉及的法律风险及金额较大，实践中，因公司高管解聘造成的劳动争议案件层出不穷，主要原因在于公司高管与公司之间对公司根据《公司法》规定解聘高管是否等同于《劳动合同法》意义上的劳动关系一并解除。公司方往往认为其程序合法，解聘代表着劳动关系也一并解除，高管一方则认为《公司法》的解聘仅是对职务的解除，双方之间劳动关系依旧存续。

根据上述《公司法》的规定，公司的董事会有权解聘经理，这是法律赋予公司董事会的权利，而《公司法》中对于董事会解除高管的原因并未规定解聘公司高管的法定事由。当下法律越来越规范，公司虽依照程序由董事会作出解聘高管的协议，能否发生解除双方劳动关系的法律效力呢？

笔者认为，公司董事会作出的解聘决议不能直接产生劳动关系解除的法律效力。如前所述，高管存在双重属性，既在公司担任一定的管理职务，符合《公司法》中高管的范畴，又为公司提供劳动，与公司存在劳动关系，符合《劳动法》的劳动者范畴，应当受到《劳动合同法》的规制，公司解聘高管需要符合《劳动合同法》的相关规定，符合解除劳动关系的法定事由，严格遵守法定解除程序。

通过将两种性质的"解聘"相比较，由公司董事会一方发起的针对高管的解聘，《公司法》仅规定"董事会决定聘任或者解聘公司经理及其报酬事项，并根据经理的提名决定聘任或者解聘公司副经理、财务负责人及其报酬事项"，上述条款并未对董事会解聘高级管理人员的条件进行规定，从《公司法》整体立法目的看，《公司法》规制的是公司经营管理、公司架构方向的规制，主要从公司角度出发，其中对于高管的任免规定应属对于职务上的规定，只要符合法律程序，那么在程序上即是合法的，此种方式实际上属于一种"无因解聘"。与之相对的是《劳动合同法》中关于解除劳动合同的相关规定，包括高级管理人员在内的劳动者劳动关系的"有因解除"限制，也即只有符合《劳动合同法》规定的情形才能解除或者终止劳动关系，因此笔者认为，公司仅凭董事会决议不能达到解除劳动关系的效果，若要解除劳动关系，还需履行《劳动合同法》关于解除劳动关系的具体程序。

90. 用人单位搬家，是否属于违法变更工作地点？

□ 张 鹏

【案情简介】

2006年，原告王某入职被告公司，劳动合同约定了原告的工作地点为某市A区，且约定被告有权根据工作需要调整原告的工作岗位。2020年6月，因被告办公场所租赁合同到期，故其通知员工办公场所搬迁至总公司注册地B区。后原告提出要求认为，离家太远，无法接送孩子与被告进行多次沟通。2020年7月1日，被告向原告发出书面通知，告知原工作地点调整到B区。7月2日，原告表示不同意并作出回函。自7月2日至7月28日期间原告仍到原工作地点上下班打卡。2020年7月29日原告以"被告公司存在未提供劳动条件以及拖欠劳动报酬等违法情形"向被告提出解除劳动关系。后原告于2020年7月31日向劳动仲裁委提出仲裁申请，要求被告支付2020年7月2日至2020年7月28日工资4525元；支付2019年1月1日至2020年7月29日未休年休假工资9526元；支付解除劳动关系经济补偿金81 127.5元等。该委支持其部分请求后，原告不服，诉至法院。

【判决结果】

判决被告公司支付原告2019年1月1日至2020年7月29日期间未休年休假工资7 719.8元；驳回王某的其他诉讼请求。

【律师解读】

本案主要争议焦点为被告公司变更原告工作地点是否违法。首先，从双方签订的劳动合同来看，被告公司有权根据工作需要调整原告的工作岗位，因此原告的工作地点由A区调整到B区并不违反劳动合同的约定；其次，被告公司之所以变更工作地点，是因其租赁合同到期，其在原工作地已无经营权，客观上已经不具备在原工作地安排原告工作的条件，原告要求继续在原地点工作无法实现；最后，从工作地点变化看，A区与B区均属某市辖区内，虽对原告带来了一定影响，但考虑到某市职工的普遍通勤情况，因此该工作地点变动不属非合理调动。由此，法院认为被告公司根据生产经营需要调整工作地点具有合理性，不应认定为违法。另原告明知原工作地点已无与其岗位相关的工作内容的情况下，仍每天到原工作地点签到，不能视为其提供了劳动，故对原告主张的2020年7月2日至7月28日工资不予支持。

实践中，大多数用人单位都在劳动合同中约定了其单方变更工作地点的权利，但该约定也并非完全会得到法院的支持。法院在审查该类案件时，会综合考虑变更行为的合理性、是否会给劳动者造成实质性影响等多种因素。如用人单位强行长距离或跨省变更劳动者工作地点，此时即使用人单位保留了变更工作地点的权利，也很难获得法院支持。

91. 员工不能胜任工作岗位，用人单位可否随意调岗？

□ 徐 杨

【案情简介】

2008年10月20日王某进入A公司工作，自2009年10月起担任财务部经理职务，双方签订无固定期限劳动合同。王某离职前十二个月平均工资为8659元。2017年7月至2018年9月期间，A公司正常发放王某工资及病假工资，并无旷工扣款的情形。2018年12月1日至2018年12月6日，A公司按2420元的月工资标准支付王某工资460.95元。

2018年12月5日，A公司通过微信向王某发送调岗通知书，内容为：将王某岗位调整为金山善后小组/市场部/催收专员，月工资为2420元，王某自2018年12月5日起至新岗位报到，超期未报到视为旷工。2018年12月3日至2018年12月6日期间，王某分别至原工作岗位报到。2018年12月7日至2019年1月17日期间，上海市同济医院为王某开具了病假单，王某通过微信向A公司请假并发送了病假单照片。A公司于2019年1月17日为王某办理了日期为2018年12月6日的退工登记备案手续。

2019年1月14日，王某申请仲裁，要求A公司支付2018年12月1日至2018年12月31日期间工资差额8709.05元、2019年1月1日至2019年1月17日期间工资5059.31元、违法解除劳动合同赔偿金192 570元。王某、A公司均不服仲裁裁决，诉至法院。

【判决结果】

一审法院判决：A公司支付王某2018年12月1日至2018年12月31日期间工资差额8223.34元、2019年1月1日至2019年1月17日期间工资4843.91元以及违法解除劳动合同赔偿金181839元。

二审法院判决：维持一审判决第一项、第二项，撤销第三项，A公司支付王某违法解除劳动合同赔偿金194,337.50元。

【律师解读】

一、A公司对王某的调岗是否符合劳动合同法的规定？

关于2018年12月1日至2018年12月31日期间工资差额及2019年1月1日至2019年1月17日期间工资，A公司认为，因王某无法满足原岗位工作要求，故经协商后，对王某进行了合理调岗，并就调岗的相关内容告知了王某。劳动合同法规定，用人单位与劳动者协商一致的，可以变更劳动合同约定的内容。因此，劳动合同的变更原则上应当双方通过协商达成一致。而即使劳动者存在因病不能从事原工作或存在不能胜任岗位情形的，用人单位必须变更其岗位，亦应提供证据证明变更的必要性，并应与员工充分协商，且变更的岗位、薪酬应当合理。A公司因王某已不能胜任原岗位工作要求对其进行调岗，则应对此进行充分举证并就此与王某进行充分的协商和沟通。然从查明的事实看，A公司变更岗位欠缺合理性。

首先，就调岗前后的工作地点，王某原工作地点为"上海市宝山区某某镇"，而调整后的工作地点为"金山区某某镇"，调整前后王某的工作地点发生了较大变化；

其次，就调岗前后的工作内容看，王某原系财务经理，而A公司出具的《关于岗位调整的通知》载明调整后的岗位为"金山善后小组/市场部/催收专员"，工作内容实际也发生了较大变化；

再次，调整前王某每月工资为9170元，而调整后每月工资为2420元，A公司亦认可工资存在较大幅度变化。显然该岗位变动并不合理。在劳动关系的实际履行中，虽然用人单位享有经营自主权，但一旦涉及劳动者的劳动条件、劳动报酬等重大利益事项，用人单位应当与劳动者充分协商。现A公司未就其上述调岗行为具有合理性及双方就此达成一致进行充分举证。其单方以2420元为月工资基数计发王某2018年12月1日至2018年12月6日期间工资，确有不当，应按原标准予以补足。至于2018年12月7日至2019年1月17日期间工资及工资差额，因王某已提交了上海市同济医院出具的病假证明书证明上述期间其系休病假，故A公司应支付王某上述期间的病假工资。

二、违法解除劳动合同需要支付赔偿金

关于违法解除劳动合同赔偿金及其数额，法院认为，双方劳动关系的解除系 A 公司不合理变更岗位所致，而 2018 年 12 月 3 日至 2018 年 12 月 6 日王某均至原工作地点打卡考勤，A 公司在欠缺合理催告及有效沟通的情况下，即将王某在原岗位打卡考勤的行为认定为旷工，并以此为由解除双方的劳动合同不当，应根据劳动合同法相关规定支付王某违法解除劳动合同赔偿金。至于违法解除劳动合同赔偿金的数额，劳动合同法规定赔偿金应为经济补偿金的 2 倍，而经济补偿金应按劳动者在本单位工作年限，每满一年支付一个月工资，该月工资是劳动合同解除或终止前 12 个月的平均工资。王某主张除了月平均工资 8659 元外，另有一笔 2017 年度的十三薪 7142 元也应计算在月平均工资基数内。一审法院认为该笔款项虽于 2018 年 2 月发放，但明确系 2017 年度的奖项，其性质应属于 2017 年度的收入，故不计算在离职前十二个月（即 2018 年度）的月平均工资基数内。二审法院认为十三薪属于奖金性质，其名虽为 2017 年的奖金，但实际于 2018 年 2 月发放，应系 2018 年 2 月的工资收入。因此，计算经济补偿金时应将该十三薪计入工资计算基数。

92. 公司专项培训费用，离职后是否返还？

□ 罗文正

【案情简介】

2013 年 6 月，张某与某体检公司签订无固定期限劳动合同，到该公司工作。2014 年 7 月，张某与公司签订培训协议，公司安排张某到外地参加一年专业技术培训。培训协议约定：由公司支付培训费、差旅费，并按照劳动合同约定正常支付张某培训期间的工资；张某培训完成后在公司至少服务 5 年；若张某未满服务期解除劳动合同，应当按照公司在培训期间所支出的所有费用支付违约金。培训期间，公司实际支付培训费 47 000 元及差旅费 5600 元，同时支付张某工资 33 000 元。培训结束后，张某于 2015 年 7 月回公司

上班。2018年3月，张某向公司提出辞职。公司要求张某支付违约金85 600元（52600元+33000元），否则拒绝出具解除劳动合同的证明。为顺利入职新公司，张某支付了违约金，但认为违约金数额违法，遂向劳动争议仲裁委员会申请仲裁，要求公司返还违法收取的违约金85 600元。

【处理结果】

裁决公司返还张某61930元。

【律师解读】

本案中，张某脱产参加培训是在劳动合同履行期间，由体检公司安排，目的是提升其个人技能，使其能够创造更大的经营效益，张某参加培训的行为，应当视为履行对体检公司的劳动义务。综合前述法律规定，体检公司支付给张某培训期间的33 000元工资不属于专项培训费用。仲裁委员会结合案情依法计算得出：培训期间体检公司支付的专项培训费用为52 600元（47000元+5600元）；培训协议约定张某培训结束后的服务期为5年（即60个月），培训结束后，张某于2015年7月回公司上班，2018年3月，张某向公司提出辞职。张某已实际服务33个月，服务期尚未履行部分为27个月。因此，张某依法应当支付的违约金为23 670元（52600元÷60个月×27个月），体检公司应当返还张某61 930元（85600元－23670元）。

所谓专项培训费用，限定了主体、对象和特定目的，即用人单位为使员工个人能够胜任本岗位工作内容或提升工作水平之目的的需要，委托培训机构开展的各类理论学习和技能实操等行为。根据我国《劳动法》及相关司法解释规定，用人单位可以与劳动者约定服务期并提供有偿专项服务培训，劳动者在约定的服务期限内离职且约定了劳动者需要偿付合理专项服务培训费用成本的，劳动仲裁委员会及法院应当支持用人单位的该项请求。

首先，对于专项服务培训费用成本的偿还，必须在合同中明确约定，《劳动合同》及其他书面协议未做约定或约定不明确的，视为未约定。

其次，专项服务培训费用在认定范围上受到限制，与从事业务无关的、非必要的培训不会被认定为合同约定的可返还公司费用的培训，例如公司团建、企业文化培训等；培训费用与工资严格区分，培训期间的工资、社保、必要补贴等费用，不视为专项服务培训费用。

最后，要综合考量费用计算问题，缴纳培训机构的培训总费用，要按照员工个人人均计算，用人单位应当通过发票、银行流水等证据举证产生的费用支出，可以包含必要的差旅费，但远超基础成本的费用不予支持，违约金数额应综合考虑员工违约的剩余服务期进行计算。

93. 有劳动合同和社保缴纳记录，为什么不存在劳动关系？

□ 谢 雯

【案情简介】

申请人陈某主张 2018 年 1 月 16 日入职被申请人某公司，月工资为 8800 元/月。签订有 2018 年 1 月 16 日至 2021 年 1 月 16 日的劳动合同，到期后未续签，社保减员时间为 2021 年 7 月，其实际工作至 2021 年 12 月 31 日。陈某申请劳动仲裁要求被申请人：

1. 支付 2018 年 1 月 16 日至 2021 年 12 月 31 日的未发工资 312 800 元；

2. 支付 2021 年 1 月 17 日至 2021 年 12 月 31 日未签劳动合同双倍工资 193600 元；

3. 支付违法解除劳动合同赔偿金 70 400 元。总计 57 万余元。

为证明双方存在劳动关系，陈某提供了如下证据：

社保缴纳记录、劳动合同、支付宝及微信转账记录、环境调查问卷、清查告知书、出差飞机票及火车票、盖有公章的公函、与被申请人法定代表人的微信聊天记录等。

律师代理被申请人某公司参加仲裁。

【处理结果】

驳回陈某的申请请求。

【律师解读】

一、法律是如何认定劳动关系的？

根据《劳动和社会保障部关于确立劳动关系有关事项的通知》第一条以及《北京市高级人民法院、北京市劳动争议仲裁委员会关于劳动争议案件法律适用问题研讨会会议纪要》的通知第十二条的规定可知，确认用人单位与劳动者之间是否存在事实劳动关系，可根据用人单位和劳动者是否符合法律、法规规定的主体资格，劳动者是否遵守用人单位制定的工作制度及流程，劳动者的工作内容是否为用人单位经营的业务范围并由用人单位向劳动者发放报酬等三个具体标准予以考量。

另外，用人单位未与劳动者签订劳动合同，认定双方存在劳动关系时可参照下列凭证：工资支付凭证或记录、缴纳各项社会保险费的记录、"工作证"、"服务证"等能够证明身份的证件、劳动者填写的用人单位招工招聘"登记表""报名表"等招用记录、考勤记录等证据加以佐证。

二、有了劳动合同和社保缴纳记录是否一定会被认定为双方存在劳动关系呢？

答案是否定的。

本案中，律师经过详细了解案情，又到第三方公司以及法院调取了关键的证据，最终认为陈某与被申请人之间仅是代缴社保的关系，被申请人并没有实际经营，公司注册地址都是虚拟地址，没有实际办公场所，双方之间存在不符合劳动关系的法律特征。

另外，由于被申请人对印章的管理不善，将合同章、法定代表人名章交予陈某保管，让陈某钻了空子。劳动合同为陈某单方伪造，除了被申请人为陈某缴纳了几个月的社保和该伪造的劳动合同之外，陈某没有其他工资支付凭证的记录或者考勤记录等相关证据，从录音和微信聊天记录来看，双方之间也没有显现出明确的建立劳动关系的合意，再加上陈某之前在相同的时间段也仲裁过其他公司,故不能认定陈某与被申请人之间存在劳动合同关系。

由于陈某的各项请求均系基于双方是劳动关系而提出的,但双方之间不存在真正的劳动合同关系,故陈某的请求均缺乏法律依据和事实依据,应不予支持。

三、为了达到胜诉的目的而伪造证据,会有什么样的法律风险?

《最高人民法院关于深入开展虚假诉讼整治工作的意见》中明确规定:"单独或者与他人恶意串通,采取伪造证据、虚假陈述等手段,捏造民事案件基本事实,虚构民事纠纷,向人民法院提起民事诉讼,损害国家利益、社会公共利益或者他人合法权益,妨害司法秩序的,构成虚假诉讼。人民法院认定为虚假诉讼的案件,原告申请撤诉的,不予准许,应当根据民事诉讼法第一百一十二条规定,驳回其诉讼请求。虚假诉讼行为情节恶劣、后果严重或者多次参与虚假诉讼、制造系列虚假诉讼案件的,要加大处罚力度。虚假诉讼侵害他人民事权益的,行为人应当承担赔偿责任。人民法院在办理案件过程中发现虚假诉讼涉嫌犯罪的,应当依法及时将相关材料移送刑事侦查机关。"

律师提醒,目前有部分公司尤其是中小微企业由于没有规范的公司管理制度导致公司经营管理不善,部分私企老板由于过于信任他人,对公司的公章、核心文件、商业秘密等资源没有保护意识,使得某些心存侥幸或者心怀鬼胎的人能够轻易获得,这可能会引发后患。建立企业的合规管理制度,做好公司的风险防控是必不可少的重要环节。

94. 劳动者服务期未满即离职,公司要求赔偿是否支持?

□ 庞立旺

【案情简介】

张某一个月前向单位递交了辞呈,单位以内部规章制度为由未批准其辞职申请，但却以张某旷工为由与其解除了劳动合同，并出具了书面文件。

张某在原单位时，单位对其进行了规培，因他提前离职，因此原单位要求他赔偿40万元。

【处理结果】

劳动仲裁委：张某因违反规培协议约定，需要向原单位赔偿违约金20万元。

【律师解读】

根据《劳动合同法》第二十二条第二款的规定："原单位可以要求其支付违约金，但是不会超过服务期尚未履行部分所应分摊的培训费用。"本案中张某已经履行了一半服务期，因此只需要承担未履行部分对应的违约金。

关于劳动争议问题，律师提醒读者注意三点：

第一，我们都知道劳动合同法规定员工可以提前三十日（试用期内为三日）以书面方式提出离职，但是，辞职信中不要使用诸如"请批准""请准予"等请求用人单位批准辞职的字眼，一旦如此行文，解除劳动合同的主动权就交到了用人单位手中，只有用人单位批准你离职，你才能离职。而不使用以上字眼，仅以"通知"的方式告知用人单位你即将离职，那么用人单位收到该通知三十日后，你们之间就解除了劳动合同。劳动合同不是只有到期才能解除，这种预告式的解除以及和用人单位协商一致都能解除劳动合同。

第二，递交书面离职申请后一定要继续按时上班并认真完成工作。三十日以后才算解除劳动合同，此当事人被迫离职的原因就是递交辞呈后就不再上班了，因当时劳动合同还未解除，给了用人单位辞退他的理由，虽然在法律上和他主动辞职并无不同，但是在工作上，有了被辞退的记录下一家用人单位肯定是会介意的。

第三，关于违约金的问题，服务期和竞业限制是劳动合同法规定的用人单位可以要求劳动者承担违约责任的事由，除此之外，员工都不用对用人单位承担违约责任，在签订劳动合同时，合同书上如果写了其他情形下的违约责任条款，劳动者也可以大胆放心地签字。

95. 签订非全日制劳动合同，为何支付经济补偿金并补交社保？

□ 张凤云

【案情简介】

2015年3月10日，靳某入职某餐饮集团公司，该餐饮集团人力资源部严格按照《劳动合同法》关于非全日制用工的规定，与靳某签订了书面的《劳动合同（非全日制从业人员使用）》。合同中约定：合同自2015年3月10日起生效，岗位为厨房特聘大工，工作时间为4小时/天，工资标准为18.7元/小时，支付劳动报酬的周期不得超过15日。未约定合同终止时间，公司为靳某缴纳工伤保险。

合同签订后，靳某便在该公司厨房工作。每月打卡考勤，每天工作时间为9个小时，公司每月15号、20号分两次给靳某发放上月工资。靳某有事需要请假。靳某每月工资标准12 500元左右。2020年7月15日靳某以该集团公司未依法为其缴纳社保为由提出书面离职并一纸诉状将该集团公司诉至北京市某劳动人事仲裁委，同时向社保中心投诉要求该集团公司为其补缴社保（工伤保险除外）。

靳某的诉求如下：

1. 确认双方2015年3月10日至2020年7月15日期间存在全日制劳动关系；

2. 判决该集团公司支付劳动合同解除经济补偿金67 000元；

3. 支付2015年3月至2020年7月期间法定节假日加班费。

仲裁委经审理后认为双方签订的是非全日制用工，驳回了靳某全部诉讼请求。

靳某不服，提起诉讼。

【判决结果】

一审法院：
1. 确认双方2015年3月10日至2020年7月15日期间存在全日制劳动关系；2. 该集团公司支付劳动合同解除经济补偿金67 000元；3. 驳回靳某其他诉讼请求。

二审法院：驳回集团公司的上诉，维持原判。

【律师解读】

根据《劳动合同法》《劳动和社会保障部关于非全日制用工若干问题的意见》相关规定，非全日制用工是指以小时计酬、劳动者在同一用人单位平均每日工作时间不超过4小时，累计每周工作时间不超过24小时的用工形式且非全日制用工劳动报酬结算支付周期最长不得超过15日。用人单位招用劳动者从事非全日制工作，应当在录用后到当地劳动保障行政部门办理录用备案手续。

本案中双方虽然签订了非全日制用工的《劳动合同》，内容也是严格按照非全日制用工的规定约定的，但从双方实际履行的内容来看，靳某自入职以来至其离职期间，其工作岗位均系特聘大工未发生过变动，该集团公司向靳某支付工资均系固定按月支付，工资数额远远超出双方在《劳动合同书（非全日制从业人员使用）》中约定的标准。故认定该期间双方存在全日制劳动关系。

同时法院查明该集团公司仅为靳某缴纳了工伤保险，没有依法缴纳养老、医疗、失业保险，故认定该集团公司未为靳某缴纳齐全的社会保险。靳某以该公司不给缴纳社会保险等为由解除劳动关系并要求公司支付解除劳动合同经济补偿金的诉求，符合法律规定，法院予以支持。

对靳某主张的加班费，因靳某未能提供证据证明加班事实驳回靳某该项诉讼请求。

判决后，该集团公司按照靳某的投诉要求为靳某补缴了养老、失业、医疗、社保。

用人单位在用工过程中,应当依法与员工签订劳动合同、缴纳社保,保障员工的合法权益。任何以合法形式规避法律的行为均得不偿失。

《民法典》一百四十六条规定:以虚假的意思表示隐藏的民事法律行为的效力,依据有关法律规定处理。

本案中用人单位为了规避离职补偿、缴纳社保等因素与靳某签订非全日制《劳动合同》,但在双方劳动关系履行过程中却是按全日制用工形式履行,故法院在依法查明事实后,按照非全日制劳动合同下隐藏的双方实质法律关系依法认定双方之间系全日制用工关系而不是非全日制用工关系,切实维护了劳动者的合法权利。

96. 用人单位因吵架而解除劳动合同,是否违法?

□ 张　鹏

【案情简介】

2016年6月3日,邵某与某公司签订《劳动合同》,约定合同期限为3年,合同约定公司聘用邵某担任Android开发工程师;邵某有下列情形之一的,公司可以随时通知邵某解除合同:……(2)严重违反甲方劳动纪律和规章制度的……;2020年1月17日,某公司向邵某发送辞退通知,其上载明:"2020年1月16日因公司办公需要整理办公设施,员工邵某拒不服从安排,无团队精神,违背公司企业文化。同时恶意辱骂公司,丧失基本的道德观,影响极其恶劣,严重违反公司制度。经公司研究决定给予辞退处理"。

2020年8月7日,邵某申请劳动仲裁,要求公司支付违法解除劳动合同的赔偿金192 000元。仲裁委支持邵某的申请后,公司不服,起诉至法院。

【判决结果】

法院经审理认为某公司违法解除劳动合同,故判决应向邵某支付违法解除劳动合同赔偿金 192 000 元。

【律师解读】

根据《劳动合同法》第三十九条的规定,劳动者严重违反用人单位规章制度的,用人单位可以解除劳动合同。用人单位以该条款与劳动者解除劳动合同时,应同时满足以下条件:第一,规章制度的制定经过了《劳动合同法》第四条规定的民主程序,即应当经职工代表大会或者全体职工讨论通过;第二,规章制度需要向劳动者公示,如将规章制度作为劳动合同的附件,让劳动者在劳动合同上签字确认;将规章制度放在公司网站上由员工浏览;进行规章制度方面的培训等方式。如果未经公示不能作为用人单位解除劳动合同的依据;第三,该规章制度的内容不得违反法律法规和司法解释的规定。除此之外,人民法院将规章制度作为处理劳动者与用人单位权利义务的依据时,同时会考虑劳动者违纪行为给用人单位造成损失的严重程度、劳动者实施违纪行为的重复频率等。结合本案,邵某因搬放物品一事与其他人争吵,虽然该行为不妥,但该行为客观上并没有给公司造成严重的损害后果,不足达到解除劳动合同的程度。法院亦认为,在发生劳动争议时,若适用较轻的处罚方法足以惩罚劳动者过错并维持正常的工作秩序,就不应该采取较重的处罚方法。因此,某公司与邵某解除劳动合同违法,应支付违法解除劳动合同赔偿金。

"遭一蹶者得一便,经一事者长一智",实践中,用人单位依据规章制度与劳动者解除劳动合同时,除了保证规章制度合法性的同时,也应遵循"比例原则",切不可因一时冲动,将自己陷入违法的境地。

第五部分

行政法篇

行政法論

第五編 分

97. 承租的商铺被强制拆除，法院如何判决？

□ 娄 静

【案情简介】

2016年9月1日，王某与房东陈某签署了《商铺租赁合同书》，租赁位于广州市某街道办事处的一处房屋，用于经营五金建材，租赁期限为三年。在合同约定的租赁期内，因某工程项目建设需要，王某经营的商铺被纳入征收范围，但王某却未得到任何补偿，广州市某街道办事处在尚未与王某签订征收安置补偿协议，未对王某经营的店铺支付装修补偿和经营损失费、人工遣散费、搬运费等的情况下，对王某经营的商铺强行拆除。王某为维护其合法权益，遂委托律师代理诉讼。

【判决结果】

法院判决确认被告广州市某街道办事处强制拆除王某承租商铺的行为违法。

【律师解读】

律师接受王某委托代理本案，通过分析案情，认为王某承租的商铺租赁合同还未到期，应当获得补偿。

一、王某作为商铺合法经营权人，诉讼主体适格

首先，《中华人民共和国行政诉讼法》第二十五条第一款规定："行政行为的相对人以及其他与行政行为有利害关系的公民、法人或者其他组织，有权提起诉讼。"根据《中华人民共和国土地管理法》第四十七条第四款的规定："拟征收土地的所有权人、使用权人应当在公告规定期限内，持不动产权属证明材料办理补偿登记。"因此征收补偿安置对象应为征收范围内的地上附着物拥有所有权或使用权的单位或者个人。

其次，根据《中华人民共和国行政诉讼法》第十二条第一款第二项的

规定:"人民法院受理公民、法人或者其他组织提起的下列诉讼:(二)对限制人身自由或者对财产的查封、扣押、冻结等行政强制措施和行政强制执行不服的;"被告对原告的房屋采取了强制拆除的行政强制执行行为,原告针对此具体行政行为提起诉讼,属于行政案件受理范围。

二、被告违反了遵循先补偿、后拆除的原则

征收土地和房屋除应当遵循"无补偿则无征收"的原则外,还应当遵循"先补偿、后拆迁(执行)"的原则,否则,被征收人有权拒绝搬迁,征收机关也不能强制执行。该原则不仅体现在相关法律的原则性规定中,还细化在国务院相关规定和司法解释中:

根据《最高人民法院关于审理涉及农村集体土地行政案件若干问题的规定》第十四条明确规定,"土地管理部门申请人民法院强制执行责令交出土地决定的,应符合被征收土地所有权人、使用人已经依法得到安置补偿或者无正当理由拒绝接受安置补偿等条件。"

根据《最高人民法院关于办理申请人民法院强制执行国有土地上房屋征收补偿决定案件若干问题的规定》第六条规定,"征收补偿决定明显不符合公平补偿原则,严重损害被执行人合法权益,或者使被执行人基本生活、生产经营条件没有保障的,人民法院应当裁定不准予执行。"之所以明确"先补偿、后拆迁(执行)"原则,根本目的在于保障被征收人在被征收后,获得安置补偿前的基本生活或生产经营条件。

被征收人获得安置补偿包含两种情况:

一是征收机关与被征收人就安置补偿达成一致并签订安置补偿协议,征收机关开始按照安置补偿协议主动履行相关义务;

二是在与被征收人达不成协议的情况下,征收机关依据征地补偿安置方案依法作出补偿决定或补偿行为,即安置地点和面积已经明确,补偿款已经支付。而本案被告未对原告进行安置补偿。

三、被告强制拆除行为存在违法

根据《中华人民共和国土地管理法实施条例》第六十二条规定:"违反土地管理法律、法规规定,阻挠国家建设征收土地的,由县级以上人民政府土地行政主管部门责令交出土地;拒不交出土地的,申请人民法院强制执行。"

《最高人民法院关于审理涉及农村集体土地行政案件若干问题的规定》第十四条第一款第三项规定："县级以上人民政府土地管理部门根据土地管理法实施条例第四十五条的规定，申请人民法院执行其作出的责令交出土地决定的，应当符合下列条件：……（三）被征收土地所有权人、使用人已经依法得到安置补偿或者无正当理由拒绝接受安置补偿，且拒不交出土地，已经影响到征收工作的正常进行……"

《国有土地上房屋征收与补偿条例》第二十八条第一款规定："被征收人在法定期限内不申请行政复议或者不提起行政诉讼，在补偿决定规定的期限内又不搬迁的，由作出房屋征收决定的市、县级人民政府依法申请人民法院强制执行。"该条虽然是针对国有土地上房屋征收强制执行程序的规定，但对因集体土地征收而引起的房屋及附着物的强制拆除问题，亦可参照。

综上，无论是征收集体土地还是征收国有土地上的房屋，均应在完成补偿安置工作的情况下由行政机关申请人民法院强制执行，在获得法院的准许强制执行裁定前，行政机关没有直接强制拆除被征收房屋的权力。

98. 被他人冒名办理公司登记，如何进行法律救济？

□ 葛　冰

【案情简介】

某公司于2016年10月12日向原工商怀柔分局申请公司设立登记，并提交了内资公司设立登记申请书，指定（委托）书，公司章程，股东身份证明，法定代表人、董事、经理、监事信息表，企业名称预先核准通知书，公司住所证明等文件、证件。其中，提交的法定代表人宋某身份证复印件的有效期起止日期为2006年2月17日至2026年2月17日。原工商怀柔分局经审查后，于当日作出准予设立登记的决定。宋某于2013年10月12日身份证丢失补领了身份证，丢失的身份证有效期限为2006年2月

17日至2026年2月17日，签发机关为齐河县公安局。补办的身份证有效期限为2013年10月12日至2033年10月12日。某公司设立登记系他人冒用的宋某于2013年丢失的身份证及其身份信息非法办理的。遂宋某于2019年8月2日提起行政诉讼，认为原工商怀柔分局未尽到必要的审查和监督检查义务导致错误登记，要求怀柔市场监督局撤销原工商怀柔分局对某公司作出的设立登记。

【判决结果】

撤销原工商怀柔分局对第三人某公司作出的设立登记，并负担案件受理费、公告费及鉴定费。

【律师解读】

本案的核心争议焦点：本案被告主体是否适格？被冒名办理公司登记导致错误登记，公司登记机关应否承担责任？

一、宋某提起撤销登记行政诉讼，本案被告主体是否适格？

被冒名登记属于行政许可，是登记机关行政行为的结果。被冒名人可以向行政机关进行投诉、举报或者直接向人民法院提起行政诉讼，要求撤销该登记行为。首先，被冒名者可以直接向登记机关申请撤销冒名登记。《市场监管总局关于撤销冒用他人身份信息取得公司登记的指导意见》第一条规定："撤销冒名登记工作由作出该次登记决定的市场监管部门（以下简称登记机关）负责。登记机关发生过变更的，由现登记机关负责撤销"。根据上述规定，撤销冒名登记工作由登记机关负责。被冒名者可以直接通过登记机关解决，向登记机关申请撤销冒名登记。其次，被冒名者可以起诉登记机关撤销虚假登记。《公司登记管理条例》第四条第一款规定："工商行政管理机关是公司登记机关"；第八条中规定："设区的市（地区）工商行政管理局、县工商行政管理局，以及直辖市的工商行政管理分局、设区的市工商行政管理局的区分局，负责本辖区内下列公司的登记：（一）本条例第六条和第七条所列公司以外的其他公司；（二）国家工商行政管理总局和省、自治区、直辖市工商行政管理局授权登记的公司"。根据上述规定，直辖市的工商行政管理分局负责本辖区内应由国家工商行政管理总局和直辖市工商行政管理局负责登记以外的其他公司的登记。此外，《行政诉讼法》第二十六条第六款规定："行政机关被撤销或者职权变更的，继续行使其职权的行政机关是被告"。故被冒名登记纠纷中，被冒名者可以起诉工商管理部门撤销虚假登记，通过法院行政诉讼途径解决。本案中，原工商怀柔分局作为直辖市的工商行政管理分局，具有受理涉案工商设立登记申请并进行审查的法定职责。根据《北京市怀柔区机构改革实施方案》，原工商怀柔分局变更为怀柔市场监督局，故怀柔市场监督局为本案适格被告。

二、因申请材料和证明文件不实导致错误登记，公司登记机关应否承担责任？

本案中，原告宋某认为原工商怀柔分局在办理隆源思泉公司的设立登记时，未尽到必要的审查和监督检查义务，而导致自己的身份证信息被冒用注册登记。原工商怀柔分局是否尽到审查义务呢？

首先，公司登记机关仅对登记材料进行形式审查，因申请材料和证明文件不真实并不导致行政行为违法。《公司登记管理条例》第五十一条规定："公司登记机关应当根据下列情况分别作出是否受理的决定：（一）申请文件、材料齐全，符合法定形式的或者申请人按照公司登记机关的要求提交全部补正申请文件、材料的，应当决定予以受理。"根据上述规定，工商部门作为公司登记机关仅对登记材料进行形式审查，其客观上无法对申请文件的真实性进行全面的实质审查。本案中，法院也认为原工商怀柔分局对公司的申请材料进行了必要审查，已尽到了审慎审查义务。故在公司登记机关尽到形式审查义务的情况下，请求法院撤销登记的理由并不是工商局的登记行为违法。

其次，因申请材料和证明文件不实导致错误登记，公司登记机关应当予以撤销。在被冒名办理工商登记此类案件中，被冒名人需要对其被冒名的事实，包括需要对签名非本人签署、未经本人授权等事实承担举证责任。被冒名者如果通过提供身份证件丢失报警回执、身份证件遗失公告、银行挂失身份证件记录、由专业机构出具的笔迹鉴定报告证明相关文件并非自己所签署等，有助于认定冒名登记基本事实的文件材料，在综合上述证据确认注册文件虚假、错误登记事实后，公司登记机关应当撤销该登记。

本案中，根据鉴定意见"检材上的'宋某'签名字迹与样本上的'宋某'签名字迹不是同一人所写"及宋某《第二代居民身份证申领登记表》、宋某办证信息查询表、《关于宋某身份证办理情况的函复》能够证明原工商怀柔分局所依据的部分登记材料存在不具有真实性的情况。根据《行政许可法》第六十九条第二款"被许可人以欺骗、贿赂等不正当手段取得行政许可的，应当予以撤销"的规定，本案被诉设立登记所依据的事实基础已不存在，不能认定被诉设立登记系原告宋某的真实意思表示，该行政许可应当予以撤销。司法实践中，被冒名办理工商登记类案件频发，被冒名者往往面临极大的风险。

因此，在发现被冒名登记为公司股东、法定代表人后，被冒名者应当及时维权，可以选择直接向登记机关反映情况，要求登记机关撤销登记，也可以选择向法院提起撤销登记的行政诉讼。需要特别注意的是，选择行政诉讼撤销登记的，应当在知道被冒名登记后六个月内起诉。且如果该登记作出的时间超过五年，法院将不予受理，则错失了行政诉讼的机会。

99. 牛某申请行政复议，再审为何被驳回？

□ 高 庆

【案情简介】

2018年11月，牛某就案涉用地批复向省人民政府申请行政复议，但在复议决定作出前要求撤回行政复议申请。经省人民政府审查，认为其撤回行政复议申请理由正当，随后作出行政复议终止决定。

2018年12月，牛某又以同一事实和理由再次提起行政复议申请，省人民政府对其再次提出的行政复议申请不予处理。牛某不服，提起行政诉讼请求确认省人民政府行政不作为，并责令省人民政府依法受理行政复议申请。一审判决驳回牛某的诉讼请求、二审判决驳回上诉。牛某以省人民政府未提交证据证明撤回复议申请没有违背本人真实意思表示，且未在法定期限内对其第二次复议申请进行处理为由，申请再审。

【法院判决】

驳回牛某的再审申请。

【律师解读】

根据我国行政复议法的规定，公民、法人或者其他组织认为具体行政行为侵犯其合法权益，可以向行政机关提出行政复议申请。牛某有权就案涉用地批复向省人民政府申请行政复议。

《中华人民共和国行政复议法实施条例》第三十八条规定："申请人在行政复议决定作出前自愿撤回行政复议申请的，经行政复议机构同意，可以撤回。申请人撤回行政复议申请的，不得再以同一事实和理由提出行政复议申请。但是，申请人能够证明撤回行政复议申请违背其真实意思表示的除外。"

本案中，牛某就案涉用地批复向省人民政府申请行政复议，但在复议决定作出前要求撤回行政复议申请，经省政府审查同意，撤回其行政复议申请，并终止行政复议。牛某若以同一事实和理由再次提起行政复议申请，需举证证明先前撤回行政复议申请违背其真实意思表示，该举证责任在申请人牛某，而非行政复议机关省人民政府。因此，省人民政府不予处理牛某的行政复议申请，不构成行政不作为。

综上，牛某的再审申请因不符合《中华人民共和国行政诉讼法》第九十一条规定的再审情形，法院裁定驳回牛某的再审申请。

申请行政复议是法律赋予公民、法人或者其他组织的权利，如果选择利用行政复议这一法律救济渠道的话，需要谨慎决定是否撤回复议申请。

100. 某市综合行政执法局作出的《未登记房屋认定书》，为何被法院撤销？

□ 温奕昕

【案情简介】

原告王某系某市某街道村民，其房屋位于正义街 11 号。原告房屋合法取得集体土地使用权和房产权证，因该村（片区）城中村改造项目被征收。2018 年 12 月 15 日，原告收到被告作出的〔2018〕第 66223 号《未经登记房屋认定书》。

原告认为其房屋系全部合法建筑，被告作出的《未经登记房屋认定书》认定事实不清、适用法律错误、程序违法，严重侵害原告的合法权益，应当依法予以撤销。根据《中华人民共和国行政诉讼法》相关法律法规，原告向法院提起诉讼。

【判决结果】

撤销某市综合行政执法局于 2018 年 12 月 10 日作出的《未经登记房屋认定书》。

【律师解读】

本案系行政机关越权履行法定职责一案，即行政机关在没有法律授权的权限下作出行政行为。《中华人民共和国城乡规划法》第四十五条："县级以上地方人民政府城乡规划主管部门按照国务院规定对建设工程是否符合规划条件予以核实。"第六十五条："在乡、村庄规划区内未依法取得乡村建设规划许可证或者未按照乡村建设规划许可证的规定进行建设的，由乡、镇人民政府责令停止建设、限期改正。"《中华人民共和国行政处罚法》第十八条："国家在城市管理、市场监管、生态环境、文化市场、交通运输、应急管理、农业等领域推行建立综合行政执法制度，相对集中行政处罚权。国务院或者省、自治区、直辖市人民政府可以决定一个行政机关行使有关行政机关的行政处罚权。"《××省城市管理相对集中行政处罚权条例》第六条第二条的规定，被告某市综合行政执法局有权对违反城乡规划法律、法规的违法建设行为行使调查权。然而，这些法律虽然规定了综合行政执法局有权对违法建筑进行处置，但上述法律、法规并未规定综合行政执法局有权对未登记房屋性质（包括视为合法）作出认定，被告亦未能提供其他有关根据，证明相关法律、法规或规章授权其有权对视同合法的房屋进行认定。

《中华人民共和国行政处罚法》第四十四条："行政机关在作出行政处罚决定之前，应当告知当事人拟作出的行政处罚内容及事实、理由、依据，并告知当事人依法享有的陈述、申辩、要求听证等权利。"第四十五条："当事人有权进行陈述和申辩。行政机关必须充分听取当事人的意见，对当事人提出的事实、理由和证据，应当进行复核；当事人提出的事实、理由或者证据成立的，行政机关应当采纳。"本案中，被告某市综合行政执法局作出处罚时，未联系原告，也未听取原告的陈述和申辩，更未组织听证会，严重违反法律规定。同时《未经登记房屋认定书》也未直接送达原告本人而是直接张贴在原告家门口，这些程序亦违反法律规定。因此，被告处罚行为程序违法。基于上述理由，为了维护行政相对人的合法权益，维护法律的严肃性，促进行政机关依法行政，人民法院遂作出上述判决撤销《未经登记房屋认定书》。

101. 嫖资不可以随意认定，"济南嫖娼"案为何胜诉？

□ 高 庆

【案情简介】

"没有付钱，怎么会是嫖娼？"山东济南，民警在某酒店抓获了一男一女，他们当时正在发生关系。民警认定男子白某构成嫖娼，于是对其作出拘留 15 天、罚款 5000 元的行政处罚。事后，该男子不服，一纸诉状将公安机关告上法院，请求法院撤销该处罚决定。

【法院判决】

法院认为警方处罚决定事实不清、证据不足，判决依法撤销警方的处罚决定。

【律师解读】

卖淫嫖娼是指在不特定的同性或异性之间，以金钱财物为媒介而发生了性关系，包括阴道交、口交、手淫、肛交等行为，但不包括推油、按摩等服务。

《中华人民共和国治安管理处罚法》、最高人民法院在《关于如何适用<治安管理处罚条例>第三十条规定的答复》、公安部在《关于对同性之间以钱财为媒介的性行为定性处理问题的批复》和《关于以钱财为媒介尚未发生性行为或发生性行为尚未给付钱财如何定性问题的批复》中对于卖淫嫖娼行为实际上均没有做出详细规定，"卖淫嫖娼"行为的构成要件应包括：

1. 发生在不特定的异性或同性之间；
2. 以金钱或财物为媒介进行交易；
3. 发生性关系。

本案的事实是：两人是好朋友，当天聚餐后不尽兴，又相约 KTV 唱歌，由于玩得很嗨，当天在包厢里消费了约 6000 多元是男方代为支付的。本案中，两人之间有没有"卖淫嫖娼的意思"成为争论的焦点。

在本案"卖淫嫖娼"的认定中，其实是否已经支付了财物并非是最重要的，重要的是行为主体双方是否有买卖性行为的意思表示。如果行为主体之间主观上已经就卖淫嫖娼达成一致，已经谈好价格或者已经给付金钱、财物，并且已经着手实施，认定"卖淫嫖娼"就没有争议。但本案中的特殊在于是否能够认定"男方替女方支付的价款"算作嫖资？警方不能以行为主体之间有性关系且有财物往来就一概认定为卖淫嫖娼。

例一：男女情侣，男人给女人买了一个手提包，随后发生了性关系，这就不能认定为卖淫嫖娼。双方之间根本就没有买卖性行为的意思表示，也没有就价格进行过任何谈论。该行为虽然也符合卖淫嫖娼的外在表现形式，但警方将其认定为"卖淫嫖娼"则不符合立法的原意。

例二：男女双方通过社交软件认识后，约出来见面并吃饭、唱歌、喝酒，最后发生了性关系。在此过程中，所有的消费均由男人支付。这种行为不能认定为卖淫嫖娼，警方不能将男人支付的消费款认定为双方就性行为支付的价款，双方没有买卖的意思。

《中华人民共和国行政诉讼法》的立法目的就在于规范行政机关的执法行为，把权力关进制度的笼子里。本案中，公安机关随意"认定双方之间以金钱或财物为媒介进行交易而发生性行为属于嫖娼"是错误的。

102. 商标撤三行政纠纷案，第三人二审为何胜诉？

□ 温奕昕

【案情简介】

2011年5月7日，中国A公司获准注册第8247×××号"FORM×××及图"商标，指定使用在《类似商品和服务区分表》第17类"电控透光塑料膜、非包装用塑料膜；过滤材料、半加工塑料物质……"商品。美国B公司以该商标连续三年（2014年6月1日—2017年5月31日）未被使用，向中国国家商标局申请撤销该商标。商标局驳回B公司的申请，B公司不服向中国国家知识产权局提出商标行政复审。A公司提供证据证明其在指定的三年在"透明网纹膜"等商品上对复审商标进行使用。2019年5月14日，中国国家知识产权局维持复审商标在"非包装用塑料膜、电控透光塑料膜"商品上注册，撤销复审商标在"过滤材料、半加工塑料物质"上注册。B公司仍然不服，2019年6月29日以中国国家知识产权局为被告，A公司为第三人，向北京知识产权法院起诉。后北京市高级人民法院作出二审终审判决。

【判决结果】

一审法院判决：
1. 撤销中华人民共和国国家知识产权局作出的商标撤销复审决定；
2. 中华人民共和国国家知识产权局针对B公司就第8247×××号"FORM×××及图"商标提出的撤销复审申请重新作出决定。

国家知识产权局和A公司不服一审判决，提起上诉。

二审法院判决：
1. 撤销北京知识产权法院一审行政判决书；
2. 驳回B公司的诉讼请求。

【律师解读】

商标撤三案件，就是商标注册成功后，权利人没有正当理由连续三年不使用的，任何单位或者个人都可以向商标局申请撤销该注册商标的案件。《商标法》第四十九条第二款："注册商标成为其核定使用的商品的通用名称或者没有正当理由连续三年不使用的，任何单位或者个人可以向商标局申请撤销该注册商标。"这是撤销连续三年不使用商标的法律依据。注册商标一旦被撤销后果很严重，所以商标权人应该经常查验自己的商标（特别是主商标）使用证据，以免大意失荆州。商标连续三年不使用撤销制度的设立是为了鼓励和促使商标权人使用商标，避免商标资源闲置、浪费，而非惩罚商标权人。撤销复审行政诉讼具有特殊性，如不考虑商标权人在诉讼阶段提交的新证据而撤销复审商标的注册，将难以恢复，并导致其再无其他救济途径。因此，除商标权人具有恶意或有损社会公共利益的外，商标权人在行政诉讼程序中提供其使用注册商标的证据，无论是否为新证据，通常都会予以考虑。本案A公司在二审中就是凭借新证据取得胜诉。

2020年3月27日，一审经开庭审理，因A公司在指定期间（2014年6月1日—2017年5月31日）使用诉争商标的商品证据不多，加上有些证据没有原件导致一审败诉。一审法院判决理由是"第三人A公司并未举证证明或详细说明其证据中体现的'双面淋膜单网纹''透明PET网纹膜'商品与诉争商标核定使用的'非包装用塑料膜；电控透光塑料薄膜'商品本质上属于同一商品，或者前者属于后者的下位概念，该举证不能的不利后果应由第三人承担"。因此，在案证据不足以证明诉争商标在指定期间内在核定的"非包装用塑料膜；电控透光塑料薄膜"商品上进行了商标法意义上的使用，诉争商标在上述商品上的注册应予撤销"。

二审中律师重新梳理案情审视本案证据，积极与A公司沟通搜集新证据，得知A公司的两个子公司在指定期间内有诉争商标商品的交易证据大喜过望。然而，因为两个子公司是全资子公司，A公司并没有书面授权两个子公司使用商标的《商标使用许可合同》，律师立即安排A公司与两个子公司补充签署书面《商标使用许可合同》。根据《商标法》第四十三条第三款："许可他人使用其注册商标的，许可人应当将其商标使用许可报商标局备案，由商标局公告。商标使用许可未经备案不得对抗善意第三人。"律师将许可合同向国家知识产权局商标局申请备案。这样A公司的两个子公司使用诉争商标的证据就能作为A公司的证据，成功解决了一审证据不足的难题。二审中，A公司向法庭提交大量新证据，如商标使用许可合同、商标使用许可备案，A公司子公司向案外人销售使用诉争商标商品的合同、发票、发货通知单、记账凭证以及《类似商品和服务区分表》摘页等证据。二审中，北京市高级人民法院经审理认为，A公司新提供的证据诉争商标使用的合同及发票开具日期均处于指定期间（2014年6月1日—2017年5月31日），该合同、发票、发货通知单、记账凭证及其他证据能相互印证，已构成证据链条足以证明诉争商标于指定期间内在"PET、聚酯薄膜、透明无涂层PE薄膜"等商品上进行了真实的使用。

本案一个争议焦点是："PET、聚酯薄膜、透明无涂层PE薄膜"等商品是否属于"非包装用塑料膜、电控透光塑料膜"，因为这些商品均不是《类似商品和服务区分表》中规范的名称。《北京市高级人民法院商标授权确权行政案件审理指南》规定，在认定具体商品所属类别时，应当结合该商品的功能、用途、生产部门、消费渠道、消费群体进行判断，并考虑因消费习惯、生产模式、行业经营需要等市场因素，对商品本质属性或名称的影响，作出综合认定。为此，A公司让诉争商标商品交易对方出具《商品使用证明》，证明"PET、聚酯薄膜、透明无涂层PE薄膜"商品是用于非包装用途，而不是包装用途。其次，律师在京东、淘宝网站检索相同或类似商品，这些商品的销售信息标注了商品用于非包装，与商标核定使用的"非包装用塑料膜；电控透光塑料薄膜"商品本质上属于同一商品。最后，律师提交化工涂料杂志等专业期刊文章，从学术说理方面论证A公司交易的商品与商标核定使用的商品是一致的。对于上述商品的使用是否属于"非包装用塑料膜、电控透光塑料膜"商品的使用，二审法院认为，上述商品均不是《类似商品和服务区分表》中规范的名称，故应当从上述商品的特点来认定其所属类别，从材质上看，上述商品均属于塑料膜；从用途上看，上述商品本身可用于多种用途，现有证据也不能证明上述商品的具体用途仅局限于"包装"用途，故诉争商标在上述商品的使用可认定为"非包装用塑料膜、电控透光塑料膜"商品的使用。因此，现有证据足以证明诉争商标在"非包装用塑料膜、电控透光塑料膜"的注册并未违反2013年《商标法》第四十九条第二款的规定，应予维持，商标行政复审的认定结论并无不当，一审法院判决书对此认定有误，二审法院予以纠正。2021年12月31日，北京市高级人民法院作出二审终审判决。维持了国家知识产权局作出的商标撤销复审决定，撤销一审判决书。A公司二审翻盘绝地反击，成功保住商标取得胜诉。

本案历经商标撤销、商标行政复审、一审、二审共四个法律阶段，历时五年，过程曲折、异常艰辛。本案二审法院最终采纳律师证据及观点，A公司最终保住商标。

A公司对律师的专业表现赞不绝口。"PET、聚酯薄膜、透明无涂层PE薄膜"商品到底属于《类似商品和服务区分表》第1609类商品还是1703类商品，在化工行业、商标界一直有争议，本案经过一审、二审，以个案形式确认"PET、聚酯薄膜、透明无涂层PE薄膜"属于1703类商品，一锤定音解决争议。

商标是文字、图形、字母、数字、三维标志、颜色组合、声音等单独或组合而成的商业标识，其具有区别商品或者服务来源、避免混淆维护消费者利益的作用。改革开放以来，随着我国社会经济快速发展特别是科技进步日新月异，商标作为一种知识产权价值越来越高，知名商标价值几百万元甚至上亿元，商标权取得就受到法律的保护，法律赋予商标权独占性，独占性不仅体现在国内，而且可以享誉全球。根据《商标国际注册马德里协定》规定，商标一经注册并履行相关法律手续，外国的企业都不能注册相同或相类似的商标。只有撤销了该商标，外国企业才能注册类似商标，这就是为什么本案中美国B公司在我国提起行政诉讼预撤销我国A公司商标。商标的保护，不仅涉及国内企业个人，还有外国企业及外国人。中美贸易谈判中，对知识产权的保护是中美双方一个争议，本案的胜诉宣示了我国对境内外企业公平公正保护商标具有重大意义。

103. 合法浴室成"危房"，律师如何助力胜诉？

□ 娄 静

【案情简介】

2001年，李女士在A镇购买了一处集体建设用地上的经营用房，开了一家W大众浴室，并办理了营业执照等相关经营手续，开始合法营业。但自2011年开始，由于A镇文化旅游开发需要，李女士的W大众浴室及周边所在区域都被纳入了文化旅游开发区域范围。因与A镇政府就补偿安置方案未达成一致，李女士便自行告到法院希望得到解决，但却屡屡受挫，一直未能得到法院支持。2021年7月，A镇政府向李女士送达了《危房拆除通知书》，次日便组织人员将W大众浴室拆除。李女士认为A镇政府组织实施的强制拆除违反了法定程序，严重损害其合法权益，便委托律师维护其合法权益。最终法院支持了律师的观点，李女士十多年维权之路终于赢得胜诉。

【判决结果】

确认A镇政府的强制拆除行为违法。

【律师解读】

1. 由什么机构负责管理危险房屋？

根据《城市危险房屋管理规定》，县级以上地方人民政府房地产行政主管部门负责本辖区的城市危险房屋管理工作。

2. 危险房屋的拆除要经过什么法律程序？

《城市危险房屋管理规定》明确规定，房屋所有权人对经鉴定的危险房屋，必须按照鉴定机构的处理建议，及时加固或修缮治理。如房屋所有人拒不按照处理建议修缮治理，或使用人有阻碍行为的，房地产行政主管部门有权指定有关部门代修或采取其他强制措施。发生的费用由责任人承担。

3. 本案 A 镇政府的强制拆除行为是否违法？

律师接受委托后，经过现场调查、了解案情、收集证据后发现，本案 A 镇政府不具有强制拆除的实施主体资格，并且未经法定的鉴定、告知、通知等程序，实施的强制拆除行为无相应法律依据，由此便通过提起行政诉讼的方式来维护李女士的合法权益。

104. 税务行政诉讼，举报人是否适格原告？

□ 张　毅

【案情简介】

2017 年 2 月 20 日，原告某安装工程公司在民心网政民互动平台举报某机械设备租赁有限公司 2011 年度在某工程项目上租赁起重设备发生租赁费 20 多万元，其中 35 000 元均没有开具发票，偷漏税款，请税务机关予以查处。接到举报线索后，某市税务局经调查后于 2017 年 3 月 16 日进行了回复，针对发生租赁费"没有开具发票"问题，向某机械设备租赁有限公司于 2017 年 3 月 2 日下达了责令限期改正通知书，于同年 3 月 6 日分别作出税务行政处罚事项告知书、行政处罚决定书；针对被举报"偷漏税款"问题，告知举报人具体负责单位，并于2017年5月5日将举报案件移送稽查局。原告认为某市税务局以未按规定开具发票作出的税务行政处罚决定书属于以追缴欠税行政处罚代替偷税行政处罚，对处罚结果不服诉至法院，要求某市税务局按偷税条款加重对被举报人处罚。

【判决结果】

一审法院：
裁定驳回原告某安装工程公司的起诉。
二审法院：
驳回上诉，维持原裁定。

【律师解读】

《中华人民共和国发票管理办法》赋予了公民、法人对于发票行为违法的投诉举报权，其作用主要是为税务机关查处发票违法行为提供线索和证据，维护发票管理秩序，进而保障国家的税收利益。但举报不一定为了保障举报人自身的权益，税务机关对于发票违法行为的查处，往往和举报人没有法律上的利害关系，因此，税务行政诉讼中，举报人未必是适格原告。

一、本案被告是否不作为

实践中行政不作为的表现形式虽然不尽相同，但法院受理行政不作为诉讼案件通常依据《中华人民共和国行政诉讼法》第十一条第一款第四项、第五项、第六项的规定，将公民、法人或其他组织对其"认为符合法定条件申请行政机关颁发许可证和执照，行政机关拒绝颁发或者不予答复的；申请行政机关履行保护人身权、财产权的法定职责，行政机关拒绝履行或者不予答复的；认为行政机关没有依法发给抚恤金的"三类行为提起的诉讼案件归为行政不作为案件。

本案某市税务局已经就举报事项作出回复，对被举报人下达了责令限期整改通知书、行政处罚事项告知书、行政处罚决定书，并移送有管辖权的稽查局，根据《中华人民共和国行政诉讼法》的规定，某市税务局已经履行了法定职责，不属于行政不作为。

二、投诉举报的作用

投诉举报是公民发现社会生活中存在的问题并向有关部门反映,以维护社会公共利益或自身合法权益的重要方式之一,是公民、法人或者其他组织参与行政管理的重要途径,除了维护自身合法权益,对于监督行政机关依法行使职权、弥补行政机关执法能力不足也发挥着积极作用。公民、法人或者其他组织可以就何种事项向哪个行政机关投诉举报、取决于法律、法规或者规章的具体规定;与此相应,能否就投诉举报事项提起行政诉讼,也需要根据法律、法规或者规章对于投诉举报请求权的具体规定作出判断。行政机关根据法律、法规等规定,对群众反映的一些事项可能具有监管职责,但此种职责之履行情况并不当然构成行政诉讼法意义上的可诉行政行为,有些仅仅是行政机关凭此获得一般线索,再依职权作出不同裁量和处置。

本案中,原告举报某机械设备租赁有限公司在某工程项目中没有开具发票、偷漏税款,接到举报线索后,某市税务局已针对原告举报内容作了相应的处理并答复原告,且对举报事项的处理结果与原告自身合法权益没有直接的法律上的利害关系。

三、是否具有原告资格的判断

通常情况下,对是否具备原告资格的判断取决于以下方面:

第一,法律、法规或者规章是否规定了投诉举报的请求权;

第二,该投诉举报请求权的规范目的是否在于保障投诉举报人自身的合法权益。

举报人对行政机关受理投诉之后的调查处理结果不服,能否提起行政诉讼?通常认为,法律、法规或者规章规定的投诉请求权,在于促使行政机关对于投诉事项发动行政权,如果行政机关发动了行政权,并将调查处理结果告知投诉人,就属于履行了法定职责。如果投诉人对调查处理结果不服,其提起诉讼的目的是想为第三人施加负担,则应依赖于法律、法规或者规章是否规定了为第三人施加负担的请求权。就本案所涉及的发票管理及税收征收领域而言,《中华人民共和国发票管理办法》第一条规定,为了加强发票管理和财务监督,保障国家税收收入,维护经济秩序;第六条规定,对违反发票管理法规的行为,任何单位和个人可以举报。

因此,《中华人民共和国发票管理办法》的目的在于保障国家税收收入,维护公共利益,而非举报人自身合法权益,且原告不是"处罚决定书"的行政相对人和利害关系人。《最高人民法院关于适用＜中华人民共和国行政诉讼法＞的解释》(法释〔2018〕1号)第一条规定,公民、法人或者其他组织对行政机关及其工作人员的行政行为不服,依法提起诉讼的属于人民法院行政诉讼范围。下列行为不属于人民法院行政诉讼的受案范围……(十)对公民、法人或者其他组织权利义务不产生实际影响的行为。本案中,某市税务局作出的行政处罚决定书,其处罚行为并未对原告产生实际影响。依据《最高人民法院关于适用〈中华人民共和国行政诉讼法〉的解释》第六十九条一款(一)项、(八)项的规定,本案举报人不是适格原告。

105. 未经集体讨论作出的行政处罚,是否应予撤销?

□ 潘建华

【案情简介】

2019年8月31日,毕某与刘某在超市内购物时发生肢体冲突,经鉴定刘某伤情构成轻微伤,某公安分局对毕某下发《行政处罚决定书》,对毕某拘留十二日、罚款五百元,但未经该局行政负责人集体讨论决定。

毕某不服,以某公安分局给予其较重行政处罚,应经而未经行政机关负责人集体讨论决定,属于严重程序违法,向法院提起行政诉讼,要求撤销某公安分局作出的《行政处罚决定书》。

【处理结果】

判决撤销某公安分局作出的行政处罚决定。

【律师解读】

根据《行政处罚法》第三十八条第二款规定，对情节复杂或者重大违法行为给予较重的行政处罚，行政机关的负责人应当集体讨论决定。

法院经审理认为，本案中某公安分局作出给予毕某行政拘留十二日并处罚款伍百元的行政处罚决定，属于较重行政处罚，理应由某公安分局行政机关负责人集体讨论决定。

但某公安分局并未提交经过行政机关负责人集体讨论的相关证据。故，涉案行政处罚决定系未经行政负责人集体讨论而作出，属于严重程序违法，应依法予以撤销。

一、集体讨论程序是《行政处罚法》规定的对情节复杂或者重大违法行为给予较重行政处罚必须履行的法定程序

集体讨论程序是《行政处罚法》规定的对情节复杂或者重大违法行为给予较重行政处罚必须履行的法定程序，是与一般行政处罚相区分的特殊程序，旨在更好地保障行政处罚相对人的合法权益，规范行政机关的执法行为。

行政处罚决定应经而未经行政负责人集体讨论而作出的，属于严重程序违法，应依法予以撤销。

二、集体讨论应当有正式的会议纪要或者讨论记录作为证明载体

集体讨论的证明载体应当是该机关正式的会议纪要或者讨论记录等，内容应当包含时间、地点、参加人员、主持人、讨论内容、意见等，其中讨论内容还应包括处罚的调查程序是否合法、违法事实的认定是否清楚、证据是否充分、定性是否准确等，记录完毕后参加人员最后应当签名确认。

情节复杂的案件可能涉及人身自由的限制、金钱的罚没，较其他处罚会对相对人的权益产生较大影响，因此行政机关负责人在作出决策时应采取慎重态度，对自由裁量权加以限制和规范，通过广泛听取各个负责人的意见，充分发挥民主，防止决策失误。集体讨论是较重行政处罚决定公正合理的制度和程序性保障，也是法律的明确规定和要求。

后　记 AFTER WORD

　　九月的北京，秋高气爽，银杏、枫叶，黄得灿烂、红得热烈，美得极致。蜿蜒曲折的长城，像一条巨龙在飞舞，翻山越岭，游向远方的天际。中国尊高耸入云、直插苍穹，与阳光交织成七彩图画，昭示着祖国未来的希望。中国共产党第二十次代表大会于2022年10月16日在北京胜利召开，《"律师说法"案例集（5）》作为献礼篇，展示盈科形象、宣传盈科文化，以案说法，为法治中国贡献盈科律师的力量。

　　2022年7月16日，"盈科律师一日一法"公众号创刊三周年，在郝惠珍书记的指导和关怀下，核心团队不忘初心、砥砺前行。经过编辑、校对等一系列程序，《"律师说法"案例集（5）》马上就要与广大读者见面了。2020年12月22日，《"律师说法"案例集（1）》出版发行。2021年6月22日，《"律师说法"案例集（2）》出版发行。2021年12月22日，《"律师说法"案例集（3）》出版发行。2022年6月22日，《"律师说法"案例集（4）》出版发行。

　　目前，"盈科律师一日一法"公众号刊发案例800多起，被多家公众号转发，被今日头条、搜狐网、新浪网、新浪微博、人民融媒等200多家网站转载。投稿作者单位包括二十多家分所，合计130余人。

　　《"律师说法"案例集（1）》选择的是公众号从创刊至2020年4月30日发布的案例，封面颜色是红色。《"律师说法"案例集（2）》选择的是公众号从2020年5月1日至2020年12月31日发布的案例，封面颜色是橙色。《"律师说法"案例集（3）》选择的是公众号从2021年1月1日至2021年6月30日发布的案例，封面颜色是黄色。《"律师说法"案例集（4）》选择的是公众号从2021年7月1日至2021年12月31日发布的案例，封面颜色是绿色。《"律师说法"案例集（5）》选择的是公众号从2022年1月1日至2022年6月30日发布的案例，封面颜色是青色。本书总共分五个部分，包括民事法52篇、刑事法26篇、公司法9篇、劳动法9篇、行政法9篇，合计105篇。

在编委会侯晓宇、刘涛、汤学丽、张其元、杨倩、刘敏、娄静、胡文友、赵爱梅、王琪等人的大力支持下，由张印富、高庆、刘永江、李娟、李韬、郭灿炎、温奕昕、徐杨、罗文正、张学琴、唐春林、赵红燕、张鹏、师萌等律师辛苦付出，从2022年7月1日开始，历经多次审稿，使本书终于汇编成集。

我代表编委会，向本案例集投稿的作者，向长期支持我们的广大读者朋友，再次表示感谢。

"盈科律师一日一法"主编　　**韩英伟律师**
盈科刑民行交叉法律事务部主任

2022年11月2日于北京